| 新视角全球简史系列 |

盎格鲁-撒克逊人简史

公元410~1066年，英格兰的形成与诞生

（英）亨丽埃塔·利泽 ◎ 著
张尚莲　史耕山 ◎ 译

A SHORT OF THE HISTORY ANGLO-SAXONS

化学工业出版社
·北京·

A Short History of the Anglo-Saxons, 1st edition by Henrietta Leyser

ISBN 978-1-78076-600-3

Copyright © 2017 by Henrietta Leyser. All rights reserved.

Published by arrangement with I. B. Tauris & Co Ltd, London

Authorized translation from the English language edition published by I. B. Tauris & Co Ltd.

本书中文简体字版由伦敦 I. B. Tauris & Co Ltd 授权化学工业出版社独家出版发行。

本版本仅限在中国内地（不包括中国台湾地区和香港、澳门特别行政区）销售，不得销往中国以外的其他地区。未经许可，不得以任何方式复制或抄袭本书的任何部分，违者必究。

北京市版权局著作权合同登记号：01-2018-5727

图书在版编目（CIP）数据

盎格鲁-撒克逊人简史：公元410～1066年，英格兰的形成与诞生 /（英）亨丽埃塔·利泽（Henrietta Leyser）著；张尚莲，史耕山译 . —北京：化学工业出版社，2019.1

（新视角全球简史系列）

书名原文：A Short History of the Anglo-Saxons

ISBN 978-7-122-33020-8

Ⅰ.①盎… Ⅱ.①亨… ②张… ③史… Ⅲ.①盎格鲁-撒克逊人-王国-中世纪史-英国 Ⅳ.① K561.31

中国版本图书馆 CIP 数据核字（2018）第 214094 号

责任编辑：王冬军　张丽丽　葛若男　　　装帧设计：水玉银文化
责任校对：边　涛　　　　　　　　　　　　版权引进：金美英

出版发行：化学工业出版社（北京市东城区青年湖南街 13 号　邮政编码 100011）
印　　装：北京久佳印刷有限责任公司
710mm×1000mm　1/16　印张 16½　字数 226 千字　2019 年 2 月北京第 1 版第 1 次印刷

购书咨询：010-64518888　　售后服务：010-64518899
网　　址：http://www.cip.com.cn
凡购买本书，如有缺损质量问题，本社销售中心负责调换。

定　　价：69.80 元　　　　　　　　　　　　　　　　　版权所有　违者必究

新视角
全球简史系列

来自于英国I. B. Tauris出版公司的新视角全球简史系列丛书，写作严谨、可读性强，对于我们在21世纪理解和研究历史，可谓提供了一个全新的视角。对于见仁见智的历史争论，这一系列独辟蹊径，试图基于史实本身对其做出全面而公正的解释，这样既能激起普通读者和历史爱好者的浓厚兴趣，也能进一步感染广大的历史学习者及专业学者。因此，在讲述历史领域的重要主题、思想史、宗教、政治、古典研究、哲学观点等内容时，本系列丛书特意避免使用平淡乏味、冷漠刻板的方式进行陈述——那只是给初学者讲授史学入门知识的通常做法。长期以来，这一系列丛书一直致力于给专业学者和普通读者提供可以帮助他们了解特定历史概况的基本史实。但除此之外，这套系列丛书还能起到更多的作用。例如，书中有一些令人耳目一新的观点，解释过去的人们在特定的背景下是如何理解某个历史主题，以及其中各种社会、文化因素可能产生的影响及作用。这种新颖的分析方式十分具有借鉴意义，可以帮助我们现在更好地理解这些特定的历史主题。

此外，对于这样的历史主题，各位作者在此系列中也从不同角度提出了自己的疑问。虽然作者们已经暗示了某种答案，但还是在每本书后的"延伸阅读"中提供了长长的参考书目,以便感兴趣的读者做进一步的阅读与探索。新视角全球简史系列丛书中众多的历史主题,相较于市场上其他同类丛书做了更为深层次的研究和解析,同时内容却简洁而紧凑,不愧是"在介绍历史知识方面更为出类拔萃"的代表。本套系列丛书结合质疑性和查证性的分析,对相关历史做了全面的描述,可以说是在日益复杂的全球化数字时代大背景下,为读者了解和研究历史打开了一个全新的视角。

献给我的孩子们：
康拉德、奥托兰、克里斯平和玛蒂尔达，

以及我的孙子们：
弗朗西斯卡、乔舒亚、
赫斯特、希尔迪、里德尔、费利克斯和特纳

目 录

A SHORT HISTORY OF THE ANGLO-SAXONS

大事年表 // IX

序 // XIII

引言 // XV

第1章 罗马人撤离之后 // 001

第2章 基督教的到来 // 025

第3章 教士与传教 // 051

第4章 百年麦西亚 // 075

第5章 阿尔弗雷德 // 097

第6章 上帝的国度 // 119

第7章 维京人卷土重来 // 143

第8章 忏悔者爱德华 // 167

尾声 // 189

插图说明 // 193

注释 // 209

参考文献 // 235

大事年表

410	罗马军团撤离不列颠。
429	圣日曼诺斯赴英格兰。
	(5世纪其他事件日期不确定,故不列入)
592	艾特尔弗里思成为伯尼西亚国王(604年成为德伊勒国王)。
597	教皇格列高利派圣奥古斯丁到肯特传播基督教。
616	麦西亚国王彭达击败并杀死了艾特尔弗里思。
	德伊勒的埃德温成为诺森布里亚的国王。
627	埃德温皈依基督教。
633	埃德温在哈特菲尔德蔡斯战役中战死。
634	奥斯瓦尔德(艾特尔弗里思的儿子)成为诺森布里亚的国王。
635	艾丹(来自艾奥纳岛)以诺森布里亚传教士的身份去往林迪斯法恩。
642	马瑟菲尔德战役爆发,麦西亚胜利。奥斯瓦尔德被杀。
651	艾丹去世。
655	温沃伊德战役爆发,麦西亚国王彭达战死。
	麦西亚王国皈依基督教。
约657	圣希尔达成为惠特比女修道院院长。
约660	威尔弗里德成为里彭修道院院长。
664	惠特比宗教会议召开,有关复活节日期计算的争议得以解决。
668	塔尔苏斯的西奥多成为坎特伯雷大主教。
671/673	大主教威尔弗里德创立赫克瑟姆修道院。
673	埃塞尔思里思(曾为诺森布里亚王后)创立伊利修道院。

673/674	圣本笃·波斯哥创立维尔茅斯修道院。
约681	诺森布里亚的国王埃格弗里思创立贾罗修道院。
687	林迪斯法恩大主教卡斯伯特去世。
688	韦塞克斯最后一位异教徒国王卡德瓦拉去世（但在去世时接受了洗礼）。因尼继位。
705	奥尔德赫姆任舍伯恩主教。
约731	比德完成《英吉利教会史》。
754	圣卜尼法斯殉教。
757	麦西亚国王埃塞尔巴德去世。奥法继位。
787	利奇菲尔德获得大主教区地位。
793	维京人洗劫林迪斯法恩。
797	奥法去世。
871	阿尔弗雷德成为韦塞克斯国王。
878	阿尔弗雷德在埃丁顿打败维京军队获得胜利。
899	阿尔弗雷德去世。长者爱德华继位。
924	埃塞尔斯坦继位。重新夺回被维京人侵占的领土。
937	埃塞尔斯坦取得布鲁南堡大捷。
939	埃塞尔斯坦去世。
959	埃德加成为"英格兰人的国王"。

†	
973	温切斯特会议颁布《修道准则》。埃德加在巴斯举行加冕仪式。
978	埃塞尔雷德二世继位。
991	莫尔登战役爆发,维京人再次入侵。
1016	埃塞尔雷德二世去世。
	克努特征服英格兰,成为英格兰国王。
1037	哈罗德一世继位。
1040	哈德克努特继位。
1042	忏悔者爱德华继位。
1051/1052	戈德温家族叛乱。
1066	1月:爱德华去世。哈罗德继位。
	9月:富尔福德桥战役。
	10月:黑斯廷斯战役。
	12月:征服者威廉加冕。

序

亚历克斯·赖特（Alex Wright）邀请我写这本书是出于对我莫大的信任，而我接受这个邀请则可以说是一种蛮勇之为。作为一名历史学家，我通常研究的是1066年诺曼征服之后的历史，但在教学中，我一直对盎格鲁-撒克逊史深感兴趣。写作面临的一大挑战是，我需要考察众多不同的证据，在仔细查阅现存的材料时也会发现问题，这很快成为我的主要关注点。在接下来的章节中，我会对曾经的"移民时期"进行简要回顾，从5世纪各地移民来到英格兰开始，一直到1066年诺曼人在黑斯廷斯（Hastings）取得胜利结束。我从上大学时起就认为这些历史事件要比想象中复杂得多，我也希望在以下的章节中能够展现其复杂性。

在这本书即将完成之时，著名的盎格鲁-撒克逊史学家詹姆斯·坎贝尔（James Campbell）去世了。几个月前，我曾几次拜访他，心情忐忑地向他汇报我的工作。他说道："我希望你对英格兰移民中的日耳曼背景给予足够的重视。"但是我并没有做到这一点，也因此忧心忡忡，担心这本书会令他失望。但是他一定会知道，正是他的学术成就赋予了我们灵感，并改变了我们对这段英格兰历史的认识。

我谨对以下各方致以诚挚的谢意：感谢牛津大学圣彼得学院委托我教授

本科生课程，并特许我继续使用图书馆；感谢我的朋友们对我不断地鼓励、支持，以及我们无比珍贵的友情；感谢凯特·赛克斯（Kate Sykes）仔细阅读了整本手稿；感谢丽莎·古德勒姆（Lisa Goodrum）、戴维·坎贝尔（David Campbell）、I. B. Tauris出版社以及Fakenham印刷公司的金·斯托里（Kim Storry）一起为本书最后阶段所做的努力；感谢苏珊娜·杰伊斯（Susannah Jayes）为本书所绘的插图；感谢古斯塔夫·扎莫尔（Gustav Zamore）为编辑这些杂乱的手稿所付出的极大耐心和努力。感谢你们宝贵的帮助。另外声明，书中如有错误均由我来负责。

引言

A SHORT HISTORY OF THE ANGLO-SAXONS

> 我的孩子,你看,在诺曼人到来之前,英格兰人没有真正的文明:他们简直就是生活在黑暗时代。
>
> ——迈克尔·伍德(Michael Wood),《寻找英格兰》(*In Search of England*)[1] 中 1966 年陆军元帅蒙哥马利与迈克尔·伍德的谈话

盎格鲁-撒克逊史曾被认为是自 5 世纪罗马帝国灭亡后的"黑暗时代",直到现在才为人们所重新认识。1939 年在萨顿胡(Sutton Hoo)发现的大规模船葬,彻底推翻了人们对日耳曼移民的看法:410 年罗马撤离不列颠后,迁徙到英格兰的日耳曼人不过是被看作贫穷的野蛮人,依靠自给自足的农业勉强糊口。当前新技术的发展(例如 DNA 采样和同位素的使用)为破译移民血统和人口类型提供了新颖的方法。此外,金属探测器为我们带来了许多意想不到的发现,这些发现看似随机,却又展示出某种规律。到目前为止,以 2009 年发现的"斯塔福德郡宝藏"(Staffordshire Hoard)最为壮观。盎格鲁-撒克逊史是一个快速发展的研究领域,以其跨学科性激发着人们的研究热情。甚至在本书写作期间,针对位于林迪斯法恩(Lindisfarne)的圣卡

斯伯特修道院（St Cuthbert）遗迹所开展的重要考古工作也不断有新的发现问世。

接下来的章节旨在介绍由当前盎格鲁-撒克逊史的一些研究发现所引发的争论，以及这个时期成为英国历史重要组成部分的原因。英格兰在这个时期并未完全成熟，而是初具雏形，其轮廓到今天依稀可见。1974年，英格兰各郡重新调整，其依据基本上仍按照盎格鲁-撒克逊诸王所确定的郡界；如今盎格鲁-撒克逊时期的大修道院成了英国国教大教堂，但其早期的传统并没有被遗忘。威斯敏斯特大教堂自忏悔者爱德华[①]重建以来，一直是国王加冕典礼的主要场所。973年埃德加国王（King Edgar）的加冕仪式成了日后英王加冕典礼的起源。

但是，历史研究绝不可能仅仅是或者主要是为了寻找根源或连续性。历史研究最重要的是要了解过去的复杂性，以及如何根据我们已知和未知的史实提出新的问题。因此，我希望接下来的章节为读者提供的不是答案，而是他们在探索英格兰在盎格鲁-撒克逊时期的形成时所需的框架。

这本书是在2016年夏天完成的，当时全体英国公民正在就英国留欧或脱欧举行公投。最终支持脱欧的选民赢得了胜利，他们表达了"从欧洲赢回英格兰"的喜悦。正如我当时在书中最后几页提及的，在这个时代，人们必定会明显感受到欧洲与英国之间的巨大差异。大约在400年，欧洲——原本一片神秘的土地，开始与亚洲和非洲建立了联系，并迅速融入了基督教世界。当时英格兰仍然只是罗马的一个行省，所有英格兰的自由民自动成为罗马公民。

该书第1章讨论了410年罗马军团撤离后"罗马裔不列颠人"（Romano-British）的经历与遭遇。第2章从教皇派教士向"英格兰人"（English people）传播基督教开始。虽然已经有了"英格兰人"这个概念，但是直到维京人入

[①] 忏悔者爱德华（Edward the Confessor，约1001～1066），英格兰盎格鲁-撒克逊王朝的君主，1041～1066年在位。——编者注

侵的领土被重新夺回之后,这个被称为"英格兰"(England)的国家才得以产生(第5章和第6章)。125年后,即1066年来自诺曼底的第二代维京人征服英格兰之后,其后代才将自己视为"英格兰人"。

这本书讲述的故事很复杂——叙述的碎片化、书面证据的倾向性以及吸收新的考古发现所面临的挑战(近年来新的考古发现层出不穷),这些都加剧了它的复杂程度。引用已故的詹姆斯·坎贝尔对5世纪和6世纪的描述来讲:

> 声称洞悉过去是历史学家"天生"的缺点,声称对公元400～600年间的英格兰历史了如指掌则更为危险。我们可以对一些历史事件予以确认,对其他历史事件进行合理的猜测(对整个历史事件的猜测就如对火中残余画卷的原貌进行想象一样),但仅此而已。随着事实特别是考古事实的累积,以及对研究假设的优化论证,人类的认识将不断向前发展。但是真相永远不会为人类所知。[2]

那么,欢迎来到被坎贝尔称之为"沼泽"(a quagmire)的地方……

第 1 章
罗马人撤离之后

A SHORT
HISTORY OF THE
ANGLO-SAXONS

罗马人撤离后，邪恶的苏格兰人和皮克特人（picts）急不可耐地乘着小圆舟穿过海湾，成群结队地闯到这里。就像太阳升起、天气变暖后，一群黑压压的蠕虫从狭窄的岩缝中爬出来一样……他们觊觎着我们的土地……（还有）凶残的撒克逊人……人神共愤，他们的到来就如同引狼入室，他们驱赶走了北方的人民。在这片土地上，再没发生过比这更具破坏性、更令人痛苦的事件了。

——吉尔达斯（Gildas），
《不列颠的毁灭》(The Ruin of Britain)[1]

"410 年，哥特人攻占了罗马，罗马人自此终结了对不列颠的统治。"于 9 世纪首次编纂的《盎格鲁 – 撒克逊编年史》（Anglo-Saxon Chronicle）言之凿凿地叙述了罗马对不列颠统治的终结。他们迫切需要大批军队来抵御蛮族对欧洲大陆的入侵，从而导致了罗马在不列颠驻军的突然撤离。不列颠许多地方的经济因此很快受到了毁灭性的打击，并被记入史册。据这部编年史记载，418 年，"罗马人掠夺了不列颠的所有珍宝，他们将其中一些藏在地下，以免之后被人发现，并把一部分珍宝带到了高卢"。[2] 这一记载是否真实还有待考证，但却能说明：随着罗马军队的撤离以及犒赏士兵的需要，不列颠的货币经济萎靡不振，城市生活也迅速凋零。其后 200 年的大部分时间里，不列颠再也没有铸造新的钱币。同时，在与这部编年史时间最接近的文献——《不列颠的毁灭》（编纂于6世纪）里，作者不惜笔墨地描写了罗马人撤离后的社会混乱与两败俱伤的内战情形："支离破碎的尸体表面凝固着紫色的血液，就像刚被可怕的榨酒机榨过一般。"[3]

《不列颠的毁灭》是吉尔达斯的作品。他是一位学者，可能也是一位传教士，他很有可能生活在不列颠的西南部。在这部书中，吉尔达斯描述了罗马军团撤退后，来自不列颠岛北部的苏格兰人和皮克特人如何气势汹汹向南推进，不列颠人恳求罗马人返回不列颠帮助他们，但是遭到了拒绝；绝望之余，他们又向海岸对面的异教徒雇佣兵——撒克逊人求助。正如吉尔达斯所说的那样，通过这一"愚蠢至极"的举措，信仰基督教的不列颠遭到了这些撒克逊蛮人的残酷掠夺："所有主要城镇都因敌军的再三劫掠而被摧毁；（几乎）所有的居民，无论是教会领袖、牧师还是普通人，均丧生于刀光剑影与熊熊战火之中。"[4]

虽然吉尔达斯的作品风格华丽，但历史学家对其故事的真实性一直持谨慎态度。吉尔达斯不是小报作者，而是一位学识渊博、才华横溢、擅长拉丁文写作的作家。[5]但是，历史学家始终难以确定他进行创作的具体时间和地点，也很难根据他的著作制订任何事件年表。吉尔达斯说，不列颠人在巴顿山战役（Battle of Mount Badon）中战胜撒克逊人44年之后，他才开始编写这部作品。书中描写了5位不列颠国王，吉尔达斯指责他们骄奢淫逸、自大忘形，白白浪费了巴顿山战役带来的良机。通过推算，我们能知道其中至少一位国王的在位时间，以此类推，可知这场著名战役大概发生在5世纪末，那么《不列颠的毁灭》这本书很有可能写成于530～550年期间。[6]这一日期（罗马军团从不列颠撒离100多年之后）和书中描写的西部背景（他提到的国王统治着现今的威尔士和英格兰西部诸郡等地区），都意味着我们要谨慎看待书中有关5世纪英格兰历史的表述。显然，对于与他同时代的人来说，他描绘的情景是讲得通的，也达到了他的写作目的。但是现在看来，他所提及的事件都只发生在他所生活的地区，没有一个故事适用于整个国家。考虑到这一点，让我们进一步去了解一下吉尔达斯笔下的不列颠。

考古挖掘发现，罗马人撤离后，在不列颠西部的一些地区先前的生活方式开始复苏。恰恰在这些地区，很难找到早期撒克逊人在此定居的证据，但却有相当多的证据表明这里曾有过很多不列颠人的山地堡垒，如今人们正在对其进行修复和利用。南卡德伯里［South Cadbury，位于现在的萨默塞特郡（Somerset）］就是一个例子。像南卡德伯里这样的地方在 5 世纪重新获得了生机活力。在这里，人们曾进行过许多重大建筑工程，还和地中海地区进行贸易往来。仅从进口陶器、酒和玻璃器具的数量上便可以判断，当时这里的经济仍欣欣向荣，人们继续沉浸在奢华享乐的生活中，完全没有察觉到撒克逊征服者们正向西大步入侵。当不列颠人最终意识到他们和他们的生活方式所面临的危险时，巴顿山战役中赢得的胜利只会让他们产生一种虚假的安全感。

吉尔达斯在书中没有提到亚瑟王①的名字，这无疑让"亚瑟王"的追捧者们感到失落。其实，吉尔达斯并没有把巴顿山战役的胜利归功于亚瑟王，而是归功于一个叫安布罗修斯·奥雷利安纳斯（Ambrosius Aurelianus）的领袖，也被吉尔达斯称为"最后一个罗马人"。与其极力去证实安布罗修斯和亚瑟王是否为同一人，不如进一步拓宽有关亚瑟王的研究，相信英雄人物并非只有一人，而只不过亚瑟王（无论是否存在）恰好成了图腾领袖。因此，我们应该摒弃把南卡德伯里看作卡米洛特（Camelot，传说中亚瑟王的宫殿所在之地）的说法，而很有可能的是，每一座被修复的山地堡垒（从不列颠西南半岛向北延伸到现今的苏格兰地区）都有着各自"亚瑟王"般的人物。[7]这些人物会被写入英雄诗歌，被人们长久铭记，尤其是战斗诗歌，例

---

① 亚瑟王（King Arthur），传说中古不列颠最富有传奇色彩的伟大国王，圆桌骑士的首领，被称为"永恒之王"。——编者注

如《高多汀》(*The Goddodin*)。[8] 这首诗歌可追溯到大约 600 年，有人认为，该诗创作于爱丁堡附近地区，用不列颠人的北方方言布立吞语（和威尔士语属于同一词源）写成。这首诗描绘了一场史诗般的战役，该战役爆发于诺森伯兰郡（Northumberland）的卡特里克（Catterick），交战双方为经过精挑细选的基督徒勇士和兵力强大的撒克逊"蛮族"。最终，除了 3 名幸存者（包括这个诗人）外，基督徒几乎全部被蛮族歼灭，即便如此，他们大张旗鼓的战前准备和战斗中的英勇气概也丝毫没有受到影响：

> 他们前往卡特里克，威风凛凛、声名大噪；按照当时的风俗，他们金酒囊里装的甜酒简直可以喝上一年；363 名勇士都戴着金丝项圈。在所有为了庆功甜酒而战的勇士中，只有 3 个人逃了出来……即两位来自艾伦（Aeron）和卡嫩（Cynon）的勇士和鲜血直流的我……[9]

在其中一节诗中，诗人刻画了一个英勇无惧、慷慨大方、令人生畏的英雄形象，"不过，他可不是亚瑟王"——这个提示引起了人们的注意。[10] 这句话很有可能是后来添写的。最初，《高多汀》只是一首口头诗歌，最早的手稿被认为写于 9 世纪，其中"亚瑟王"的引用只是增加了传奇式人物亚瑟王（巴顿山战役的胜利者，一个令撒克逊人闻风丧胆的人）存在的证据，而当时，这种证据已经很多了。

毫无疑问的是，无论巴顿山有无"亚瑟王"，这场战役的胜利都属于不列颠人。然而，（如吉尔达斯所担心的那样）这只是盎格鲁－撒克逊人向西扩张过程中的短暂停歇，这一点似乎在《盎格鲁－撒克逊编年史》577 年的记载中得到了证实，内容如下：

> 这年卡思温（Cuthwine）和查乌林（Ceawlin）同不列颠人作战，

在戴汉姆（Dyrham）杀死了3个王，即康梅尔（Conmial）、康迪丹（Condidan）和法林梅尔（Farinmail）；攻占了他们的3座城市，即格洛斯特（Gloucester）、赛伦塞斯特（Cirencester）和巴斯（Bath）。[11]

"戴汉姆"仅位于巴斯以北6英里①处，编年史里主要谈到西撒克逊人攻占了3座城市，并没有描绘一场实战。但尽管如此，在《盎格鲁-撒克逊编年史》中记录下这些特定城市被征服的史实，也是很重要的一件事。尽管这些城市当时已经变得荒凉破败，它们仍代表着罗马的宏伟庄严，其生活方式与附近（和新修复的）的卡德伯里山地堡垒完全不同。

577年之后的几年，以及所谓的卡特里克战役之后，许多新的不列颠人的联盟陆续出现。语言证据（尤其是威尔士语和康沃尔语）表明，尽管新移民取得了很多胜利，但对于他们来说向西推进还是阻力重重。甚至有人认为，直到爱德华一世1282年征服威尔士，不列颠的罗马时代才确定终结。[12] 后罗马时代不列颠的命运经常被一言带过，这很大程度上归因于诺森布里亚（Northumbrian）僧侣比德（Bede）在《英吉利教会史》（*Ecclesiastical History of the English People*，731）中的陈述。

有人曾经说过：

> 如果你有机会采访英格兰历史上任意一个人物，以期获得所有的英格兰历史知识，比德很可能是不二之选。因为与他交谈一小时，你能汲取到更多真正有意义的信息。[13]

比德掌握的资料当然要比吉尔达斯多，而且他的文章更具权威性和教导性，可信度更高，这恰恰是吉尔达斯书中所缺乏的。因此，比德的《英吉利教会史》在出版不久之后就被视为权威之作。比德在书中谈道，当不列颠人

---

① 1英里≈1.61千米。——编者注

向罗马人寻求救援无果时，一位名为沃蒂根（Vortigern）的国王建议不列颠人应该向距离更近的地区寻求帮助。[14] 正因为如此，449 年，3 艘标有"盎格鲁或撒克逊"字样的战船抵达不列颠海岸。这个计划看起来很成功（撒克逊人太精明了，他们发现不列颠岛上资源富饶，但那里的人却懒散松懈），不久之后，越来越多的撒克逊人与其盟友纷至沓来。据比德所说，他们来自 3 支强大的日耳曼部族，分别是撒克逊、盎格鲁和朱特（Jutes）。他们的领导者亨吉斯特（Hengist）和霍萨（Horsa）① 是朱特部族的王子，是异教神沃登（Woden）的后裔。不久以后，"这些人成群地"涌入内陆并定居下来。[15] 朱特人占据了肯特（Kent）和怀特岛（Isle of Wight）；撒克逊占据了如今的埃塞克斯郡（Essex）、萨塞克斯（Sussex）和英格兰西南地区；盎格鲁占据了英格兰中部地区和北部地区。盎格鲁人非但没有保护不列颠人，还联合皮克特人对付他们，因此不列颠人的处境比之前更糟糕。后来，当不列颠人未能向新移民者交纳所规定的酬金时，盎格鲁人发动了叛变，不列颠人陷入孤立无援的境地。一些人遭到屠杀，一些人逃离海外，还有一些人饿死或者苟且为奴。

关于后罗马时代不列颠恐怖时期的描写，人们一直认为比德受到了吉尔达斯的影响。多年以来，人们开始重新审视比德的学识和意图，也采取了许多新方法研究其著作。曾经看似简单的问题现在也变得复杂得多，例如，比德命名的 3 个"新移民"群体是否合理？另外，物质文化（例如，男女佩戴的胸针，他们的盆罐、服饰和葬礼的残留物，人死后是土葬还是火葬）是解码部族身份所必需的线索，根据这些，历史学家能够对他们手中的英格兰地图进行颜色标识，并用箭头显示新移民和欧洲大陆（新移民的家乡）的关系。但是，进一步分析表明，这些证据还有待考证。第二次世界大战时期，历史学家们对带有"种族纯洁性"的观点持谨慎态度，开始质疑这些箭头和标注的真实性，怀疑比德笔下的部族是否基于客观现实：这些名字有没有

---

① 现在被认为只不过是传说中的虚构人物，名字的意思是"马"和"种马"。——编者注

可能是异族人在新的土地定居后得到的？居住在肯特郡的居民有没有可能是在到达怀特岛和肯特郡之后而非之前才成为"朱特人"的？难道特定服饰不能成为人们追求时尚的符号，而只能是他们的身份标志？同样，不列颠人也有可能会被这些新移民者同化，在穿着、住宅和埋葬方式上，模仿入侵者的风格。很快，他们像这些"新主人"一样变得"日耳曼化"了（不久，这些"新主人"也会使自己变得更像"罗马人"）。因此，我们大可不必完全相信比德的标注以及他和吉尔达斯都曾提到的不列颠人大屠杀。我们所需要的是对种族进化有所了解。[16]

尽管如此，有关不列颠人的命运和"盎格鲁－撒克逊人"的原居住地等问题仍未得到解决。不久之前，有人称DNA检测将有可能解开所有谜团，这也曾轰动一时，但是现在人们对这种方法的可行性开始持怀疑态度。于是，又有人提出了其他方法——同位素分析方法。如今，检测技术仍处于起步阶段，比如它还无法对火化尸体进行分析，但却能支持这一结论：5世纪的历史或许更依赖于范围广泛、数量众多的故事，而非某一次的长篇大论。为了找到证据，有人曾从北约克郡（North Yorkshire）西赫勒顿（West Heslerton）的一座公墓中取材，其检测结果也十分有趣：在24名死者中，只有4名可能来自斯堪的纳维亚半岛，13名来自奔宁山脉（Pennines）西部地区，7名来自当地。[17]因此，我们随后将重点关注5世纪时不列颠的不同部族，以及他们重塑罗马人所遗留的文化传统的不同方式。随着时间的发展，这些部族最终都将并入英格兰王国，但在5世纪时，这是人们不可能想象出来的。因此，我们所研究的定居点一定具有多样性特征，而不可能是某种"典型"定居点。我们在认知上存在不确定因素和空白，这也使我们不能准确描述某种定居点的模式。总的来说，我们并不能对已知的事情做出总结，而是只能列出我们不知道的事情：历史证据很少是浅显易见的。实际上，许多早期盎格鲁－撒克逊人定居点的位置都很难确定。例如，我们通常用陶器来辨别罗马或中世纪晚期的遗址，但在早期盎格鲁-撒克逊人的定居点里却完全没有陶器存在的痕迹，这可能因为当时的定居者还没有制作过陶器，也可能因为他们的陶器质量太差，都已经碎成碎片，即便留下了极少量的陶瓷碎片，考古学家们也很难发现。[18] 有时，实物的意义也是很难猜透的。例如，在东盎格利亚（East Anglia）和中英格兰东部（East Midlands）的许多火葬场所，经常（并不总是）会发现一些梳子，我们无法按照年龄、性别和身份对梳子进行分类，也无法解释为什么有些梳子和遗体一起被烧掉了，而有一些却没有被点燃。相比之下，在土葬中，梳子比较少见，难道是因为它们在土里不如在骨灰盒里保存得好？[19] 带着这些保留意见，让我们来探究一下埃塞克斯的小村庄玛汀（Mucking）——最早的盎格鲁-撒克逊遗址之一，人们对其已经进行了广泛挖掘、探究。[20]

玛汀位于泰晤士河北岸。起初，它是罗马人的一个根据地，或许甚至是一个撒克逊海岸堡垒，由罗马人雇用日耳曼雇佣兵进行管理，以保护海岸线，尤其是伦敦不受侵犯。一次考古发现最早证实了这种可能性：在这次发掘中，人们发现了一枚精致的铜银扣，如今保存在大英博物馆中。在4世纪时，这种类型的铜银扣主要颁发给罗马的军事人员，如今常常出现在英格兰和斯堪的纳维亚半岛的坟墓中。我们不能确定定居点始于何处，但是可以知道，到了5世纪，一群日耳曼移民者来到玛汀开辟荒废田地，开始定居生活。不过他们会避开罗马不列颠时期的坟墓，而是另选新地埋葬死者。因此，虽然玛汀还是一个相对较大的定居点（最终可能会多达90名居民），但在它的发展过程中，无论是在本地居民之间，还是在本地居民与先前的居民之间，都找不到任何对抗或竞争的痕迹。随着耕地逐渐耗竭，新移民者的定居地也发生着变化，但没有证据表明他们已经有了清晰的财产所有权意识以及基本的社会秩序。他们既实行火葬也实行土葬。其中，在男性死者的坟墓中，有一两座放入了剑，而在女性死者的坟墓中，有一两座放入了胸针，但在玛汀生活遗址中并看不到有任何区分。

图 1-1 斯邦山人（Spong Hill man）：陶土罐盖子

在玛汀，考古学家挖掘出 200 多个小木屋，因为每个小屋（大约 3 米 × 4 米大小）都竖立在一个坑里，所以它们被称为"下沉式建筑"（sunken-featured buildings，SFBs）。有时候这个坑会形成一个地窖，但并非总是如此。这些建筑在欧洲大陆有着悠久的历史，但直到 5 世纪才在英格兰为人所知，而且关于它们的用途仍存在争议。[21] 起初，考古学家将其视为野蛮入侵者原始生活标准的证据，但很快就发现，这些建筑从未被用于居住，如今它们被归类为作坊和储藏室，在英格兰早期的盎格鲁-撒克逊人定居点都有出现。因为它们总是被拆除，所以我们很难得知木屋的确切用途，而大部分的考古沉积物很有可能都是在木屋被废弃之后，或者随着定居点的移动才逐渐积累起来的。有迹象表明，玛汀的木屋主要聚集在两个地区，因此形成了定居地的"工业"中心，一个生产布料，一个生产铁和铅。但是，像在盎格鲁－撒克逊时期的其他地方一样，在玛汀依旧找不到"轮制陶器"存在的证据。在将近300年的时间里，英格兰的任何地方都没有制作过这样的陶器。可见，这门技艺已经消失不见了。[22]

图 1-2　玛汀腰带配件

玛汀距离伦敦市中心大约30英里，到了500年，玛汀发展得生机勃勃、富有活力。但是，伦敦早已被废弃，变得荒凉不堪。由于没有军队的保护（甚至没有一支雇佣军来自附近的玛汀），也缺少进行贸易的资金，伦敦的城市生活很快就崩溃了。当然，并非不列颠的所有地方都像伦敦一样，但毫无疑问，在不列颠东部和东南部地区，很难找到任何有关盎格鲁－撒克逊人城市生活的证据。在伦敦，一些人非法占据了早已破败不堪的街道，城市里到处都是厚厚的"黑土"（由倒塌建筑物的废墟组成），呈现出一片荒凉景象。

然而，伦敦城墙依然雄伟挺拔。《盎格鲁－撒克逊编年史》中提到，456年，当传奇人物亨吉斯特领导军队同不列颠人作战时，伦敦城墙成为肯特郡不列颠人的避难所。这激发了盎格鲁－撒克逊人去效仿罗马的城墙和建筑，但在5、6世纪，他们还不会用石头搭建建筑，所以当时他们的住房和储藏室都是木头制成的。如今，我们偶尔能在城墙内侧（比如在坎特伯雷）发现这些早期木制建筑的证据，但最早的盎格鲁－撒克逊人定居点还都是在城墙外侧（比如在伦敦）。²³

英格兰西南部有一座叫罗克斯特（Wroxeter）的城市，那里见证了盎格鲁－撒克逊人为复兴"没落的"罗马城镇所做的努力。²⁴ 罗克斯特曾是罗马人的堡垒要塞，克洛维部族〔Cornovii，铁器时代瑞京（Wrekin）山地堡垒上的居民〕就居住在这里，在罗马不列颠时期，它堪称"第四大城市"。在88年，即便罗马军队从这里转移到了切斯特（Chester），这座城市仍是一片繁荣景象。其中，制革、织布以及铅矿、铜矿开采都是促使其繁荣发展的产业。令人惊讶的是，到了后罗马时期，当经济发展停滞不前时，这座城市一直努力适应着变化的环境。商品之间开始进行简单的物物交换；如果建筑物不符合以前的标准，就进行重修，以便恢复其正常功能。到了6世纪中叶，居民们采取了更激进的措施：开始大规模地拆除旧建筑、修盖新建筑并铺设新的碎石路。在这个过程中，他们借鉴了罗马人的测量方法，但最终完成的建筑与以往在其他城市所见过的并不相同。比如，在罗马浴场的遗址上，大量的碎石瓦砾变成了一个巨大的平台，它可以承受一个巨大的木结构建筑的重量。在同一地点，还有其他33个新建筑，有的是木质结构，有的墙是用黏土夯实的。这些建筑都是如何完成的？资金又源自何处？可见，很多问题仍然存在疑问。

无论是谁策划了罗克斯特的重建，我们可以肯定的是：他不是盎格鲁－撒克逊人。6世纪中叶，在罗克斯特地区并没有盎格鲁－撒克逊人定居的痕迹。但也许有足够的证据可以表明，6世纪时的罗克斯特是由自己的大主教控制的。关于英格兰基督教的生存问题，我们需要在第 2 章回到特定的历史时期——当时，罗克斯特处于一片混乱之中，无论是异教和基督教之间、英格兰人和盎格鲁－撒克逊人之间，还是诺森伯兰郡人和麦西亚人（Mercian）之间，彼此的盟友关系变幻不定，权力斗争混乱不休。因此，对于 5、6 世纪的罗克斯特来说，重要的不是害怕被征服，而是如何随机应变、适应环境并生存下去。

或许这一求生本能解释了为什么南部及东南部地区的不列颠人会"消失"。从考古记录来看，后来的日耳曼移民者曾在这些英格兰地区广泛定居，但是历史学家们仍找不到任何有关本土居民命运的线索。没有任何迹象表明他们遭到了屠杀，他们只是"消失"了。例如，在罗马军队驻防的多切斯特（Dorchester）城外，考古专家们挖掘出了两处墓地。其中一个较早挖出的墓地位于昆斯福德（Queensford），坟墓的年代约为 4～5 世纪，里面没有随葬品。因此，我们可以假设这里埋葬的是英格兰基督教教徒。但是在 5 世纪的某个时期，人们开始停用昆斯福德的墓地，而在附近的贝林斯菲尔德（Berinsfield）修建了新墓地，这里的坟墓埋有随葬品。因此我们不免得出这样的结论：日耳曼移民者的风俗习惯已占主导地位。不列颠人已经"消失"了，似乎他们已经选择了同化。[25] 在某些地区，不列颠人确实有可能遭受了奴役，但是这种情况更有可能发生在英格兰西部地区，那时盎格鲁－撒克逊建立的王国韦塞克斯（Wessex）正在兴起，但时间是在 6 世纪，而不是在各种势力此消彼长的 5 世纪。

不列颠人能够和来自欧洲各地的移民者和睦相处，这很有可能取决于群体的数量。长久以来，人们一直认为盎格鲁－撒克逊人曾大规模抵达英格兰，并随时准备将自己的意志和习俗强加于其他民族。不过，现今的考古记录显示，情况并非如此。由新来者接管的农田（比如在玛汀）并不是最优质的，其耕作方法也未发生很多改变。在相当长的一段时间里，人们继续种植斯佩耳特小麦（Spelt），后来才逐渐替换成普通小麦；人们采用了新的纺织方法，但是仍然保留了罗马人引入的白绒羊群，为权贵提供纺织品。[26] 如果我们还记得，在罗马统治时期，不列颠人就已经习惯了日耳曼民族（罗马军队的雇佣兵）的存在，那么这种农业连续性所表现出的共存或许就不难理解了。至少"新日耳曼人"不征收苛税，与以前长期欺压不列颠人的统治者相比，他们也显得并不苛刻。当然，在一些地方，如果罗马人再次出现，人们也很有可能会接受。即使在罗马军团离开之后，人们仍然认为，一旦罗马人解决了危机，他们就会回来。很显然，在这个正在被基督教塑造的新罗马世界里，不列颠仍被看作是其中的一部分。

从高卢主教日曼诺斯（Germanus）的身上，可以明显看出这一点。日曼诺斯曾在 429 年（大概 10 年之后再度赴该岛）赴不列颠攻斥伯拉纠主义（Pelagianism）。他前往的是圣奥尔本斯修道院①。一般认为，该修道院位于罗马人所建城市维鲁拉米恩（Verulamium）之外，这座城市的规模可与伦敦和赛伦塞斯特城（Cirencester）相匹敌。就在这里，日曼诺斯发现了不列颠基督徒和一座早已衰败的城市，但是迄今为止，仍然没有找到撒克逊人攻城略地的证据，或者说任何（根据圣徒描述的）能够威胁基督徒的东西。口诵"哈利路亚"的牧师提供的语言保护就已经足够了。[27]

然而，矛盾是显而易见的：无论考古发现的结果如何，也无论移民人数多少，没有什么能够掩盖这样一个事实，即英语属于日耳曼语系，英格兰是盎格鲁人的土地。[28] 这种文化征服的程度竟然如此之深，以至于让人很难相信，没有修士吉尔达斯所哀诉的流血事件，取代竟然也会这么彻底。当然，毫无疑问，最终确实发生了很多流血冲突，现在来看，这些残酷、激烈的斗争不太可能发生在 5 世纪，但却很有可能发生在 6、7 世纪。5 世纪确实见证了罗马时期不列颠的衰落，以及日耳曼民族对大部分英格兰土著居民的征服，但是我们只有 6 世纪的战争证据，总的来说，基本都是不同"侵略

---

① 为纪念不列颠首位基督教殉道者圣奥尔本（St Alban）而命名。——编者注

者"之间的斗争,而非"侵略者"与"土著居民"的对抗。

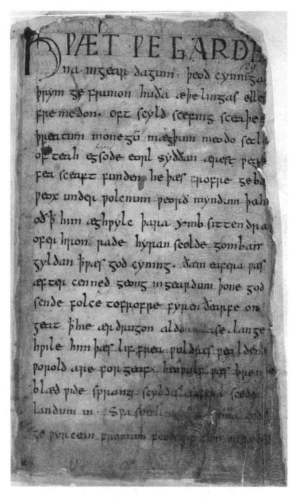

图 1-3 《贝奥武甫》(*Beowulf*) 第一对开本

在 5 世纪,移民定居、安顿生活是十分重要的,但是 6 世纪的情景却大相径庭。各地部落的等级制度愈加分明,领导者一旦掌握了权力,就会试图扩大领土、彰显权威。在这个过程中,来自罗马的基督教传教士提供了意外的帮助,不过古老神灵仍继续发挥着他们的作用。由于一些尚不完全清楚的原因,5 世纪发展稳定、自给自足的部落在 6、7 世纪先后卷入异教徒或基督徒挑起的战乱之中。相对繁荣貌似助长了人们征服对手的雄心壮志，他们将日常熟悉的犁头换成了长矛，手中的修枝刀也换成了刀剑。各个定居点都归服于各个小王国的国王；式样简朴、按照相同等级排列的墓地被极其奢华的墓地取而代之，并且按照严格的等级标准来安放死者。

图1-4　头盔复制品，发现于1号土墩墓中的萨顿胡船棺墓

图1-5　皮带扣，发现于1号土墩墓中的萨顿胡船棺墓

在5～6世纪中叶，火葬与土葬是埋葬死者的主要方式。在很多方面，

死者的阶级层次都能显露出来，但并不特别明显。在这两种埋葬仪式中，人们都会将死者打扮一番，并配上许多工艺品——首饰、梳子和兵器（这些兵器似乎是地位的象征，和军事实力无关，因为它们在年轻人和老人的坟墓中都有出现过）。但地区差异是十分显著的，在"盎格鲁"中部地区，火葬较为常见；在"撒克逊"南部，多实行土葬。首饰样式也不尽相同，例如，"盎格鲁"女性会在袖口钉扣来固定衣袖，她们还对一种特别的大方头胸针情有独钟；但"撒克逊"女性喜欢较小型的胸针，经常成双佩戴。但是在 6 世纪末到 7 世纪期间，发生了巨大变化。一方面，6 世纪早期特有的变化都消失不见了；另一方面，一些坟墓（包括土葬和火葬的）受到了特别关注。这些坟墓布置讲究、奢华，位于高大土墩或山岗之上，十分显眼。

在这些奢华坟墓中，最有名的当属位于萨福克郡（Suffolk）的萨顿胡古墓。1938 年，人们对其进行首次挖掘，在接下来的几十年里，也对它进行了更深入的研究。[29] 最初的研究主要集中在 1 号土墩墓中的船棺葬。这里首次展示出 7 世纪英格兰盎格鲁 – 撒克逊人的富足——其实，早在 19 世纪挖掘白金汉郡塔普洛（Taplow）的奢华古墓时，人们就应该发现这一点，但是由于技术不足，加上墓旁倒塌的紫杉树使古墓受到了破坏，所以当时的研究发现并不全面，以至于它的重要性常常被人忽视。但萨顿胡古墓的情况完全不同。人们对萨顿胡古墓进一步挖掘，并于 1997 年结束，这个发掘过程也引发了许多新问题，涉及死者身份、随葬财物，还有关于古墓各种装饰和仪式背后的寓意，等等。即使现在，整个墓葬遗址还没有被完全挖掘，仍有 5 座土墩墓有待学者继续深入探究。但是在未来，研究者们很可能会掌握新技术，但也会提出新的问题。

就拥有的财富而言，已挖出的 20 座土墩墓中，1 号土墩墓中的坟墓堪称首位。如今，从整个遗址来看，我们能够得出比之前更加确信的结论。显然，这里是一处墓地，不是因部落需求而建，而是专门为上层人群所使用的。1 号土墩墓中的死者还有很多同伴。例如，17 号土墩墓中有一位年轻人的遗体，随葬品有兵器、大锅、水桶和一副华丽的马具，那匹马就在附近的坑里。14号土墩墓中，安葬着一名妇女的遗体，虽然这个墓被盗过，但仍留有一些陪葬品。2号土墩墓中再次发现大量珍宝，这些珍宝陈列在一名男子的周围，这名男子所在墓室位于一艘船的下面。靠近5号土墩墓的位置有3名年轻人的遗体，有可能都是孩子。有6座土墩墓建在了火葬场上面，在这里发现了37具遗体，都是被处以极刑而死，令人们感到毛骨悚然，极为震惊。这些死者生活的时期应该较晚一些，可能因其所犯罪行过于"邪恶"而不适合基督教葬礼。

萨顿胡古墓被发现时，里面的财宝堆积如山，看似很难被其他古墓超越。但是最新证据表明，新公路、新住宅的修建或者金属探测器都可能会带来更多的新发现。例如，在2003年，人们在英格兰东南部的埃塞克斯郡普里特维尔市（Prittlewell）进行道路施工时，发现了一座贵族古墓。虽然在附近的雷利市（Rayleigh）就有一个非常简陋的火葬场遗址，但是在普里特维尔，挖掘者发现了一间精心设计的墓室，里面配有一个精美的铜合金挂碗，一个拜占庭酒壶（在英格兰比较少见）和一把同样罕见的折凳。黄金搭扣应该是在肯特制造的，这也是在盎格鲁–撒克逊人墓葬中找到的第三个这样的搭扣。[30] 过去的几年里，在萨福克郡科顿汉姆市（Coddenham），温佩公司（Wimpey，英国最大的房屋建筑公司之一）在修建新房时，挖掘出一块7～8世纪的墓地，里面没有什么装饰，但有三座坟墓是放置在土堆下面的，其中之一是一具被埋在床上的女性遗体。[31] 2005～2007年期间，在开发洛夫特斯市（Loftus）的住宅时，发现了一座女性的床葬坟墓，从而推翻了在北部地区不存在这种埋葬方式的说法。[32] 这名死者身边配有一个奢华的金挂坠，上面镶有石榴石。2012年，考古学家在剑桥附近的特兰平顿（Trumpington）发现一处床葬坟墓。这名年轻女性的遗体旁边有一个黄金镶石榴石十字架，和在圣卡斯伯特墓葬中发现的十字架十分类似。[33]

尽管我们发现了很多物品，诸如特兰平顿十字架，以及在普里特维尔地区发现的放在死者眼睛上的（或许是这样的）金箔小十字架等，但是我们仍不能完全确定那些埋葬者的信仰。使用基督教符号的原因可能有很多，只是与宗教信仰或习俗的关系比较松散。因为随葬品很快就会过时，所以考古学家们把这些7世纪如此丰富的墓葬品置于"最后阶段"。这个"最后阶段"是指一个特定的宗教与政治的动乱和过渡时期，而非一个有固定信仰的世界。可以说，这也是诗歌《贝奥武甫》的世界。

图1-6 鲁斯韦尔十字碑（Ruthwell Cross，位于邓弗里斯和加洛韦地区）南壁上的详图

有关《贝奥武甫》创作时间的争议很难得到解决。原始手抄本的保存时间已有1000年左右，但诗歌中的斯堪的纳维亚背景，以及对耶阿特人（the

Geats）和丹麦人的英勇事迹的描写（与之形成鲜明对比的是，作品中没有涉及英格兰人和基督教信仰），使它看起来很可能起源于一个更古老的故事。诗中，主人公追寻丰功伟绩，历经磨难。当时，丹麦国王已经被食人怪兽格伦德尔（Grendel）压迫了12年，贝奥武甫决定帮助丹麦国王与之格斗。后来，贝奥武甫杀死了格伦德尔，但是还要同格伦德尔愤怒的母亲决斗。他追击到深水中（对恐怖场景的描写后来被一位基督教作者借用，用来描绘地狱），经过激烈的斗争最终将怪兽之母杀死。故事中的故事也包含在了诗歌中，在年轻的贝奥武甫取得壮举许多年之后，故事也走向了最终结局。后来，贝奥武甫成为耶阿特的国王，但是就在临近生命尽头之时，他的王国受到了一条喷火巨龙的侵袭。因为有人偷走了巨龙看守的一件宝物，所以巨龙被激怒，开始向耶阿特人攻击报复。年事已高的贝奥武甫毅然决定主动追击并杀死巨龙，他的英雄主义与临阵脱逃的部下的胆小畏缩形成了鲜明的对比。最终，巨龙和贝奥武甫都因伤势过重而死。人们带着沉重的心情为贝奥武甫举行了宏大的火葬仪式，还在墓中放置了头盔、盾牌和铠甲等随葬物品：

> 天空吞下了烟尘。接着，韦德人在崖顶动工建造了一座高高的坟陵，让航海的人们远远就能望见。10 天，他们建成了这座英雄的纪念碑，厚厚的石墙封存了火葬的灰烬；精雕细琢，连聪明的人都挑不出毛病。他们在墓内放进项圈、金环，还有勇士们先前从龙穴收缴的全部珍宝。他们将王公们的宝藏交还大地保管，黄金复归黄土，至今原封未动，一如当年，于人们无用。[34]

在这些仪式上，不仅流露出战争的徒劳感，还有人们深深的不祥预感，这是失去领袖后的恐惧，因为王国即将成为被攻击的猎物：仇恨和复仇的循环必然随之而来。

如何将《贝奥武甫》作为史学资料被应用,一直令学者们感到困惑。但萨顿胡船棺葬的发现改变了我们对这首诗歌开篇的理解[贝奥武甫的父亲希尔德·谢冯(Scyld Shefing)的遗体被送到了一艘满载财宝的船上],同样,斯塔福德郡宝藏的发现也改变了我们对诗歌中宝藏的认知,尤其是对战争中被掠夺的宝藏的认知。我们还没有讲述斯塔福德郡宝藏的完整故事(因为它是在 2009 年才被发现的),当然,它可能会永远都不为人所知,就如同没有人能够确定埋在萨顿胡土墩墓里的人是谁一样。但是《贝奥武甫》、萨顿胡船棺葬和斯塔福德郡宝藏却能够共同讲述一个有关雄心壮志、财富、政治动荡不安与尚不稳固的基督教的故事。[35]

下一章将会涉及基督教再次传入不列颠的问题,在这里,我们需要介绍一下有利于基督教发展的新政治秩序。编纂《英吉利教会史》时,比德对英格兰的政治和民族构成有着明确的概念。他认为入侵者来自 3 个不同的日耳曼部落:撒克逊人、盎格鲁人和朱特人。朱特人在怀特岛和肯特安顿下来;撒克逊人建立了东盎格利亚王国(East Angles)、中盎格利亚王国(Middle Angles)和麦西亚王国(Mercia);亨伯河(Humber)北部、德伊勒王国(Deira)和伯尼西亚王国(Bernicia)则由盎格鲁人组成,它们共同形成了诺森布里亚王国,覆盖面积可以向北延伸至如今的苏格兰地区。对于比德来说,这些王国的历史与宗教皈依密切相关,也关乎每个王国如何在建立一个超越政治界限的教会过程中发挥自己的作用。因此,比德所说的王国(从一开始就由不同部族组成)会适时接受一个新的神和一个新的政治认同。但是,如果忽视宏大的历史背景,那么就更难了解王国究竟是如何出现的。那么,它们建立的基础是什么呢?

这个时期保存下来的既揭露事实又最具神秘感的文件之一就是所谓的"部落土地税单"(Tribal Hidage)。这份文件(可能是进贡清单)提到了 34 个位于亨伯河以南的部落领地。这些领地的规模差异很大,最大的能达到 30000 海得[hide,英格兰旧时土地面积单位,1 海得(约合 60~120

英亩①）大小的土地能够养活一个家庭]，最小的只有 300 海得。其中包括英格兰南部的主要王国——麦西亚、东盎格利亚、埃塞克斯、肯特、萨里（Surrey）和韦塞克斯。但最引人注目是一些小部落和群体，在历史记录中他们不占据任何地位，似乎他们的领地也是在盎格鲁-撒克逊人殖民统治时期的某个特定时刻才被记录下来的。这些领地中就包括"因加部落"（ingas group），它曾被认为代表着最早时期的定居点和领主。所以雷丁（Reading）就是雷丁及其部落生活的地方。但是，据现在估计，他们并不属于 5 世纪，而应属于较晚的 6 世纪。那么，沿着泰晤士河兴起的"雷丁人"不应该被视为早期文明的创造者，更准确地说，"雷丁人"和萨顿胡墓中的死者属于同一时代，他们均渴望声名，并为了巩固自身的权力而不遗余力。[36]

在下一章，我们将讨论到基督教确实对新政治秩序的出现起到了一定作用，但认为它具有垄断性便有失偏颇了。早在 9 世纪编纂的《盎格鲁-撒克逊编年史》提供了早期王国的族谱——它们会把每一个王朝都和战神沃登联系起来。事实上，比德也总是提到沃登，并指出"许多王国的王室都宣称自己是沃登的后裔"。[37] 因此，我们不免得出这样的结论：权力必须得到认可后才能被接受，特别是在过渡时期，即便旧神和新神兼而有之也未尝不可。

---

① 1 英亩≈6.07 亩≈4046.86 平方米。——编者注

第 2 章
基督教的到来

A SHORT
HISTORY OF THE
ANGLO-SAXONS

盎格鲁人到达不列颠150年后，教皇格列高利（Gregory）派了奥古斯丁（Augustine）和几个虔诚的僧侣，向英格兰人讲道传布福音。

——比德，
《英吉利教会史》，第23章

任何新任坎特伯雷大主教就职时都会将一本6世纪的福音书放置在大教堂的祭坛上。人们传统上认为奥古斯丁于597年将这本书带到了坎特伯雷，并遵教皇格列高利命令，将它传授给英格兰人。接下来的故事（比德的《英吉利教会史》是目前保留的有关皈依基督教的主要历史来源）是这样的，格列高利在罗马市场上遇到一些相貌出众的奴隶男孩在等待贩卖。格列高利询问这些男孩来自哪里，然后得知他们是盎格鲁人。"好，"格列高利答道，"他们有天使的脸庞，在天堂里，这样的人应该是天使的子孙吧。"[1]那时格列高利还没有当选教皇，他以为自己要亲自去英格兰传教。随后的任命使这一计划无疾而终，但正如比德认为的，格列高利并没有忘记那些盎格鲁人，并在适当的时候派出传教士，在罗马僧侣奥古斯丁的带领下"为英格兰人传福音"。[2]

格列高利的使命使奥古斯丁成为"英格兰的使徒"，但基督教早在6世纪之前就被引入英格兰了。到314年——康斯坦丁大帝（Emperor Constantine）皈依基督教仅两年之后，不列颠就可以派3名主教到阿尔勒（Arles）

的一个宗教会议上讨论有关教义的问题。尽管在未来数十年内，基督教不可能完全普及，但显然这个新宗教拥有强大的信徒，包括那些富人，他们有足够的金钱用基督教的象征物来装饰自己的别墅［例如在肯特的拉凌斯通（Lullingstone）］，并喜欢在精美的银器上印上与基督教相关的图案。³ 410年，罗马军团的撤离并没有马上终止英格兰中心地区对基督教的信奉，这一点在《日曼诺斯传》(Life of Germanus) 中有所体现。书中讲到，欧塞尔（Auxerrre）主教于429年奉命攻斥伯拉纠异教徒（见第1章）。另外，日曼诺斯拜谒了维鲁拉米恩附近的圣奥尔本墓。圣奥尔本在3世纪时为庇护一名基督教逃犯而殉教，他本人对基督教的信奉使他遭受了更残酷的待遇。日曼诺斯、吉尔达斯和比德对这位基督教信徒的关注表明，人们对奥尔本的敬重可能贯穿于整个5世纪和6世纪。而他的圣墓可能只是设法留存的诸多圣墓之一。圣奥古斯丁到来之前，一个名叫圣西克斯图斯（St Sixtus）的神秘圣徒（格列高利对此人极度怀疑）似乎已经在坎特伯雷为人所知晓。同时，不列颠圣徒数量不断增加，特别是在威尔士（6世纪是圣徒大卫在世时期），这些圣徒的事迹肯定会传到英格兰那些传统上被列为"异教徒区域"的地方。⁴

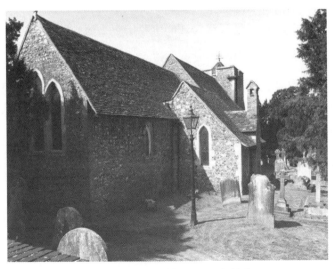

图 2-1　坎特伯雷的圣马丁大教堂

伯拉纠主义本身就在教义问题和至关重要的救赎问题上表现出强烈的兴趣。伯拉纠主义不相信希波（Hippo）的圣奥古斯丁提出的原罪说（the doctrine of original sin）。因此，在基督教看来，伯拉纠主义对教会的圣礼地点有严重的影响，由此看来，教皇塞莱斯廷（Celestine）在日曼诺斯429年访问两年后就急忙派主教帕拉弟乌斯（Palladius）到爱尔兰，其主要原因可能是他担心伯拉纠教义会在爱尔兰泛滥。帕拉弟乌斯的传教活动在圣帕特里克（St Patrick）超凡的魅力面前黯然失色，以至于后人很难估计他的影响。但他作为传教圣徒的影响也可以通过教皇利奥（Leo）的布道来管中窥豹：大约10年后，利奥盛赞圣徒彼得和保罗的贡献要比罗马城的缔造者罗米拉斯（Romulus）和瑞摩斯（Remus）还要重大，他们为罗马带来了无上荣光。罗马现在所依赖的不再是军事上的胜利，而是将福音书传遍世界各地，从而扩大了"基督教和平"的影响。[5]

到597年，以基督教罗马和"基督教和平"为中心的世界新秩序的概念已然过时，但是奥古斯丁任务紧迫，因为他不清楚上帝终结这个世界前他还有多少时间可用。但是，招待奥古斯丁的肯特国王埃塞尔伯特（Aethelberht）对基督教并不陌生，因为他之前就娶了一位信仰基督教的公主伯莎（Bertha），她嫁给他的条件是可以继续信奉自己的宗教。路德哈德（Liudhard）主教作为个人牧师陪同王后一同前去，坎特伯雷城墙外已经损毁的圣马丁教堂也被重新修复以供其使用。这场婚姻以及相关条件很可能不是由埃塞尔伯特本人，而是由他的父亲——国王厄尔曼纳里克（Eormenric）谈判的，他的法兰克名字已经暗示了他与欧洲大陆的紧密联系。在坎特伯雷发现了刻有"主教，路德哈德"字样的金质纪念章，这显示了路德哈德主教的财富和威望。因此，在他的影响下，埃塞尔伯特很可能在奥古斯丁以及其传教士们到达之前就已经决定皈依基督教，这一点毫不奇怪。然而，即使埃塞尔伯特不需要被灌输基督教如何之好，我们也不难想象，教皇格列高利要转变这些盎格鲁"天使"的宗教信仰绝非易事：每个英格兰王国都花费了约

70 年的时间来放弃其原信仰之神并最终皈依上帝。

尽管我们在理解有关盎格鲁-撒克逊异教徒的信仰方面必须谨慎（因为这些异教徒本身没有留下书面史料），但我们仍有一定的线索。例如，基督教的复活节（Easter）以春之女神约斯特里（Eostre）命名，而一周中有 4 天仍采用了日耳曼异教徒的命名——星期二 [Tuesday（Tiw）]、星期三 [Wednesday（Woden）]、星期四 [Thursday（Thor）] 和星期五 [Friday（Frig）]。这些神灵在斯堪的纳维亚后期的文学中存在已久，以至于很难避免他们出现在盎格鲁-撒克逊早期的作品之中。虽然盎格鲁-撒克逊研究资源不多，但是新的方法却使得研究富有成效。因此，虽然长期以来人们认为自然特征——湖泊、丘陵和树木对盎格鲁-撒克逊异教徒具有影响意义，但现在看来异教文化似乎越来越不像我们想象的那样具有纯自然特征。[6] 异教徒一般在树林中祈祷，但也会在寺院祈祷。教皇格列高利一直在（只是没有引起研究者的足够重视而已）考虑这些寺院（尤其是那些"精心打造"的寺院）有什么用处。经过深思熟虑，教皇格列高利决定毁掉那些雕像，把这样的寺院保存下来，并将之改造为基督教教堂。经圣水清洗以及放有圣物的祭坛圣化之后，这些建筑便可适用于基督教的礼拜场所，对于昔日的异教徒来说，新宗教似乎并非那么令人畏惧。格列高利接着指出，这些人也应该被允许以他们熟悉的庆祝异教节日的方式来庆祝圣人的节日。他们仍然可以宰杀野兽，在适当的仪式之后，他们可以在用神殿周围树上的树枝搭成的小屋里吃掉它们。[7]

格列高利主张的平稳过渡方式看似被采纳，但有时仍会遭到肆意的挑战——例如，东盎格利亚国王雷德沃尔德（Raedwald）保留了两个祭坛，一个是出于基督之名，另一个却是献祭动物所用。这样的行为着实令比德大为震惊。令比德更为震惊的是在奥尔德沃夫（Aldwulf，东盎格利亚后来的国王）年幼时，雷德沃尔德自己的神庙仍然高高耸立。当然，许多神庙已经无法被这样识别出来，因为按照教皇格列高利的指示，它们实际上都已经改建成了基督教教堂。现在位于古德曼汉姆（Goodmanham）山顶上的教堂样式特殊，很可能是基于那些异教徒神庙的遗迹而建。626 年，诺森布里亚的国王埃德温（Edwin）下令皈依基督教之后，这些神庙曾遭到异教大祭司科菲（Coifi）的大肆污损，并最终被付之一炬。[8]

古德曼汉姆位于约克郡中心，正如比德所述："离约克不远，东边是德文特河（Derwent）。"[9] 这里一直被视为神圣之地，即使在罗马人到来之前，现在教区内的 25 个圆形和两个方形墓冢也证明了它的重要性。由此看来，毫无疑问，在埃德温国王正式皈依基督教之前的几年里，这里就是德伊勒王室的主要神殿。正式废除异教的大辩论在这附近举行，辩论之后，大祭司科菲便骑马来到了这里。据比德所述，当时参加辩论的有约克大主教保利努斯（Paulinus）以及埃德温的所有亲信。[10] 埃德温的妻子（肯特国王埃塞尔伯特的女儿）信奉基督教，长期以来他一直在思考自己的王国皈依新信仰的事情，现在他准备广泛征求意见。埃德温要求大家就拟议的新信仰发表意见。正是在这种情形下，埃德温的一个亲信将人类的生命比作一只飞来飞去的麻雀：

> 在冬天，您与您手下的郡长和乡绅一起享用晚宴。大厅中央炉火燃烧，屋内很温暖，屋外却是雨雪纷飞，分外寒冷。这时，一只麻雀迅速飞过大厅，它飞进一扇门，然后又飞快地从另一间屋子飞出。在这短暂的时间里，它在屋里，寒冷的狂风暴雨无法触及它的身躯；但在这片刻温暖过后，它又从您的视线中飞走了，重新回到了寒冷的风暴中。
>
> 因此，对于人来说，我们只活在当下。接下来要发生什么或是之前发生过什么，我们无从知晓。如果这个新教义能带给我们更多确切的信息，那么接受它似乎是我们正确的选择。[11]

随后更多的人又进行了演讲。最后，基督教徒保利努斯和异教徒科菲结束了整场辩论。据比德描述，保利努斯相当能言善辩，最终科菲对他心服口服。科菲宣称，相比于一个能提供"生命的礼物、救赎和永恒幸福"的宗教而言，现在他的宗教看起来"毫无价值"，于是埃德温公开宣布他接受新信仰。正值此时，科菲主动去"污损异教神像以及他们管辖区域内的祭坛和神殿"。按照惯例，异教牧师只能骑母马，不能配备武器，但为了表示对异教的公然藐视，科菲让埃德温给他提供武器和种马，然后他赶到古德曼汉姆，腰配长剑，手持长矛。旁观者感到非常惊讶，认为他疯了，科菲骑马冲过来，将长矛扔进神殿，命令他的随从摧毁并烧毁神殿以及"所有的围墙"（最有可能是围栏或篱笆）。[12]

科菲对古德曼汉姆神庙的毁坏在英格兰皈依基督教的故事中史无前例。教皇格列高利慎重且明确地告诫其传教士禁止摧毁异教徒神殿，只可以破坏里面的神像，科菲的行为看起来似乎与其并不一致。当然，科菲也不是基督教传教士，他是一名异教祭司，甚至是异教之神沃登本人的化身。[13] 他投掷长矛这一行为本身可能就模仿了古代异教中象征性的战斗行为。正如比德所说，这是一位挑衅的、愤怒的牧师对古老诸神的挑战，他声称"异教诸神从来没有为他做过什么事"。如果科菲卸下装备、放弃挑战，这些神是否会进行报复呢？不会。现在诺森布里亚的信仰正飞速发生着改变。

埃德温皈依基督教使他有可能成功继承罗马人在英格兰北部留下的文化传统。在627年的复活节，埃德温在约克一座仓促搭建起来的木教堂中接受了保利努斯的洗礼。在保利努斯的建议下，大家计划建造一座石教堂，这样既能封闭这座洗礼教堂，也能对其起到保护作用，并体现出罗马式的恢弘气势。[14] 对埃德温而言，由于其岳父埃塞尔伯特国王的缘故，基督教也给他带来了权力和地位的提升。坎特伯雷和约克之前都是罗马城镇，两个国王现在都可以在各自的管辖区内进行"罗马式"统治。因此，埃塞尔伯特虽然是一位文盲国王，但是他现在可以颁布成文法典；而埃德温可以采用"罗马人的标准"来统治他的王国。[15] 这一恩泽不仅惠及当下，之后那些新的基督教国王也可沐浴此荣光。因此,教皇霍诺里厄斯(Honorius)劝诫埃德温国王要不断阅读为英格兰带来福音的格列高利的著作,确保他的祷告"既能保佑你的王国和子民,又能在万能的上帝面前展示你的完美"。[16] 然而,尽管有这样的承诺,还有他们早期取得的一系列成功,但是传教士的道路仍然艰难坎坷。在 7 世纪,所有王国在某个时间都经历过异教的卷土重来。

基督教两个分支的存在使基督教的传教活动变得复杂且进展缓慢。在未被罗马人征服的不列颠群岛地区,基督教已通过多种方式传入:在爱尔兰,基督教通过教皇使者帕拉弟乌斯和圣帕特里克而传入;在苏格兰,基督教通过来自爱尔兰的坚毅的逃亡者而传入[尤其是在艾奥纳岛(Iona)传教的圣科伦巴(St Columba)]。除此之外,还有由不列颠基督教徒在不列颠北部、威尔士和英格兰西南部地区牢固建立的秘密小组。这两类基督教徒,即所谓的"罗马人"和"凯尔特人"(Celtic)或"不列颠人",他们之间的关系并不一定敌对,但是由于卷入了不列颠北部领土争夺或不列颠南部新王国的政权巩固斗争,这两类教徒在政治上剑拔弩张,冲突不断。

在 7 世纪的漂泊与动荡之下,一位国王的成功,取决于他吸引和奖励其跟随者的能力,拥有他们的帮助,国王可以进一步扩大疆土。基督教中上帝的吸引力恰好如此:与那些现在看来毫无价值的人造异教神像相比,统领一切的"上帝"更有能力为他的信徒取得胜利。但是尽管受到了重创,异教诸神仍有他们的追随者。有些已经皈依基督教的国王和高级教士不确定这些流血战争是否也是"上帝"计划的一部分,还有一些人对某一圣人的忠诚度远高于政治上的忠诚度。因此,虽然英格兰皈依基督教是王国形成的强有力支撑,但这个过程错综复杂,有着意想不到的曲折。仔细考察埃德温国王皈依基督教的过程则有助于我们在诸多纷乱中理出一些头绪。

埃德温的父亲是德伊勒地区诺森布里亚的国王埃尔(Aelle)。当他父亲去世时,埃德温尚且年幼,无法继承王位,德伊勒很快就落到了邻国伯尼西亚(Bernicia)的国王艾特尔弗里思(Aethelfrith)手里。艾特尔弗里思通过与埃德温的妹妹联姻,并发配流放埃德温,以此来巩固新赢得的地位。埃德温最初找到的避难所非常遥远,无法确认其位置,但有些传说显示他和威尔士的不列颠基督教徒在一起,更有甚者说他被格温内思(Gwynedd)国王卡德凡(Cadfan)抚养,然后在雷吉德(Rheged)国王鲁恩(Rhun)的宫廷上接受洗礼。[17] 从那以后(比德在此将故事展开),埃德温迁到了麦西亚,在那里娶了麦西亚国王切奥尔(Ceorl)的女儿昆伯(Cwenburh),生了两个儿子奥思弗里思(Osfrith)和伊德弗里思(Eadfrith)。[18] 但埃德温再次搬迁,前往东盎格利亚,在那里得到了雷德沃尔德(那位拥有两种祭坛的国王)的支持。雷德沃尔德以埃德温之名向艾特尔弗里思发起进攻,在艾都(Idle)之战中将其杀死。埃德温因此能够重回诺森布里亚。616年,埃德温登上王位,并与来自肯特的基督教公主结婚。然而,按照比德的说法,埃德温过了10年才最终皈依基督教。

比德可能不知道埃德温在鲁恩的宫廷上接受洗礼的事情,或是不承认该仪式,或者这件事甚至从未发生过。但这件事的确是发生了。想象一下埃德温当上国王后发生的事情:艾特尔弗里思的儿子们反过来又被流放,据说,他们逃到了苏格兰人和皮克特人那里。埃德温去世时〔他在哈特菲尔德蔡斯战役(Battle of Hatfield Chase)中,被麦西亚国王彭达(Penda)和格温内思国王卡德瓦隆(Cadwallon)的盟军所杀〕,诺森布里亚再次分裂。南部的德伊勒王国被埃德温的一个同族亲戚奥斯里克(Osric)继承,他曾接受了保利努斯的洗礼;而伯尼西亚则被艾特尔弗里思的儿子厄弗雷德(Eanfred,他也接受了洗礼)继承,比德告诉我们,在此期间,他的兄弟奥斯瓦尔德(Oswald)正处于流放期间。然而,一旦当上国王,奥斯里克和厄弗雷德都放弃了他们的新信仰。接下来的事情揭示了比德对当地传统和社会情绪的困惑:比德写到,奥斯里克和厄弗雷德因叛教而被卡德瓦隆惩罚,他入侵了诺森布里亚,但在这里比德自己却拒绝承认卡德瓦隆本身就是基督教徒;相反,他被描述成"无神论者",比德则继续为卡德瓦隆死在厄弗雷德的兄弟奥斯瓦尔德之手而欢欣鼓舞。此外，比德还将奥斯瓦尔德战胜卡德瓦隆归功于他竖立的木十字架，他的士兵曾在参加天界战役（Battle of Heavenfield）之前在这里祈祷。然而，安德楠（Adomnan）著于 30 年前的《科伦巴传》（Life of Columba）写到艾奥纳的圣科伦巴使奥斯瓦尔德赢得了胜利。但是在比德的刻意描述下，奥斯瓦尔德成了一个罗马康斯坦丁式的英雄人物。

在《英吉利教会史》的序言中，比德就提到他的著作中所牵连到的并非都是"完整事实"：

> 我真心恳求，如果有读者在我的著作中发现了超越事实的内容，请不要将其归咎于我。因为，按照历史的真实性原则，我只是根据大众的普遍说法来撰写我的作品，以期为后人提供指引。[19]

比德所提到的"大众的普遍说法"对不列颠基督教徒语焉不详，提及的只言片语也是负面评价。毋庸置疑，这些"大众"本来就包含在教皇格列高利转变英格兰信仰的计划中。但据比德记录，当遇到圣奥古斯丁时，他们极其排斥他，拒绝改变自己的习俗。另外，更令比德难以容忍的是，这些不列颠基督教徒也拒绝向其他盎格鲁-撒克逊异教徒传教。奥古斯丁据此宣称，上帝会惩罚他们的顽固不化。因此，当力量强大的（异教徒）艾特尔弗里思在切斯特附近与北威尔士的不列颠人战斗时，他下令屠杀大批祈祷的僧侣，理由是他们的祈祷也被看作是一种反抗，这在奥古斯丁看来并不奇怪。比德对此得出结论，奥古斯丁的预言在这场胜利中得以应验。

关于不列颠和爱尔兰，比德的主要问题之一就是复活节的日期。在有关英格兰的盎格鲁-撒克逊人皈依基督教的任何讨论中，这个令人烦心的日期问题常常占据了过多篇幅。这些计算正如他们研究月亮的盈亏一样，十分复杂，不仅在英格兰，整个欧洲也在进行广泛的讨论。但是每年通过各种算法所得到的日期相差无几，也并非所有地方都像英格兰那样把复活节的日期看作一个十分棘手的问题。在诺森布里亚,辩论的细节众所周知,反方是来自里彭(Ripon)的修道院院长威尔弗里德(Wilfrid),他热衷于在罗马学到的日期算法;而正方是林迪斯法恩的僧侣们,他们希望继续忠实于从艾奥纳的圣科伦巴那里继承的习俗。664年,经过惠特比(Whitby)宗教会议激烈辩论后,威尔弗里德在国王奥斯威尤(Oswiu)的支持下取得胜利。此后,威尔弗里德明确索要最开始由不列颠教士所管辖的北部领土,甚至表示他的管辖权可能扩大到爱尔兰。主教会议结束后,教皇维塔利安(Vitalian)马上给国王奥斯威尤写信,他说威尔弗里德旨在把现代苏格兰地区以及爱尔兰海一并纳入诺森布里亚统治之下。大约20年后,到了685年,在争夺皮克特地区的邓尼城战役(Battle of Nechtansmere)中,这种野心遭到当头棒喝:时任诺森布里亚国王埃格弗里思(Ecgfrith)的部队被歼灭,其本人也自杀身亡。"从这时开始,"比德称[引用维吉尔(Vigil)的话],"英格兰王国的希望和实力开始'日渐衰退'。"[20]比德毫不犹豫地批判了埃格弗里思的政治野心。就在邓尼城战役的前一年,埃格弗里思派出一队远征军到爱尔兰沿岸,很明显,这一举动使比德大为震惊,"这次远征给一个对英格兰毫无敌意、心存友善的民族带来了灭顶之灾","连教堂和修道院也没有放过"。[21]

毋庸置疑,尽管比德坚决拥护复活节日期采用"罗马式"记法,他作品中的主人公是爱尔兰传教士,奥斯瓦尔德在天界战役中胜利后,便邀请这些爱尔兰传教士来到自己的王国。奥斯瓦尔德是否明白他的胜利应该归功于圣科伦巴的努力,我们不得而知,但因为艾奥纳是当时苏格兰的主要修道院,所以毋庸置疑,是一位来自艾奥纳的僧侣——主教艾丹(Aidan)将基督教的福音传入他的新王国。在对艾丹以及艾丹与奥斯瓦尔德的密切关系(奥斯瓦尔德流亡时曾学习过爱尔兰语,并做过艾丹的个人翻译)进行描述时,比德很有可能想到了自己的国王塞奥尔伍尔夫(Ceolwulf)。比德深信,在自己所处的时代里没有足够多的主教,其中能充分履行职责、认真传教的更是少之又少。因此，他敦促约克大主教埃格伯特（Egbert）寻求补救措施，并使他相信：在国王塞奥尔伍尔夫那里他能得到一个"非常好的帮手"。[22] 作为一名模范的忠实信徒，比德希望他将自己的《英吉利教会史》献给国王塞奥尔伍尔夫之后，国王能够充分留意艾丹和奥斯瓦尔德之间的关系。

比德在书中前言写到，他决心要"避免任何有害的内容"，仅向国王塞奥尔伍尔夫和其他读者展示"好人和他们好名声"的故事，却省略了大量基督教在盎格鲁－撒克逊传播100年以来遭遇的冲突与动荡。埃德温在约克受洗，与他在633年去世这之间仅有6年时间；比德在他的历史记录中将这一年略去，足见他去世这一年社会的混乱程度——这一年代替为奥斯瓦尔德的统治，以及埃德温的王后带着她的孩子和保利努斯一起逃回肯特的故事。在罗马的传教任务中，只有坚强的执事詹姆斯还留在约克，在那里继续传授罗马式的圣歌。然而，奥斯瓦尔德即位以后，基督教的传教任务立刻转向北部。

由保利努斯和詹姆斯最初发起的罗马教士传教与艾丹发起的艾奥纳教士传教之间的差异可能经常被夸大，但这种差异的确存在。保利努斯设想了一个基于城市的基督教，从约克开始，以坎特伯雷的奥古斯丁教堂为典范，这也是教皇格列高利的构想（尽管最初他设想伦敦是英格兰的主教区而不是坎特伯雷）。但是爱尔兰人很少见识过城镇生活，因此艾丹决定住在林迪斯法恩，虽然不是在皇家城市班堡（Bamburgh），但距离却很近，这样他不仅有机会与国王合作，还可以在他的修道院和宫殿之间保持一定距离（字面意义和象征意义上均如此）。尽管艾丹与奥斯瓦尔德关系密切，比德还是在字里行间清楚地表明艾丹并非宫廷人物。他虽然去参加宴会，但机会不多；他宁愿徒步也不愿骑马；他也不避讳对富人的批判。作为高级教士，艾丹这种保持自我的性格通过逐渐与奥斯温（Oswine）建立起的友谊得以彰显。奥斯瓦尔德去世后，奥斯温继任德伊勒的国王——诺森布里亚再次一分为二——而奥斯瓦尔德的兄弟奥斯威尤占领了伯尼西亚。有一次，奥斯温给了艾丹一匹极好的马，艾丹马上把它送给了附近的乞丐。奥斯温对艾丹这一慷慨行为大为愤怒，但在艾丹的劝说下得以缓和："这匹母马的孩子当然不如上帝的孩子珍贵了。"国王随后请求艾丹原谅，并承诺再也不会质疑任何出于皇室的慷慨施舍。出乎意料的是，艾丹反而变得很沮丧。为什么呢？因为他说道，"他之前从未见过如此谦逊的国王"，他认为奥斯温不会活太久了。[23]

奥斯温确实没活太久。关于奥斯温的去世需要进行仔细研究，因为这引发了许多有关基督教王权悖论的问题。奥斯温是一类新的英雄人物。他知道自己的兄弟正在集结军队与他战斗，但由于他兵力有限，所以决定隐蔽而非冒险战斗。他遭到背叛并被杀害，但没有人认为奥斯温有任何懦弱的表现，也没有人报复奥斯温的仆人告密他藏身之处的奸诈行为。相反，为纪念奥斯温，人们在吉灵（Gilling）建了一座修道院，人们会在这里为这位被谋杀的国王和他凶残的兄弟做祷告。奥斯温也将因他的谦逊而被世人永远铭记。比德在这里用了为数不多的感叹号——heu！Pro dolor！（唉！多么不幸啊！）说明奥斯温的故事广为流传，甚至可能是一首本地方言诗歌的主要内容。[24]

尽管如此，奥斯温的有些行为还是略显奇怪。日耳曼的英雄，无论是基督教徒还是异教徒，是虚构的还是"真实的"，都必然会寻求报仇、去战斗，哪怕形势对自己不利。因此，尽管知道自己很可能身亡，贝奥武甫还是决心御驾亲征，"找回失地，实现这一荣耀之举……展现英雄气概"。[25] 又比如，埃德温推迟成为一名基督教徒（他同时也希望基督教上帝能帮助自己）的原因之一，是他要先向韦塞克斯的国王奎切尔姆（Cwichelm）复仇，因为他试图暗杀埃德温。还有，奥斯瓦尔德在天界战役中力量单薄，但他借助自己信仰的力量最终取得了胜利。奥斯温和他兄弟的关系非常紧张，奥斯温死后，德伊勒再也没独立过。然而，奥斯温规避战争的行为受到了人们的普遍崇敬，而非受到蔑视。

奥斯温的生死诠释了基督教引发的矛盾以及紧张复杂的局面，这样的国王在盎格鲁–撒克逊王国并非只有一个。埃塞克斯的国王西吉伯特（Sigeberht）通过奥斯威尤皈依基督教。他接受了菲南（Finan，接替艾丹的诺森布里亚主教）的洗礼，通过林迪斯法恩的切德（Cedd of Lindisfarne）的传教活动，他的王国接受了这一新信仰。但是有一天（如比德所述），切德碰巧发现西吉伯特刚参加宴会回来，而宴会主人曾因婚姻不轨被切德逐出教会。被发现后国王十分恐惧，切德对国王无视他的指令十分生气，因此才有了以下有趣内容：

> 国王看到切德时，赶紧从马背上跳下来，伏在主教的脚边颤抖，乞求原谅。同样骑着马的主教也从马背上跳了下来，他手握权杖，指着这位俯身倒地的国王，行使着他的主教权威。主教说道："我宣布，由于你不愿与这个堕落、该死的人断绝来往，你将死于此人之手。"[26]

后续故事也很有趣：西吉伯特确实死于此人之手。他被宴会主人和其兄弟谋杀。当被问及杀人动机时，兄弟两人回答说西吉伯特过于乐意赦免他的敌人。故事的结尾，比德使读者相信通过西吉伯特的死和对基督指令的服从，他先前对切德的违背行为将被赦免。这个故事所揭示的价值观和爱尔兰传说故事《迷途的斯维尼》（Sweeney Astray）不太相符。该书由谢默斯·希尼（Seamus Heaney）所翻译，来源于7世纪一个口口相传的故事：斯维尼是一位被诅咒的爱尔兰国王，传教士罗南·芬恩（Ronan Finn）让他成了疯子。斯维尼被芬恩的钟声和扬言要占一片土地的行为所惹怒。另外，在去往战场的途中，这位牧师洒下圣水为他的军队祈祷，斯维尼却认为是对自己的一种嘲弄。

图 2-2 圣奥古斯丁福音书中的圣路加（St Luke）

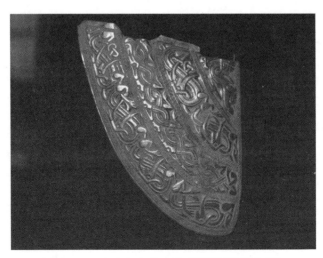

图 2-3 一个头盔上的碎片（斯塔福德郡宝藏）

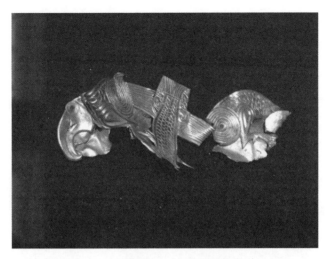

图 2-4　金质装饰带（斯塔福德郡宝藏）

图 2-5　剑柄上的配饰（斯塔福德郡宝藏）

　　基督教上帝的确有望为战争带去胜利，教皇霍诺里厄斯也曾承诺过。但与此相关的记录并不完整。东盎格利亚的雷德沃尔德之子西吉伯特被流放到高卢。在异国，他成了一名基督教徒。在他兄弟去世时，他重新回到东盎格利亚继承王位，也带去了他的信仰。西吉伯特在整个王国确立了基督教后，将王位让给艾克瑞克（Ecgric，他当时已经与西吉伯特共同执政），自己成了一名僧侣。不久之后，麦西亚的异教徒国王彭达进攻东盎格利亚。恐慌的东盎格利亚人坚持要西吉伯特离开修道院，和艾克瑞克一起投入战斗。最后，两位国王都战死沙场，西吉伯特除了手中的权杖之外一无所有。尽管下一任东盎格利亚国王安纳抚养的 4 个女儿最后都成了圣徒，他也促使韦塞克斯皈依基督教，但最终还是不免死于彭达之手。

彭达的日子也所剩无几。到 655 年，在温沃伊德战役（Battle of the Winwaed）中，他遇到了对手。比德将这场战役记录为上帝为诺森布里亚的奥斯威尤赢得的战役。因此，为了获取胜利，奥斯威尤承诺建立多所修道院，并让他的女儿艾尔弗莱德（Aelfflaed，后来是惠特比女修道院院长，战争开始时才 1 岁）也投身宗教事务。[27] 最初，比德大概告诉我们，事实上奥斯威尤希望避免战争，也试图以"不计其数且令人难以置信的皇室珠宝和礼物"收买彭达。[28] 显然，彭达拒绝了。2009 年，人们通过金属探测器在利奇菲尔德（Lichfield）附近的田地发现了斯塔福德郡宝藏，人们纷纷推断这是否就是奥斯威尤收买彭达的宝物。这仍是一种猜测，因为有关这个宝藏仍有许多工作要做。但无论最终得出什么结论，这些数量惊人的黄金器物大多与军事有关——从最初发现的 92 把剑柄到 354 个剑柄上的配饰，该数目仍在上升——这对我们理解 8 世纪英格兰发生的战争提供了大量线索。[29]

奥斯威尤在温沃伊德战役中的胜利最终使麦西亚皈依基督教，但这场战斗不应被视为基督教势力对残余异教徒的最终胜利。在这场战役中，彭达的盟友之一正是基督教徒埃塞尔希尔（Aethelhere）——继承安纳王位的东盎格利亚国王。这当然不是彭达第一次与基督教国王结盟。通过吞并一系列王国，麦西亚国力增强，其中有些王国属于不列颠基督教国家；彭达接受自己的儿子（麦西亚附属国的统治者，娶了奥斯威尤的女儿）信奉基督教，只反对那些"皈依基督教后却毫无诚意之人"，我们只能在此背景下理解他的宗教态度。[30]

彭达经常被视为盎格鲁-撒克逊时期最伟大的一位异教徒国王（虽然他

去世时是个基督徒），但他并非最后一位异教徒国王。这一殊荣当属卡德瓦拉（Caedwalla），他先后是韦塞克斯和萨塞克斯的国王。因此，我们现在要转向这些王国基督化的故事。

韦塞克斯的宗教转变过程并不顺利。据比德所述，韦塞克斯的第一个基督教国王是西内吉尔斯（Cynegils），意大利主教比利纳斯（Birinus）使其皈依了基督教。教皇霍诺里厄斯（625～638年在位）曾派比利纳斯到英格兰进一步进行传教任务。西内吉尔斯接受洗礼时，他的教父正是诺森布里亚的国王奥斯瓦尔德。由此，西内吉尔斯成了奥斯瓦尔德的继承人，他本应做到适当的忠孝行为。这两个王国之间的某些进一步条约是由联姻产生的，在洗礼时，人们提出了奥斯瓦尔德和西内吉尔斯女儿的婚事。鉴于麦西亚的彭达已经向韦塞克斯和诺森布里亚表示威胁，因此两国之间的联盟也理所当然。尽管如此，在麦西亚的不断威胁和国内基督教的不稳定因素下，韦塞克斯仍是一个力量薄弱的国家。685年，韦塞克斯被异教徒卡德瓦拉攻占。我们可以看到，卡德瓦拉对自己仅仅占有韦塞克斯并不满意，之后又继续向南撒克逊王国萨塞克斯挺进。

南撒克逊（或萨塞克斯）国王埃尔在比德的"不列颠之王"（bretwaldas）列表中排在第一位。[31]虽然在《盎格鲁-撒克逊编年史》中的确出现过"埃尔"一人（据书中介绍，他在477年与他的3个儿子一起踏上英格兰，在与不列颠人进行的一系列战争中取得了胜利），但并没有确切的证据可以表明此人就是我们说的埃尔。但是他的王国之后发生了什么却是个谜，直到在比德的《英吉利教会史》后面许多章节中和斯蒂芬所著的《圣威尔弗里德传》（*Life of St Wilfrid*）一书中，这个王国才再次成为焦点。但是，当地人明显忽视住在博山姆（Bosham）的一小群爱尔兰僧侣的存在，因此这个王国仍是一个异教国家。在比德和斯蒂芬的叙述中，关于这里的异教信仰最终被如何推翻的缘由不尽相同，但两人的说法都同样令人信服，帮助我们修正自己研究资料中的偏见，并帮助我们理解异教所表现出的持久生命力。

图 2-6 阿伯莱姆诺（Aberlemno）的皮克特石，可能用于纪念 685 年的邓尼城战役

在斯蒂芬所著的《圣威尔弗里德传》中，威尔弗里德与南撒克逊人的相遇开始是偶然的。[32] 这个故事读起来像一段英雄传奇：那是在 666 年，在威尔弗里德于惠特比宗教会议上取得胜利的两年后，威尔弗里德去了高卢，在一场辉煌壮观的典礼上，他被尊奉为约克主教。在几乎就要到家时，他的小型舰队遭遇了风暴。狂风怒号，波涛拍打着船只——斯蒂芬说，就像是在加利利湖上一样。他们离海岸越来越近了，一大群异教徒却聚在岸边，摩拳擦掌，准备抢掠即将到手的财物。这时，一块被基督教徒用来祈祷的石头从吊索上飞出，杀死了异教神父，战斗就这样开始了。这些异教徒跑了又来，来了又跑，但是在他们的国王有机会加入战斗之前却涨潮了（奇迹般地提前涨

潮了），于是威尔弗里德便可以驶向了肯特郡。尽管这个故事充满戏剧性，斯蒂芬并没有打算将它与威尔弗里德在大约15年后返回萨塞克斯相联系，那时他正在诺森布里亚流放（因与国王不和）。在这种情况下，如斯蒂芬所述，萨塞克斯的国王阿瑟尔威尔（Aethelwealh）十分欢迎威尔弗里德回来，这位国王（和王后一起）最后也皈依了基督教。之后，他向"异教徒的主要人物"传教，最后通过他的能言善辩使数千人转为基督教徒。出于感谢，国王将塞尔西（Selsey）这片土地赏赐给了他。斯蒂芬不惜笔墨，继续讲述威尔弗里德接下来如何与韦塞克斯的王室流亡者卡德瓦拉结盟。卡德瓦拉当时仍是一名异教徒，在威尔弗里德的支持下，先后征服了韦塞克斯和萨塞克斯。至于阿瑟尔威尔最后结局如何，斯蒂芬并没有详述。

比德的叙述却截然不同。据比德描述，威尔弗里德到来之前，整个萨塞克斯王国仍处于异教的控制下，除了国王阿瑟尔威尔，他曾在麦西亚国王伍尔夫希尔（Wulfhare）的鼓动下接受基督教洗礼。伍尔夫希尔曾是阿瑟尔威尔的教父，并将怀特岛连同附属国（比德称它为一个省）汉普郡（Hampshire）一并当作受洗礼物送给阿瑟尔威尔。在比德的叙述中，阿瑟尔威尔皈依基督教具有麦西亚因素，并通过婚姻关系使之得以进一步强化：他与来自赫威赛（Hwicce）的信仰基督教的公主联姻，而这个王国依附于麦西亚。威尔弗里德此时才来到这里。他向南撒克逊人传教成效显著，不仅如此，他传授给当地人的捕鱼技巧也大受欢迎。[33] 但之后威尔弗里德就开始了流放生涯，这是因为异教徒卡德瓦拉入侵萨塞克斯，杀了国王阿瑟尔威尔，又继续攻占了怀特岛，只将四分之一的土地交给威尔弗里德进行传教。尤其令人震惊的是卡德瓦拉的种族清洗计划，他明确表示，计划将"毫不留情地杀绝所有怀特岛的岛民，并让他自己王国的居民取而代之"。[34] 虽然两个怀特岛王子在被杀之前接受了洗礼，比德还满怀欣慰地描述了当时受洗的情形，但对于现代读者来说这无法令其感到高兴。但正是在这段描述中，比德说道，英格兰所有王国的基督化，包括怀特岛，现在都已完成。可能是比德自己还觉得需要点儿什么吧。在《教会史》许多章节以后，他又谈及卡德瓦拉，讲述 689 年他是如何在罗马去世的，他放弃王位后在那里接受洗礼，一块墓志铭记述了他如何"放下暴虐的脾气，洗心革面，忠心于彼得"。[35]

在《英吉利教会史》的最后一章，比德列了一个他认为"有助于读者记忆"的日期列表，其中就包括卡德瓦拉的罗马之行。接下来他又记录了两年后坎特伯雷大主教西奥多（Theodore）的去世。不管以何种标准衡量，西奥多作为大主教都取得了很大的成就。考虑到他所处时期英格兰基督教力量的薄弱，这些成就可以说是相当惊人的。

668 年，西奥多抵达英格兰。他是如何被选中以及为何被选中的，这至今仍是个谜。他当时是一名著名的希腊学者，被教皇选中时已经 66 岁了，到英格兰时已经 67 岁。他的头发也长得足够长，适合进行削发仪式（关于正确的削发事宜已被列入惠特比宗教会议的议事日程，所以非常重要）。与西奥多一同前去的还有北非的僧侣哈德良（Hadrian）。途中还有本笃·波斯哥（Benedict Biscop），他要去维尔茅斯（Wearmouth）和贾罗（Jarrow）建造修道院。在穿过海峡之前，西奥多曾与阿吉尔波特（Agilbert）一道同行，他曾是惠特比宗教会议上"罗马派"的前发言人之一，但后来成了巴黎的主教。尽管他们背景不同，但不能因此说明西奥多和哈德良对他们到达英格兰后所遇到的事情毫无准备。他们可能会感到震惊。惠特比宗教会议①导致的伤疤还未痊愈，一场瘟疫便削弱了宗教团体的力量，异教徒很有可能卷土重来。当时只有 3 名主教在任，其中伦敦的威尼（Wini）主教还被控通过金钱贿赂才谋得这个职位。

面对这些问题，西奥多采取了迅速果断的回应。他走访了整个国家，填补空缺职位，并试图建立一个明确的教区结构。[36] 在赫特福德（Hertford）

---

① 惠特比宗教会议（the Synod of Whitby）于 664 年召开，目的是解决信奉罗马传统的传教士与信奉爱尔兰传统的传教士之间有关复活节、削发式及其他一些教会问题的争端，最后以罗马传统的传教士的胜利告终。——编者注

主教大会上（672年或673年），他提议建立更多主教辖区来"增加信教数量"，但该提议极具争议性，随后并没有对此做出任何决定。但西奥多并没有放弃，他在麦西亚建立了一个新的主教教区，任命艾丹以前的学生查德（Chad）为主教（在西奥多的坚持之下，查德废除了艾丹一直坚持徒步行走的习俗，西奥多还亲自帮查德上了一次马）。677年，他又更进一步：主教威尔弗里德与国王的不和为西奥多提供了机会，威尔弗里德被罢免，诺森布里亚的教区也一分为三。结果，威尔弗里德又撤回萨塞克斯，并在那里待了几年（据我们所知，他使那里得以基督化）。之后，在西奥多的主教任职期间，他又试图安抚威尔弗里德，还建造了更多小规模的主教教区。到690年西奥多去世时，他已经建立了至少12处主教教区，达到了格列高利教皇所预期的一半。

同时，西奥多的同伴哈德良在坎特伯雷的圣彼得和圣保罗修道院任职。在与西奥多的合作下，他建立了一所相当不错的学校。因为597年传教士到达以后发现盎格鲁－撒克逊人（与爱尔兰人和不列颠人不同）不懂拉丁文，只会写如尼文（runes），所以坎特伯雷已经有一些学校来改善这种局面。基本的识字和算数技能以及一些基本的神学训练是当时所能提供的所有课程，但到了7世纪30年代，坎特伯雷学校已经足够成熟，东盎格利亚国王西吉伯特将其视为典范。他对高卢的教育印象深刻，比德告诉我们，西吉伯特回到家后，"建立了一所学校，在主教费利克斯（Felix）的帮助下，男孩们可以学习文字，费利克斯从肯特过来，为他提供了像肯特学校里那样的老师"。[37]在哈德良和西奥多的带领下，坎特伯雷学校远不止只有初级教育。"文字课程"后来还包括希腊语和拉丁语，其他课程还有法律、算数和天文。如果想要学生能够比较并论述拉丁文圣经、希腊文《七十士译本》(the Greek Septuagint）以及早期的圣经注解，这些课程都有必要学习。基督教使得盎格鲁－撒克逊英格兰的文化水平显著提高，比德的学识本身就佐证了这一点。但对于坎特伯雷本身来说，我们也有来自奥尔德赫姆［Aldhelm，后来是马姆斯伯里（Malmesbury）的修道院院长以及舍伯恩的主教］的第一手资料。奥尔德赫姆是学校全盛时期的学生，据他估计，他是那一代最重要的学者之一。在写给诺森布里亚国王奥尔德弗里思（Aldfrith，685～705年在位）的信中，奥尔德赫姆称自己是他们中第一个"在日耳曼人的摇篮中哺育成长的人"，通过"异常艰辛的努力"取得了辉煌的文学成就。他的出版物，无论是诗歌还是散文，的确表现出了丰富的拉丁风格。奥尔德赫姆在自己的著作中极力颂扬西奥多和哈德良的杰出才能，称赞他们"揭开了神圣的图书馆的奥秘"（同时也抱怨了自己作为坎特伯雷的学生，需要掌握十分困难的数学技巧）。[38]

坎特伯雷学校为新的基督教精英所提供的教育可能取得了巨大的成功，但这种新宗教对"普通人"来说又意味着什么呢？他们接受了什么样的教育？在后来的一个说法（由12世纪马姆斯伯里的编年史家威廉所述）中，学者奥尔德赫姆也被描述成一位伟大的文化推广者。在马姆斯伯里当修道院院长时，奥尔德赫姆会站在埃文河（River Avon）大桥上很显眼的位置，面向熙熙攘攘的人群：

> 那个圣人站起来……站在了路中间，像一位专业的吟游诗人一样。他这样进行了几次之后，百姓们纷纷被吸引过来听他讲话。利用这种方式，他逐渐把经文中晦涩的内容转换成更日常的语句，由此一来周围的人听了能更有感触。如果他非要义正词严，大讲有关被逐出教会这类十分严肃的事情，那一定会一无所获。[39]

马姆斯伯里的威廉讲的这个故事是他从阿尔弗雷德国王（Alfred）的一本书中看到的。我们似乎没有任何理由去怀疑这件事，因为它与比德所记述的那个更为出名的故事相符——惠特比大教堂的牧羊人卡德蒙（Caedmon）在神意的帮助下，克服了天生腼腆的毛病，最后成了诗人和吟游歌手，将

"创造世界和人类的故事、创世纪的整个故事以及以色列人的出埃及记"转述为本国语言。[40] 在写给约克主教埃格伯特的信中,比德进一步推崇本国语言。他在这封信中敦促在埃格伯特的整个教区推行《使徒信经》(the Apostles Greed)和《主祷文》(the Lords Prayer)的翻译本,甚至要推广至"每个村庄和田间地头"。[41] 每个人都要用心阅读这些文章,并要"仔细吟诵"。值得注意的是,在卡斯伯特(后来是维尔茅斯的修道院院长)描述的比德去世的场景中,既有本国语言,也有诵经。在最后的日子里,比德仍在努力工作,将《圣约翰福音》翻译成本地方言。他还背诵了一首有关"灵魂离开身体的恐惧"的英文诗歌,去世时还在低声吟唱。[42]

虽然10世纪之前的圣歌集并没有留存下来,但圣歌在传播新宗教信仰方面所起的作用几乎毋庸置疑。圣奥古斯丁第一次到坎特伯雷的时候就唱了颂歌;633年埃德温国王战败后,作为唯一留在诺森布里亚的罗马传教士,执事詹姆斯被比德称赞"擅长宗教音乐",并教会很多人"以罗马和肯特人的方式演唱";[43] 在自己的教区饱受7世纪无尽战乱的蹂躏后,罗切斯特(Rochester)的主教普塔(Putta)决定退休。之后,他被授予麦西亚的一份土地。据比德所述,他在那里"被各地的教会邀请去教授宗教音乐"。[44] 这种音乐当然既有说教性质,但同时又极为虔诚,是一种天人合一的方式。天使唱圣歌以表达对上帝永久的赞誉;而英格兰的新教徒也可以如此。

今天,天使的角色在主流的基督教里被边缘化了。虽然大天使加百利(Archangel Gabriel)在圣诞节仍有一席之地,但是一般的天使都略带滑稽的色彩,只适合与仙女以及精灵放在一起。然而,在基督化进程中,以及在整个中世纪时期,天使都是理解上帝对世界的干预乃至每个基督徒命运的关键。那些曾经在埃德温国王宫殿中随意飞过的麻雀,后来被在天堂庭院中飞来飞去的天使所取代。有时候,这些天使本身可能就是鸟的形状:当诺森布里亚的经文抄写者乌坦(Ultan)的遗骨被重新清洗埋葬在一座新墓穴时,两只鸟突然出现了。它们沐浴着太阳的光芒,"霞光万丈"。它们用翅膀遮住了乌坦的头盖骨，然后开始歌唱。两只鸟唱了整整一天，直到那些骨骸变干。当遗骨被重新埋葬后，这些"会唱歌的鸟便飞入云霄"，不见踪迹。[45]

但是如果天使能够呈现出鸟的形状，那么魔鬼也能做到这一点，他们也可以化成蛇或者狼等各种模样，甚至化成更凶险的诸如黑暗或梦魇等抽象事物。[46] 尽管经常受到魔鬼的困扰，但似乎每个基督教徒都能得到帮助和保护，这其中最重要的形式就是祷告——这些祷告不仅来自个人，也来自集体，尤其是来自那些专门为他们祈祷的专职人员——僧侣。而接下来，我们就必须将目光转向僧侣、修道院或大教堂。

第 3 章

教士与传教

兄弟！既然你已经知晓这些戒律，在英吉利教会中，你就万不能同你的教士分开生活，你必须遵循教会初创时教父们奉行的生活方式——他们当中没有任何人把自己拥有的任何东西称为己有，一切财产均属公有。

——比德，
《英吉利教会史》，第27章

奥古斯丁抵达坎特伯雷后不久（现在确信他的使命定将取得成功）就写信给教皇格列高利，向他询问自己应如何行使职责。奥古斯丁问道：主教在其教士面前应如何以身作则？信徒们献给圣坛的供品应如何分配？主教在教会中的职责又是什么？很快，教皇便给予答复：奥古斯丁，主教首先也是教士，因此其必须要和他的神职人员生活在一起；此外供品要平均分配，对于那些已婚的次级神职人员也要分发相应的物品（即俸禄），以保证他们能在教堂里唱诵圣歌。[1]但显而易见，改革的重担落到了奥古斯丁和教士们的身上。教士是基督教最初的组织者与传播者，并非世俗神职人员。因此，这一时期的许多历史学家都将教士建立的建筑称为"大教堂"而非"修道院"，因为修道院一般与教牧关怀无关。

当时，巩固王国与传播基督教密切相关，因此大教堂既是皇权中心也是教权中心。每座大教堂都有自己的规则（这个阶段可能包括，也可能不包括6世纪《圣本笃会规》①的一些规则,该规则逐渐成为整个欧洲的强制规定)。7世纪时,一般的大教堂内或居住着男修士,或居住着女修士,而有些修道院则二者兼有,人们长期以来将其称为"双重修道院"。在这种情况下,人们希望能有一位出身高贵的女修道院院长来管理主教区。这类女性在家族中就习惯于享有权利,但是她们通常会嫁到敌对的亲族中去,其家族使命就是扮演"和亲女"的角色,如果可能的话,还要尽力消除威胁亲属性命、以恶报恶的冲突。因此,在古英语史诗《贝奥武甫》中,魏尔及屋王后(Queen Wealhtheow)亲自主持宴会,但其身份并不仅仅只是一个设宴者:她要在那里为自己儿子们的权利进行辩护。但是,这只能一次又一次地提醒读者,女性的主要身份是哀悼者。因此,丹麦王后希尔德堡(Hildeburg)在葬礼柴堆旁"吟唱挽歌",而火焰正在吞噬着她的兄弟及其逆子的尸骨。²

基督教为女性提供了继续扮演"和亲女"的新途径。整个英格兰,世俗婚姻和精神婚姻提高了女性的生育率,从而又加速了宗教的转变进程。³ 如果皇后在加入基督教之前还未能生育,那麻烦就会接踵而至,就像诺森布里亚国王埃格弗里思的妻子埃塞尔思里思(Aethelthryth),她拒绝与丈夫圆房,度过11年没有子嗣的光阴后,埃塞尔思里思最后离开了诺森布里亚,回到家乡——东盎格利亚(她是安纳国王的女儿),在那里她创立了伊利修道院(Ely)。但是埃塞尔思里思坚持认为女性有权永葆贞洁。一般来说,皇室女性既服从于主又服侍于王,成功的婚姻能将两个敌对的王室联系在一起,从而诞下继承人(正如前一章所述)。651年,伯尼西亚国王奥斯威尤谋杀了德伊勒国王奥斯温,借此奥斯威尤成功地将诺森布里亚的两个部分(伯尔尼亚与德伊勒)重新合并。大家都认为循环复仇由此开始,但是奥斯威尤的王后伊恩弗莱德(Eanflaed)并没有一味地劝说国王,以下是比德所述皇后的

---

① 《圣本笃会规》(Rule of Benedict),西方隐修之父圣本笃所著,注重团队精神,强调中庸之道。——编者注

做法：

> 为了赎罪，王后劝说国王赐予特鲁姆赫尔施（Trumhere）"上帝仆人"的身份，特鲁姆赫尔施是奥斯温的一个近亲，并在吉灵建立了一座修道院，祈祷者同时为奥斯温国王和奥斯威尤国王祈福。[4]

奥斯威尤去世后，伊恩弗莱德去惠特比修道院当了修女。惠特比修道院由诺森布里亚国公主希尔达（Hilda）建立。希尔达在父亲被暗杀后，被带到了叔叔（诺森布里亚国王埃德温）那里。626 年，通过保利努斯主教的布道（详见上一章），希尔达和埃德温国王一起皈依了基督教。然而，633 年，经过哈特菲尔德蔡斯战役（此战役中埃德温国王被杀），诺森布里亚陷入无政府状态，希尔达也被迫离开，到东盎格利亚避难（国王安纳是她姐夫）。直到 647 年，在希尔达动身前往高卢当修女前夕，林迪斯法恩主教艾丹将她召回了诺森布里亚，这才重回大众视线。希尔达生活在位于威尔河畔的一个小教区的修道院里，经过一段时间的学习，她成为哈特尔浦修道院（Hartlepool）的首位院长（该修道院是由奥斯威尤在 655 年打败异教麦西亚国王彭达，取得温沃伊德战役胜利后所建），之后她又成为惠特比另外一所修道院院长。

据比德记载，希尔达取得了非凡的成就：在她的教育下，有 5 位曾在惠特比修道院接受教育的修士后来成为主教［如果算上塔特弗里斯（Tatfrith）是 6 个，他在被正式任命之前去世了］。在希尔达的鼓励下，放牛人卡德蒙（后成为英格兰著名诗人）编写了大量有关基督教主题的优美方言诗歌。卡德蒙的作品并没能留存下来（以前人们的确认为卡德蒙有遗作留世）。但由于盎格鲁-撒克逊语不属于罗曼语系，对于属于日耳曼语系的盎格鲁-撒克逊人来说，学习、理解属于罗曼语系的拉丁语是异常困难的，卡德蒙的诗歌重在用方言传播基督教教义，在整个盎格鲁-撒克逊时期有着重要意义。希尔达之所以能帮助这些人（上至主教，下至放牛人）取得成功，很大程度上取决于她高贵的出身：首先，希尔达是皇室成员，是她叔叔埃德温国王的代表，也是埃德温国王孙女艾尔弗莱德的监护人，这是由于奥斯威尤在取得温沃伊德战役胜利之后，在感恩节那天拜托希尔达照顾他女儿艾尔弗莱德。670年，奥斯威尤去世，王后伊恩弗莱德和艾尔弗莱德都去了惠特比修道院做修女，以纪念埃德温国王。此外，在教皇格列高利（将基督教传到诺森布里亚国的第一人）的帮助下，她们把遗产全部捐赠给了惠特比修道院。《格列高利传》是英格兰第一部圣徒传记，由当时的一位修女写作完成。

与希尔达、艾尔弗莱德以及我们曾经记载过的其他修女不同，盎格鲁-撒克逊的修士们出身并不高贵。在宗教转变的世纪里，教会通常会买一些男孩奴隶，训练他们为教会服务，同时修道院也为那些因战乱或瘟疫而成为孤儿的男孩提供庇护所。巴金修道院（Barking）则是其一，该修道院由伦敦主教为其妹妹而建，以供修女学习生活（矫正贵族的生活方式）而闻名，当然，修道院也会收留、照顾年幼的孩子。它是一所"双重修道院"，当（7世纪）大瘟疫发生时，一个不满3岁的小男孩在染上瘟疫后，会寄居在信奉上帝的修女住所，一边接受照顾，一边学习教义。[5]最近，有人提出，上述说法与"成年人才可加入修道院"的说法相矛盾，这一点确实不容忽视，有待进一步研究。[6]任何一座成功的修道院都取决于院长融合各派系的能力，以及制订院规的能力。本笃·波斯哥院长曾说维尔茅斯修道院的院规是他去欧洲大陆旅行时，基于对17座修道院的考察而制订的。

在这种情况下，个人的宗教信仰会超过其他一切因素，林迪斯法恩派在关于复活节日期的问题上就是这样说的。艾丹（林迪斯法恩修道院首任院长）坚持使用原先艾奥纳派的日期，很显然，如果不以艾奥纳派日期为准，他便拒绝庆祝复活节。[7]然而惠特比宗教会议却否决了林迪斯法恩派的日期，采用了所谓的"罗马式"，于是艾丹的继任者科尔曼主教（Bishop Colman）

便主动退位，重回艾奥纳修道院，并带走艾丹主教的部分骸骨。对于科尔曼来说，放弃他们自己的传统（由圣科伦巴建立，艾丹发扬光大），这种背叛简直无法想象。

科尔曼并非孤身一人，尽管比德在书中并没有提及共有多少修士同他一起回到了艾奥纳修道院。但是比德自己的修道院院长——切奥尔弗里思（Ceolfrith）卸任前往罗马时（他希望在那里升入天国），共有80名修士跟随他一起。比德的《修道院长列传》(History of the Abbots) 和匿名者作的《切奥尔弗里思传》(Life of Ceolfrith) 都对此有详尽的叙述。以下是《切奥尔弗里思传》一书中的相关描述：

> 当他（切奥尔弗里思）结束演讲的时候，修士们又接着唱起圣歌……走到河边，一名修士在河边祷告，切奥尔弗里思登上了船，坐在船头；两位执事坐在他身边，一位手执切奥尔弗里思做的金十字架，另一位手执一支点燃的蜡烛。当船快速驶过江面时，他看着悲伤的兄弟们，听着他们的悲伤而伟大的歌声，不禁潸然泪下。[8]

上述情景不可能不与《贝奥武甫》中火葬希尔德·谢冯的场景相比较。在诗中，希尔德的胸前挂满了珍宝，遗体被运到了一艘桅杆上挂有金色旗帜的船上。其追随者们亲眼目睹希尔德的遗体越漂越远，他们精神忧郁，悲悯之情涌上心头。没人（不论是大厅内的议员，还是天下的勇士）能确定谁会得到那批物品。[9] 相比之下，切奥尔弗里思的船不仅装着旅行所需物品，而且还有为罗马教会准备的礼物。其中之一便是《阿密亚提努斯手卷》(Codex Amiatinus)，即《圣经》三大单卷本之一，由切奥尔弗里思在维尔茅斯－贾罗修道院图书馆内完成（原文本是由波斯哥院长访问罗马时带回的珍贵的手抄本，波斯哥院长曾多次从罗马带回珍贵的手抄本以丰富修道院的藏书）。上面提及《圣经》的三大单卷本中，唯有一本保存完整。几个世纪以来，无人知晓它的起源，因为其写作风格极像地中海风格，而非盎格鲁－撒克逊风格。但事实上，该文本是由盎格鲁－撒克逊人抄写在诺森布里亚羊皮上创作而成。

图 3-1　贾罗修道院的献堂颂词，685 年

由于一场突发疾病，切奥尔弗里思没能到达目的地，便死于朗格勒（Langres）。他的追随者一部分返回家乡，一部分继续前往罗马，还有一部分则留在了朗格勒，因为他们一生追随的人埋葬于此。[10]

从诺森布里亚到罗马有超过 1000 英里的里程（就是对乌鸦来说也不容易）。在 7 世纪，走完 1500 英里，朝圣者可能需要花费数月，途中既面临身体上的挑战，也面临着必经国家政治不确定性的危险。然而，这段旅程却颇为许多盎格鲁－撒克逊人（无论男女）神往。事实上，到 8 世纪末期，在罗马已经建立起了一个"英格兰人临时住处"（816 年被烧毁，后在教皇的支持下重建）。[11] 罗马是一块磁石，它代表旧的世界秩序，一个拥有文化底蕴、文化成就的旧世界。但同时，它又代表着新的世界秩序，将基督教传遍地球的每个角落是它的使命，这期间，盎格鲁－撒克逊人（自称为古罗马遥远角落的继承人）积极地参与了传教使命。仔细观察，我们会发现修道院长波斯哥（曾 6 次到罗马朝圣）和圣威尔弗里德（3 次朝圣）在第一次朝圣时结伴同行（需要指出，尽管比德在《修道院长列传》并没有提及圣威尔弗里德的朝圣，但斯蒂芬在《圣威尔弗里德传》中提及圣威尔弗里德与波斯哥一起动身前往罗马朝圣）。[12]

图 3-2 《阿密亚提努斯手卷》中的以斯拉（Ezra）

653 年，波斯哥和威尔弗里德（均因侍奉王室致富）离开英格兰前往罗马朝圣。那年，波斯哥正值 25 岁，威尔弗里德比他小 5 岁，即 20 岁。虽然威尔弗里德已经在林迪斯法恩修道院陪同一名从王廷退休的贵族学习了一年，但在当时，他们二人还都并非真正意义上的修士。他们看似一切进展顺利，但到达莱昂斯（Lyons）时，威尔弗里德考虑到那里有主教的庇护，便决定留下，而波斯哥则要继续前往罗马。这次朝圣，我们并不清楚波斯哥具体在罗马待了多久，但他在回到诺森布里亚后，大约在665年前后，再一次穿过了英吉利海峡前去罗马朝圣。在罗马待了一段时间后，波斯哥去了高卢南部著名的勒林斯修道院（Lerins），在那里，他成为一名真正的修士。在勒林斯修道院待了两年后，为了履行诺言，波斯哥又一次动身前往罗马，但是这次朝圣恰巧赶上塔尔苏斯（Tarsus）的西奥多被紧急任命为坎特伯雷大主教，哈德良担任其助手［而外出游历的候选人——肯特的威格赫德（Wigheard of Kent），在正式被任命前去世了］。为了应急，波斯哥不得不离开勒林斯修道院，返回英格兰，为西奥多和哈德良的工作提供翻译以及其他支持。在坎特伯雷担任两年院长后，波斯哥再一次动身前往罗马去寻找优秀藏书。此行时间很短，可能那时他就已经下定决心要在英格兰的韦塞克斯建一座自己的修道院了，因为英格兰国王科因沃尔（Coynwalh）与他是好朋友。但科因沃尔国王不久便去世了，波斯哥又不得不重返诺森布里亚。674年，在国王埃格弗里思帮助下，波斯哥在维尔茅斯创立了圣彼得大教堂。

圣彼得大教堂从一开始就有炫耀之意。教堂的赞助人，当然也是一名行家，决心将高卢和罗马的精致与奢华引入到他的国土——诺森布里亚：高卢的石匠和玻璃匠纷至沓来，还有罗马和维也纳的书籍也一并被购入。679年，波斯哥带着切奥尔弗里思（波斯哥任命其为副院长）再一次踏上了通向罗马的道路。这一次，他们二人不仅带回了许多书籍、文物、图画和日历，还说服约翰（一位吟唱者）同他们一同回国，让他教导英格兰教士如何正确地为礼拜仪式唱诵圣歌（该问题一直存在）。[13] 地中海文化渗透到了圣彼得大教堂，这让国王埃格弗里思赞叹不已（虽然这其实并不关埃格弗里思国王的事，但情形可以想象），于是他计划再建一座修道院——贾罗修道院，并于大约681年建成。不久，维尔茅斯修道院和贾罗修道院合为一体，但是之后是否一直如此则不为人知。最近研究表明，最初贾罗修道院是专门为王室而建。如若埃格弗里思国王没有于 685 年去世，这一修道院（国王亲自选定了祭坛的地址）可能会赢得更多荣耀。[14]

7 世纪 80 年代中期，波斯哥再次去罗马朝圣，并带回了更多的藏书。他特意挑选了一系列图片来证实圣经《旧约》和《新约》中故事的一致性；他还用丝绸斗篷来交换土地以扩建修道院。然而，当返回时，他却被告知埃格弗里思国王已于 685 年在邓尼城战役中去世了。4 年之后，波斯哥也与世长辞。

那时威尔弗里德又如何呢？历史学家们一直怀疑，威尔弗里德和波斯哥第一次结伴去罗马朝圣后便分道扬镳，二人在旅途中可能发生过某种争吵。虽然只是猜测，但可能性似乎很大，二人之间的关系似乎也总是处于紧张状态；而且自那次分开后，二人可能从未再见过面。尽管如此，在莱昂斯暂住了一段时间后，威尔弗里德最终抵达了罗马，与波斯哥一样，他也同样感到不知所措：尽管坎特伯雷的石匠们已经尽力按照罗马建筑样本来建造教堂（威尔弗里德对坎特伯雷比较熟悉，他曾在此学习一年，之后才前往罗马），但到目前为止，英格兰还不能成就他的伟大事业。这不仅仅是建筑物的问题——尤其是 637 年耶路撒冷被阿拉伯人攻陷以后，罗马已经成为一个最大、最重要的朝圣地，这里藏有许多特殊圣物（其中威尔弗里德对圣安德鲁的圣物尤为钟爱），并且拥有纷繁复杂的礼拜仪式。几个月后，在返回英格兰之前，威尔弗里德再次前往莱昂斯，并于大约 663 年被任命为牧师。[15]

威尔弗里德现在的支持者是阿尔奇弗里德（Alhfrith）——奥斯威尤的儿子，诺森布里亚国的王子（当时的执政者）。阿尔奇弗里德王子让威尔弗里德主持里彭修道院，在那里，威尔弗里德任命了许多自己派别的修士，同时驱逐了后来成为圣徒的卡斯伯特，卡斯伯特被迫前往他处。664 年，关于复活节日期问题，威尔弗里德和阿尔奇弗里德王子一派取得胜利，惠特比宗教会议决定采用罗马方式庆祝复活节，放弃"爱尔兰"式。奥斯威尤国王对威尔弗里德的支持令人吃惊，但当时具有决定性的意义。林迪斯法恩派主教科尔曼完全不能接受这种结果，于是和追随他的教士们返回了艾奥纳修道院，同时还带走了他们的圣物。科尔曼的出走代表着林迪斯法恩派在约克的统治结束，同时也为威尔弗里德担任约克大主教提供了契机。

不难看出，约克对威尔弗里德有很大的吸引力：在教皇格列高利的英格兰基督化计划中，一直设想这个前罗马城——约克（君士坦丁大帝在312年正式皈依基督教，但在6年前，君士坦丁大帝曾在约克称帝）将会变成英格兰北部的重要城市教区。埃德温国王于627年皈依基督教后急忙赶往约克，为方便保利努斯主教为其洗礼而在那里建立了一座木制教堂。即使在埃德温去世、保利努斯主教隐退到南方后，詹姆斯（保利努斯主教的一个执事）还坚持将一名罗马传教士留在了约克，该传教士不仅教授了唱圣歌的正确仪式，而且还教授了正确计算（至少在比德看来）罗马式复活节的日期。但是对威尔弗里德这样的严格主义者来说，这样的传统只有当他担任圣职后才能真正传承下去：英格兰当时的主教差强人意（数量仅有3人，况且还都不愿放弃"爱尔兰"式的复活节日期，威尔弗里德因此认为这3个人都不是正统），这对于威尔弗里德来说和他们勉强共事实在难以接受。另外，正如斯蒂芬所言，这几位主教也不能够在威尔弗里德选定的地方——贡比涅（Compiègne）为其举办恢弘奢华的任职典礼。据说威尔弗里德当时高居金色宝座，周围12位主教众星捧月。

在其奢华任职仪式结束之后，威尔弗里德返回英格兰的日程却几经拖延，这其中原因不得而知。这也可能是由于阿尔奇弗里德王子（王子是威尔弗里德以前的庇护人，但并未在其任职典礼上出现）或者是奥斯威尤国王对其态度起了变化，导致其地位受到了影响。当威尔弗里德重新出现在诺森布里亚时，他发现约克的教区已经有了新人——奥斯威尤已经任命查德为约克主教，威尔弗里德只能又重新回到里彭修道院，期间与麦西亚国王和肯特国王建立了深厚的友谊。669年，在坎特伯雷新任大主教西奥多支持下，威尔弗里德重新担任约克主教。他一上任就马不停蹄地开始整修教堂建筑,[16] 时至今日,我们已经无法知道他是如何具体修整的。斯蒂芬曾描述到,教堂被鸟儿弄得一团糟,到处都是鸟粪。威尔弗里德命人刷洗墙壁,重新在窗户上安上玻璃以防止鸟粪,但具体细节却语焉不详。[17] 然而,对于威尔弗里德修建的里彭教堂和赫克瑟姆修道院(Hexham),斯蒂芬则欣喜若狂,滔滔不绝地大加描述。诺森布里亚新王后埃塞尔思里思赠予了威尔弗里德一片土地,威尔弗里德就在那建造了一座地中海式的宏伟建筑。整座建筑金碧辉煌,其完工庆典也场面宏大,与建筑华丽的风格十分相配。当里彭修道院完工时(其中包括一座非常复杂的地宫,赫克瑟姆修道院也是如此),庆祝宴会持续了3天,祭坛上挂着"紫织金幔帐"——颜色与他为新教堂定做的福音书一致:"福音书所用羊皮纸染成了紫色,上面的文字是用最纯粹的金粉写成,并配有精美插图",福音书还放在一个"由纯金打造并镶有无价宝石"的盒子里。[18]

威尔弗里德在约克、里彭和赫克瑟姆建立的修道院彰显了基督教这种新信仰的教义,但其意义还不仅如此。这些修道院不只是提供礼拜仪式,而且还培养有文化的神职人员,所以这3处修道院都有附属学校。就约克修道院而言,其附属学校在8世纪中叶就已经赢得了国际声誉。作为传教中心,它们既代表国王的权威,也代表教会的权威。诺森布里亚国王埃格弗里思及其继任者埃尔夫万(Aelfwine)都参加了威尔弗里德在里彭所建修道院的献堂仪式,两人都给予威尔弗里德很高的评价。威尔弗里德的传记作者斯蒂芬声称:"这真是一件令上帝满意的礼物,虔诚的国王已经分配给我们主教如此多的土地,让我们来侍奉上帝。"[19] 现在,修道院的扩张与诺森布里亚权力的扩展相一致。整个过程一气呵成,即不列颠神职人员纷纷逃亡,威尔弗里德则取而代之。

虔诚的国王埃格弗里思发现,在他的王国趁胜向南北扩张的同时，以圣威尔弗里德为首的教会势力也在不断增强——向南渗透至撒克逊人，向北则影响到不列颠人、皮克特人和苏格兰人。[20]

但麻烦也随之而来：埃格弗里思国王的王后，威尔弗里德的拥护者——埃塞尔思里思没有子嗣，甚至据说埃塞尔思里思拒绝与国王圆房，她最终离开了埃格弗里思，去当了修女（后回到祖国，并创建伊利修道院）。而新王后不喜欢威尔弗里德（斯蒂芬说她是"耶洗别"①）。[21] 由于新王后对威尔弗里德的敌意，很快埃格弗里思国王对他也产生敌意。与王室的关系恶化所产生的后果长期存在：威尔弗里德的宏大传教计划很快便与西奥多大主教的意图格格不入（两人的冲突在672年举行的赫特福德宗教会议上便初露端倪），西奥多大主教心中的教会最好是通过规模适中的主教区来运行。678年，埃格弗里斯国王解除了威尔弗里德主教职务，由3位新主教接替，威尔弗里德正式前往罗马向教皇投诉。威尔弗里德花费了一些时间才到达罗马，但当他最终到达罗马时，波斯哥和切奥尔弗里思也在679年来到了罗马，因此他们三人便同时在罗马城朝圣。但他们三个有无见面并没有相关历史记录。罗马的礼拜仪式及圣徒吸引着每位修士，但是波斯哥和威尔弗里德虽同属罗马信徒，各自修建的里彭修道院、赫克瑟姆修道院与维尔茅斯修道院、贾罗修道院也大体相当，但二者的抱负与理想却不甚相同，这也是他们故意疏远彼此的原因。威尔弗里德的理想就是要随心所欲地展现自己，波斯哥的理想则更具体：他要把罗马教义的精华、自己最好的修行思想留给在诺森布里亚建立的两座修道院。在生命的最后时刻，波斯哥还在嘱咐藏书（由他自己亲自收藏）的事宜：小心翼翼……保存完好无损……不要分散在各处。大家对他制订的规则也十分遵守，从某种意义上说，这也是一种积累起来的财富，因此

---

① 耶洗别（Jezebel），古以色列王亚哈（Ahab）的妻子，以残忍、无耻而著称。——编者注

要小心翼翼地守护着。"你看，"波斯哥说道，"通过多次长途跋涉的朝圣，我从17座修道院中学来了一系列优秀经验，现在为了你们得益，全部教授于你们。"[22]

据他们各自的《传记》描述：波斯哥和威尔弗里德二人在生命的最后时刻都体现出了鲜明的对比。虽然二人都很关心自己留给后世的遗产，但波斯哥在去世前，先是确保了教区能够维持"和平、团结、和谐"，然后在修士唱诵到《诗篇》①（第82篇第3节）时安然离世，没有再听接下来那些忧郁的音符。这是典型的修士去世情形。然而，威尔弗里德离世前则更像盎格鲁-撒克逊贵族和旧约先知。他将自己所有的财富——金、银、宝石——都区分开来，将它们放在里彭修道院一一展示。之后由他自己宣布，将四分之一的财富捐赠给罗马，再将四分之一赠给穷人，里彭和赫克瑟姆修道院保留四分之一，最后的四分之一则留给他忠实的追随者们："赠给那些我没有赐予土地和财产的修士们，这样在我去世后他们也能维持生计。"[23]威尔弗里德接着向南游历，对围绕在自己身边的修道院院长们重复自己的意愿："每个人都拿到了等额的财产，有了我赠送的财富或土地，他们既可以提高生活质量，又可以获得内心的满足和快乐。"[24]最终，他到达了昂德尔（Oundle），在那里又重复了一遍他的遗愿，并宣布阿卡（Acca）继任赫克瑟姆修道院院长，然后为自己的修士祈福，就像雅各祝福自己的儿子那样。当威尔弗里德去世时，他的教区会众唱诵的正是《诗篇》中第103首的第4节，是一首赞扬胜利的赞美诗。[25]

威尔弗里德一直是一个备受争议的人物，但我们同样也需记住：圣奥古斯丁和他的教士们于597年来到英格兰后还有许多事情悬而未决。[26]传教工作依然充满艰难险阻，问题层出不穷，也无章法可寻。对于身处诺森布里亚的威尔弗里德来说，当时他既与盎格鲁-撒克逊国家（特别是麦西亚）结

---

① 《诗篇》(Psalm)，《圣经旧约》中的一卷。——编者注

盟，又与罗马教会结盟，更是备受争议。这种做法可能产生的后果对威尔弗里德来说已经有前车之鉴了。在新兴的欧洲，他作为圣者的形象路人皆知。如果他留在高卢（他曾不止一次被邀请去那里），那么他的慷慨给予、尊贵奢华的生活方式或许不会引起丝毫的波澜（尽管在动荡的政治环境中他可能会丢掉性命，斯蒂芬书中最后所描述的针对威尔弗里德的暗杀阴谋已经明确表明了这一点）。

比德在多大程度上反对威尔弗里德的传教生涯也颇具争议。[27] 在威尔弗里德的讣告中，比德并未提到威尔弗里德在他生命的最后几天中赐予大家礼物这件事（而斯蒂芬则描述得很清楚）。毫无疑问，对比德来说，切奥尔弗里思的死亡更具教化意义。尽管如此，值得一提的是，虽然当时的教会中有许多令比德感到沮丧的事情，但像威尔弗里德这样的高调炫耀是否在他所讨厌的事情之列，我们则不得而知。比德完全受教于波斯哥，要接受威尔弗里德的方式对他来说太难了。[28] 但真正让比德感到沮丧的是轻率、懒惰与虚伪：主教不履行责任；冒名顶替的修士嚷着要获得土地，然后再将土地变为世袭财产。比德最关心的就是传教，至少在这方面威尔弗里德无可厚非，也不可能有多少过错。

正如我们所见，比德和斯蒂芬对威尔弗里德在萨塞克斯活动的描述不甚相同，但令人惊讶的是，二者的描述都表明威尔弗里德的传教活动是偶然事件，而并非一个酝酿已久的计划（先是一场风暴，随后又被诺森布里亚国王流放，威尔弗里德才来到萨塞克斯）。同样地，当威尔弗里德于678～679年前往罗马时，同样由于天气原因，也因此他幸运地躲过了一场谋杀［一位倒霉的名叫温弗里德（Winfrid）的主教由于与威尔弗里德名字相近差点被错杀］，而不是由于其传教的热忱，威尔弗里德便留在当地过冬，继而开始在弗里西亚（Frisia）传教。威尔弗里德与埃格伯特（埃格伯特可以说是比德所著的《英吉利教会史》中最伟大的一位人物）形成了鲜明的对比。

图 3-3　里彭主教座堂的圣威尔弗里德地宫

埃格伯特的名字首次出现在《英吉利教会史》是于 664 年威尔弗里德在惠特比宗教会议上取得胜利，也就是所谓的罗马式计算复活节方式取代了林迪斯法恩派的方法。比德支持这个决定，但还是非常用心地对林迪斯法恩派的前主教（艾丹和科尔曼）赞颂了一番。在继续威尔弗里德的故事（他作为诺森布里亚新主教前往高卢接受任命）之前，比德首先注意到 664 年发生了不祥预兆——日食和瘟疫——之后便继续写到，在 664 年前，英格兰有许多贵族和平民百姓为了潜心苦修而离开家乡去到爱尔兰。这一段有必要全部引用如下：

> 在这段日子里，一些人虔诚地生活在修道院，而另一些人则更乐意去教士居住的小屋子里拜访请教。爱尔兰人对他们表示热烈欢迎，除了每日为他们供给食物，还会为其提供书籍和相应指导，不索要任何回报。[29]

写这些颂文的同时，比德也对自己那个时代的罪人进行了批判和指责。比德担忧各种恶习正在威胁着新兴的基督教，近年来的研究也确实越来越重视到这一点。在《英吉利教会史》中，比德树立起来了"典范榜"以希望读者能够"向榜样学习"。榜单中正好就有这样一位当之无愧的典范：埃格伯特。[30]

据比德描述，埃格伯特和他的朋友艾瑟尔洪（Aethelhun）均是英格兰人，后前往爱尔兰寻访自己信仰上的导师。当时爱尔兰爆发了一场严重的瘟疫，埃格伯特和艾瑟尔洪均被感染，艾瑟尔洪最终死于瘟疫，但埃格伯特战胜了疾病，并一直活到90岁。他曾发誓，如果他康复了，他将永远不会再回英格兰。729年他去世时，比德还正忙于编纂《英吉利教会史》。对比德来说，埃格伯特身上的美德：谦逊、温和、节制、朴素和公义，均堪称典范。埃格伯特与威尔弗里德之间的对比已经跃然纸上，但比德仍不遗余力地对埃格伯特大加赞赏。记述完埃格伯特从瘟疫中康复之后，比德又详尽描写了埃格伯特的斋戒行为（并特别强调他只喝脱脂牛奶），然后才转而记述威尔弗里德任高卢主教的辉煌仪式。[31] 但在其作品中，直到684年（惠特比宗教会议结束20年之后），比德才又重新开始写回埃格伯特。比德还描述了685年的邓尼城战役，埃格弗里思国王亲自率军远征皮克特人，但最终却以大败告终。684年，埃格弗里思国王曾派遣一支军队到爱尔兰，在此之前，麦西亚民族对爱尔兰人民十分友善，但这支军队却十分不友好，对教堂和修道院也洗劫一空，这些实际上已经为邓尼城战役拉开了序幕。[32] 埃格弗里思国王曾想要统治不列颠和爱尔兰北部以及那些由盎格鲁人、不列颠人、苏格兰人和皮克特人居住的岛屿，但随着685年战役失败，埃格弗里斯国王本人也于次年去世，这个称霸雄心最终破灭。[33] 与此同时，如果修士能够接受罗马式计算复活节方式（664年召开的惠特比宗教会议采纳了该方法），那么民众之间的宗教交流仍然是可能的，这也是传教士希望做到的。就拿艾奥纳修道院来说，劝服那里的僧众接受罗马式复活节计算方法的使命就落到了埃格伯特身上。

据比德所述，埃格伯特的最初目标是想在欧洲大陆传教，但后来受博伊斯（Boisil）思想影响——前梅尔罗斯修道院（Melrose）院长（同时也是圣卡斯伯特的导师），博伊斯坚持认为埃格伯特不应该前往艾奥纳修道院："不论喜不喜欢，他都必须去科伦巴修道院，那里问题丛生，埃格伯特需要将其带回正轨。"[34] 埃格伯特因此来到了艾奥纳修道院，并劝服了修士接受罗马式计算复活节的方式。与此同时，比德笔下的修道院长切奥尔弗里思也正在对皮克特人做着同样的事情。埃格伯特神奇般地于729年的复活节周日去世（但如果按照艾奥纳修道院的"旧制"，即采纳罗马式复活节计算方法之前的惯例，埃格伯特的去世时间就不在复活节这一天了）。伴随着埃格伯特的离世，比德也由此结束了《英吉利教会史》的倒数第2章。

艾奥纳修道院和皮克特人最终接受了罗马式计算复活节的方式，这一转变对比德来说意义深厚，这是他传教事业的重要成果，与海外传教活动同样重要。对比德来说，他笔下的传教故事以"英格兰人"（他们不是盎格鲁人，而是天使）的轶事开始，最终以不同的部族都皈依基督教而告终。值得注意的是，比德认为埃格伯特对于这些部族来源颇有研究：

> 如今居住在不列颠的盎格鲁和撒克逊人源于德国的多个部族。即使到了今天，他们也被其邻国的不列颠人误称为"加马

尼"（Garmani）。现在这些人包括弗里斯兰人（Frisians）、鲁吉安人（Rugians）、丹麦人、匈奴人、古撒克逊人和波吕特利（Bructerii）。[35]

埃格伯特光靠自己不可能劝服这么多人信仰基督教，他成功地组织了许多人到不同地方传教，这其中就包括威利布罗德（Willibrord）。威利布罗德是诺森布里亚人，他曾在678年与埃格伯特一起住在爱尔兰。威利布罗德的传教工作大获成功。696年，威利布罗德成为"弗里斯兰人的大主教"。两年后，威利布罗德创立了埃希特纳赫修道院（Echternach，靠近特里尔市），后成为8世纪重要的学术中心之一，大量著作得以问世。同时，威利布罗德也使得对圣奥斯瓦尔德的宗教崇拜在这里被推崇开来。

比德对那些在国外传教的盎格鲁-撒克逊修士知之甚少。他曾听说过一些危险的事情，比如两个英格兰传教士（他们实际来自爱尔兰）被人在国外残酷杀害，人们以头发的颜色来区分那两位传教士——黑赫瓦尔德（Black Hewald）和白赫瓦尔德（White Hewald）。比德对国外传教士的了解也仅限于此。因此，从比德那里，我们了解不到那些从英格兰南部去往德国的修士的任何信息，比德甚至连卜尼法斯（Boniface，比德在世时非常著名的人物）也只字未提。

卜尼法斯（这是他作为传教士的名字）约在675～680年之间出生在英格兰西南部。[36] 716年，他离开位于汉普郡的诺斯灵修道院（Nursling），加入到威利布罗德在弗里斯兰的传教活动中。但那并不是一个好时机——高卢发生内战，使传教受阻，卜尼法斯不得不返回家乡，但他并没有因此而却步。720年，他又一次来到弗里斯兰，与威利布罗德（威利布罗德也一直期望能与卜尼法斯合作）一起工作。722年，卜尼法斯抵达罗马，被祝圣为传教士主教。在罗马简短停留之后，他便开始在黑森（Hesse）与图林根（Thuringia）地区宣讲福音。在卜尼法斯整个传教活动中，教皇一直在背后给予他支持——也正是这份权威使他可以在莱茵河以东地区如此广泛地传教。据说卜尼法斯最想劝化的是撒克逊人,"怜悯他们一下吧,"他在给他的英格兰同事的信中写道,"因为他们一再声称:'我们是同一个种族,属于亲骨肉'。"[37]这也正是埃格伯特组织教士出去传教的理由。在卜尼法斯的呼吁下,英格兰众多的修士和修女都渴望出国传教。修女们不仅帮他抄写经卷("我请你们继续努力,"卜尼法斯写信给一个人,"你用金字抄写圣彼得的书信非常好,你对圣经充满敬畏以及大爱,这能够触动正在接受我传道的异教徒的心灵"),而且也准备和他一起投身传教事业。[38] 因此,利奥巴(Leoba)离开了位于多塞特郡(Dorset)的温伯恩修道院(Wimborne),跟随卜尼法斯外出传教,成为位于美因茨(Mainz)教区的比绍夫斯海姆修道院(Bischofsheim)的女院长,她的另外一个亲戚也成为位于美因河畔的基钦根修道院(Kitzingen)的女院长。

卜尼法斯在美因河畔传教事业的后继者是盎格鲁-撒克逊传教士罗拉(Lul),他是马姆斯伯里修道院的修士。罗拉与卜尼法斯结识于去罗马朝圣的途中,卜尼法斯成功地劝服罗拉离开英格兰去国外传教。罗拉和卜尼法斯留存下来的信件清楚地表明传教士和其英格兰的支持者间关系密切。[39] 国王和大主教向传教士寻求建议和支持,这其中既包括实质性帮助,也包括心灵的慰藉。前面提到比德对卜尼法斯在外传教一无所知,正是罗拉弥补了这一空白。罗拉还给比德在贾罗修道院的坟墓送去祭礼,他本人也珍藏了比德的一些作品,其中就包括《英吉利教会史》。

比德的《英吉利教会史》在其死后流传久远,但我们也不应因此忽视该书是献给诺森布里亚一位国王的,并且完成于诺森布里亚。比德对当时的宗教状况十分关注,其书也深受影响。相反,假设比德是在韦塞克斯撰写的《英吉利教会史》,那又会有多少不同呢?这一想法虽然看起来不切实际,但也并不完全荒谬。从某种意义上来说,本笃·波斯哥就是比德小时候的监护人。因为在比德年幼时,他的家人就把他托付给修道院长波斯哥监护。从比德那里我们了解到,波斯哥最初是想在韦塞克斯创建修道院,但由于他的朋友韦塞克斯国王科因沃尔不幸去世，波斯哥才不得不最终返回北方的诺森布里亚。[40]尽管韦塞克斯没有受到波斯哥的恩泽，但韦塞克斯的马姆斯伯里修道院和诺斯灵修道院仍然拥有了相当不错的图书馆（在成为传教士之前，卜尼法斯就把诺斯灵修道院图书馆当成自己的学习宝库，成为传教士之后亦是如此：他请人抄录了多本此处的馆藏书籍）。[41]从近期的考古发现来看，格拉斯顿伯里（Glastonbury）原来的异教礼拜场所似乎在国王伊内（Ine，约726年去世）统治时期就已经被改造一新。甚至在比德的贾罗修道院拥有华丽的装饰之前，格拉斯顿伯里教堂的窗户上已经装有彩色玻璃了。[42]可以想象，正如历史证据所示，权力和荣誉从埃塞尔伯特的肯特转移到了比德的诺森布里亚，之后又转移到了麦西亚〔我们将会在第4章谈到麦西亚的国王奥法（Offa）〕。因此，那种认为只有阿尔弗雷德国王才会让韦塞克斯崛起的说法并不正确。尽管盎格鲁－撒克逊英格兰的王室统治飘忽不定，但一些国王的政权还是比较稳定的，韦塞克斯的伊内国王就是其中之一。[43]

卡德瓦拉是英格兰最后一位异教徒国王，他去世之后，伊内继任王位（卡德瓦拉在罗马接受洗礼，但仅10天之后便去世，见第1章）。相较于卡德瓦拉短暂而残酷的统治，伊内虽然也最终退位去了罗马，但是他的统治时间较长，从688年一直持续到约726年。之后，伊内把王位让给了艾特尔赫德（Aethelheard）。伊内面临的问题同其他诺森布里亚国王或麦西亚国王都相似：与相邻的不列颠人和盎格鲁－撒克逊人除了抢夺战利品外，还要抢夺其他资源；与日渐强大的教会势力博弈；以及应对充满不确定性的王位继承规则。但是，在修道院院长（后成为大主教）奥尔德赫姆的支持下，在伊内统治时期，韦塞克斯进入了一段相对和平的时期（伊内的两个姐妹也支持他，她们后来都成为圣徒）。韦塞克斯的教会权力在王室女性的参与下可以有力巩固任何王朝，这一点与诺森布里亚的情形如出一辙。

在写马姆斯伯里修道院那部分内容时，我们就提到过奥尔德赫姆。虽然他生活的一些细节和其重要的时间节点尚不确定，但奥尔德赫姆的确是盎格鲁－撒克逊时期一位杰出人物。奥尔德赫姆可能是在韦塞克斯王国皈依基督教之后出生的，还可能是一位王室成员，是西奥多大主教在坎特伯雷修道院学校的第一批学生之一（或许他最初在马姆斯伯里修道院受教于一位爱尔兰修士）。此后，到680年，奥尔德赫姆成为马姆斯伯里修道院院长。这看起来似乎把一个不列颠的修道院变成了一所重要的盎格鲁－撒克逊修道院。事实上，可以肯定的是，马姆斯伯里修道院拥有当时最好的图书馆，作为修道院院长的奥尔德赫姆充分利用了它的资源。奥尔德赫姆才华横溢，能创作诗歌和散文，在其专著《论贞洁》(On Virginity) 中这两种形式均有出现，但从其他形式（例如信件和谜语）也能看出奥尔德赫姆的优美文笔。[44]

在写给艾斯略斯（Acirius）的信件中（诺森布里亚国王奥尔德弗里思的笔名，他可能是奥尔德赫姆的教子），奥尔德赫姆感叹世事喧嚣，思虑如何让教牧关怀真正保证会众拥有严谨缜密的思想，这种保护就像置身于最严密的门闩和结实的锁链那样。[45] 毫无疑问，不论是作为修道院院长还是从706年后成为舍伯恩教区的主教（在他生命最后的几年），奥尔德赫姆确实在传教方面付出了很多精力。他致力于修建教堂，在马姆斯伯里、舍伯恩、弗罗姆（Frome）、韦勒姆（Wareham）和埃文河畔布拉德福德（Bradford on Avon）都修建了教堂。正如我们所看到的那样，他也像比德一样，用当地方言来表达基督教的真理（这一点得到了比德的夸赞）。他急于说服韦塞克斯人接受罗马式计算复活节的方法，但这件事却从来没有像在诺森布里亚那样成为一个棘手的问题。不列颠原有的教会逐渐被改造，其传统却并没有被完全清除，而是一点一点地被同化。如果韦塞克斯是以这种方式避免了惠特比会议带来的分裂，那么它也避免了像邓尼城战役那样（给诺森布里亚）带来的毁灭。因此，伊内在710年战胜杜姆诺尼亚（Dumnonia）的杰兰特（Geraint）国王后，就无意把自己王国的疆域扩张到泰马河（Tamar）之外。当然，这也可能是由于胜利已经给他带来足够多的食盐和奴隶（这对任何黑暗时代的国王来说都是必需的）。

伊内是韦塞克斯第一位颁布法典的国王。[46] 该法典显然是为基督徒而颁布的，目的是"为了拯救我们的灵魂和保护我们王国的安全"。婴儿必须在出生后 30 天内接受洗礼；奴隶一旦在星期日被迫工作就可以提出控告，主张自己的自由；被判处死刑的人加入基督教可以酌情减刑。每年到米迦勒节①，教区百姓需纳捐以供养教士（捐献谷物）。然而，反抗国王所受到的惩罚（罪魁祸首可能会失去生命）要比反抗教会所受到的惩罚（仅需赔偿 120 先令）严重得多。维持良好的社会秩序依然是世俗国王的职责。

---

① 米迦勒节（Michaelmas），纪念天使长米迦勒，其日期恰逢西欧多地秋收季节，标志着农夫年的起始与终结。根据西方基督教的教会年历，这一天是 9 月 29 日；而根据东方基督教的教会年历，这一天是儒略历的 11 月 8 日，即格里历（公历纪元）的 11 月 21 日。——编者注

第 4 章
百年麦西亚

A SHORT
HISTORY OF THE
ANGLO-SAXONS

你也就商人的问题给我发来了信函，故此，我授权：根据由来已久的贸易惯例，他们将会在我国获得支持和保护。无论他们在何地遭受何种不公，即可向我或我的法官上诉，我们必将秉公执法。同样，如果我国商人在你的统治范围内受到任何不公正的对待，也同样要求得到公正的裁决，以免两国臣民之间滋生事端。

——查理大帝写给奥法国王的信，796 年[1]

虽然可以从修道院的角度讲述 7 世纪的故事，但是对于 8 世纪的故事来说，我们就必须要把注意力投向铸币厂、市场和新商业定居点。某种程度上说，英格兰在这一世纪就已经历经了第一次"工业革命"。但是要注意修道院和铸币厂以及市场之间并非毫无联系、分别属于不同的世界。因为修道院在 700 年左右达到了蓬勃发展的高峰，并随之带来了经济繁荣。但是在考察经济繁荣之前，我们有必要回顾一下在英格兰基督化进程中纷至沓来的各种奢侈品。[2]

早期的中世纪基督徒，即便是极其崇尚苦修的，也丝毫没有清教徒的冲动。他们信奉的上帝曾生活在地中海地区，并在那里归于死亡，因此，基督徒们也完全有权期盼得到田地肥沃、拥有丰富红酒、石油以及其他资源的地方。[3] 石榴石和黄金、鲸须和象牙以及丝绸和紫色染料——所有这些（以及其他更多的东西）的引进都是为新宗教服务的。即使是日常生活中的主要产品，例如：圣餐用的葡萄酒、焚香用的香膏以及圣油仪式用的橄榄油，也都是从国外进口而来。（盎格鲁－撒克逊传教士威利鲍尔德传记中颇为得意地说道这位圣徒从香膏走私中获利颇丰）当然，书籍也在进口之列。起初，书本都是牛皮纸的，而牛皮纸的制造需要成百上千的小牛。因此，每一座主要修道院都不可避免地既是祈祷场所又是工业中心。如果研究一下许多修道院的建造地点，我们就会发现这些修道院的贸易参与程度。河流和沿海地区尤其受到青睐。[4] 即使是在那些看似隐蔽、与世隔绝的地方，我们仔细考察后也会发现曾经一度繁荣的商业活动痕迹。

以林肯郡的弗利克斯堡（Flixborough）为例。弗利克斯堡位于亨伯河口以南 8 千米处。[5] 长期以来，盎格鲁－撒克逊人的过去都消失在厚厚的砂砾之下，但是，随着近年的考古挖掘，一部分可以追溯到 7 世纪晚期的盎格鲁－撒克逊人定居地重见天日。从一开始，弗利克斯堡似乎就与欧洲大陆有着密切的贸易联系，出土的 7 世纪文物中就包括来自弗里西亚的银币和来自莱茵兰（Rhineland）的轮抛陶器。密集的工作坊也证明了同期金属和纺织品制造水平已经走向专业化。与此同时，从弗利克斯堡地区屠宰的牲畜来看，该地区已经十分繁荣，生活较为奢华，因为这里的牲畜比在英格兰其他地方见到的要大。而且牛肉并不是弗利克斯堡菜单上唯一的食物，鹤和海豚偶尔也会在菜单上出现。这样的"炫耀性消费"揭示了弗利克斯堡至少在其早期是一个世俗之处，而非宗教圣地。因此，挖掘过程中发现的蜡板和针笔（书写工具）可能与经文没有关系，而是用于书写、记录遗产管理所必需文件的工具而已。虽然要反驳这样的论点非常困难，但其背后（与宗教无关）的逻辑很难让人理解。既然从教堂陈设和宗教仪式中都能体会到当时修士和其他神职人员满心愉悦，那么就很难想象他们不知道如何好好吃顿饭。无论如何，北海的严寒需要其储存充足的粮食以维持生存。如果修士知道如何以及何时斋戒，那是因为他们同样知道如何以及何时举行盛宴。当维尔茅斯－贾罗修道院院长切奥尔弗里思辞职去罗马的时候，向会众明确表示，在他离开的那一天，没有斋戒，所有人都要参加一场盛宴。[6] 正如切奥尔弗里思的父亲教导他的那样，大摆宴席的另一个好处就是他们正好利用这个机会可以好好赈济一下穷人。[7]

人们有充分的理由认为，到 7 世纪末，随着社会等级化的加强，富人变得更加富有，穷人变得更加贫困。像其他当代修道院那样，弗利克斯堡的财富彰显了中世纪撒克逊时代的繁荣。北海贸易的发展以及随之而来的新法兰克商业组织的出现使得英吉利海峡两岸经济活动迅猛增长。在伦敦、南安普顿（Southampton）和伊普斯威奇（Ipswich）的考古发掘发现表明，这些名称上带有"乡镇"（wics，源于拉丁语 vicus）或商业中心（emporia）词义的城镇所开展的新兴贸易已经非常发达。在 8 世纪的前半叶，"乡镇"数量就已经增加到 3 倍。与此同时，并不是所有的货物都用来出口。自大约 720 年以来，伊普斯威奇的制陶匠重新发现了轮抛陶器的技术，在接下来的 100 多年里，他们不仅为东盎格利亚，也为远至肯特和约克郡等地的买家提供陶盆和陶罐。

近几十年来，金属探测器的使用（主要用于探测硬币）给考古工作者的工作提供了很大的帮助。大量发现硬币的地方（不包括那些硬币集中囤积点）经确定为"生产性场所"。根据推断，在该地区一定出现过某种形式的商业活动，这才能解释为什么这些出土硬币数量巨大。这些出土的硬币充分证实了 7 世纪后期和 8 世纪新兴经济活动的出现。因此，到了 7 世纪 60 年代，英格兰基督化时期的金币已经被更多的、更加实用的银币所取代：硬币不再是地位的象征，而是用于贸易。另一点可以明确的是，英格兰、弗里西亚和丹麦的银币已经可以通用。那时的硬币上都没有铸上统治者的名字，但有一些可以追溯铸币厂位于哪座具体的城镇，或位于哪座修道院。因为在这些修道院遗址中不仅有大量硬币出土（特别是在泰晤士河沿岸就已发现有33 座修道院），而且许多硬币上都有明显的宗教图像，有些硬币上甚至铸有

"MONITA SCORUM"字样，意思可能是指"圣人的金钱"。[8]

从8世纪中叶开始，硬币变得更容易识别，因为硬币上经常铸有统治者和铸币者的名字。显然，从这一点上来说，诺森布里亚发行的硬币与其南方相邻王国发行的硬币大相径庭。诺森布里亚的硬币在设计上比较保守，这表明其强盛时期已经过去，对地方的控制权已经转移到了其南方的麦西亚。在整个8世纪，麦西亚硬币确实是最新颖、最考究，也是最常见的硬币。那么麦西亚是怎样拥有这一至高无上地位的呢？[9]

麦西亚诸王治国有方，不断赢得新的土地，最终使新旧国土连成一片，王国得以形成。当然，对于其他盎格鲁-撒克逊王国来说也是如此。但是就麦西亚王国来说，我们对其情况有确切的了解，那是因为一份被称为"部落土地税单"（the Tribal Hidage）的文件得以幸存。虽然对"部落土地税单"的解释一直都存在争议，但从该记录中可以清楚地看到，在这份文件编纂之初，各王国或城镇的面积就存在很大差异。[10] 记录显示，总共有34个不同的部落居住在亨伯河以南的地区，而麦西亚自身面积就占3万海得，而赫特福德郡的"希钦"（Hicca）只有300海得。拥有7000海得的中等面积的有赫威卡（Hwinca）和维斯特纳（Westerna），人们普遍认为这两个王国就是以前的赫威赛王国和麦肯赛特王国（Magonsaetan）。即使这两个相当有实力的王国失势后被并入麦西亚的过程已经无法完全考证出来，但也揭示了麦西亚获得成功的起源和发展过程。

在7世纪，赫威赛王国占领了后来成为伍斯特（Worcester）教区的地方。赫威赛王国本身也兼并了许多其他部落，其中就包括伍格兰部落（Weogoran，伍斯特这个地方得名就由此而来）。其中一位赫威赛国王——奥斯里克，出现在了比德的作品中。但在奥法执政期间（757～796），赫威赛最先由"附属国王"统治，然后在8世纪之前又受郡长的管理，即那些得到了王室恩宠的官员。与此同时，麦肯赛特王国似乎位于赫里福德（Herefold）及其周边地区。麦肯赛特的第一位国王梅雷瓦拉（Merewalh）是势力强大的麦西亚异教徒国王彭达的教子。梅雷瓦拉的出现为了解赫威赛王国和麦肯赛特王国提供了一条线索：即两个王国在扩张过程中，都曾可能主动向强大的邻国——麦西亚寻求帮助，最后却落得了被吞并的下场。麦西亚首先占据了伍斯特盐矿［尤其是德罗伊特威奇地区（Droitwich）的盐矿］，从而获得巨额财富。然后又通过使得梅雷瓦拉皈依基督教从而控制了他的领地（当时基督化进程中的新兴经济重地）。虽然彭达一直自称异教，并从中捞取好处，而且一直与信奉基督教的邻国诺森布里亚不和，但当需要来临时，他又毫不犹豫地与同样信奉基督教的威尔士部落结盟。

至少，传说中麦西亚最后皈依基督教是确定的。彭达的两个女儿肯尼伯格（Cyneburg）和肯尼斯维莎（Cyneswith）最终成为彼得伯勒修道院的圣徒。令人颇感意外的是，王朝的交替居然是通过一个隐修的教士得以实现。在彭达最后一个后代——切奥尔雷德国王（Ceolred）统治时期，他的对手埃塞尔巴德（Aethelbald）最终被放逐。绝望中，埃塞尔巴德拜访了古思拉克（Guthlac，虽然身为贵族，他先前却做过盗匪，后来又隐修山林），尽管埃塞尔巴德有罪，古思拉克还是向他保证：麦西亚的王冠很快便会戴到他头上。古思拉克说：

> 孩子，我了解你的苦难……而且我曾求怜悯的主给予你帮助。他也已经听到了我的请求，并将授权你来统治自己的部落、管理你的人民。他将使你的敌人屈服于你的脚下，他们的财产也都将归你所有。[11]

在古思拉克死后一年，埃塞尔巴德确实成了国王。有人提出，古思拉克也曾是王位的争夺者，在麦西亚王国的政治泥潭中，他和埃塞尔巴德可能达成了某种形式的协议（这也的确很有可能）。据此，埃塞尔巴德将登上王位，而后授予古思拉克圣职。这样他们就可以一起打败道德败坏的切奥尔雷德

（一个生前就已经被幻想在地狱中遭受可怕折磨的人）。[12] 即使没有这样明确的协议，埃塞尔巴德确实做了很多事来强化对古思拉克的崇拜，他在克罗兰（Crowland，古思拉克的隐居处）建造了一座极其辉煌的圣祠。最终古思拉克被安葬在了雷普顿（Repton），这是古思拉克公开宣布皈依基督教并成为修士的地方，也是埋葬埃塞尔巴德的地方。

麦西亚国王清楚地知道：一位持不同政见的主教对任何一位统治者来说都会造成麻烦；反之，与掌握教权的人建立起良好关系则大有好处。无论是彭达的继任者伍尔夫希尔国王（658～674 或 675），还是埃塞尔雷德国王（Aethelred，674 或 675～704）都利用了威尔弗里德主教与诺森布里亚国王的不和，并借机向威尔弗里德提供了庇护。679 年，在特伦特战役（Battle of the Trent）中，埃塞尔雷德杀死了诺森布里亚国王的一个弟弟（恰巧是埃塞尔雷德的姐夫）。战后，大主教西奥多的调解，对防止诺森布里亚与麦西亚间爆发血仇起到了至关重要的作用。麦西亚不得不为其所造成的死亡支付赔偿金，但正如比德所说，诺森布里亚国王弟弟的遇害完全可以引发"更激烈的战争和长期的敌对"。因此，西奥多的调解是一个非常了不起的成就，使麦西亚受益颇多。诺森布里亚人再也没能占据亨伯以南地区，而后来的林赛王国（Lindsey）就在这个地区兴起。[13]

长期以来，林赛一直是麦西亚和诺森布里亚所争夺的领地。林赛对诺森布里亚的不满和愤恨，在比德的故事里，通过插图方式得以生动体现：当圣奥斯瓦尔德的侄女奥斯特里斯（诺森布里亚人，埃塞尔雷德国王的妻子）将他的遗骨带到巴德尼修道院（Bardney）时受到了抵制；奥斯特里斯费尽千辛万苦，才最终说服巴德尼的修士接受遗骨。修士们认为奥斯瓦尔德在他们眼中并不是圣人，而是一个令人痛恨的征服者。[14] 也许是因为这件事，奥斯特里斯一直没有得到宽恕。多年以后，697 年，她被麦西亚贵族暗杀。[15] 鳏居的埃塞尔雷德继续担任国王 7 年，之后他进入巴德尼修道院修行，后来担任修道院院长职位。对巴德尼的这种虔诚表明，也许是特伦特战役的善后为此奠定了一定的基础：赋予奥斯瓦尔德的荣誉很可能是与西奥多和解协议谈判的一部分。[16]

在比德即将完成其《英吉利教会史》（大约在 731 年）的时候，他认为麦西亚当时在英格兰南部具有绝对的势力。他写道：所有那些亨伯河沿岸的王国及其诸王，均臣服于埃塞尔巴德。[17] 这可能有些夸张，但是 725 年肯特国王威特雷德（Wihtred）的去世和威特雷德儿子间因王位争夺而造成的分裂，使埃塞尔巴德得到了增强在肯特影响力的机会。第 2 年，韦塞克斯国王伊内退位。动荡随之而来，这最有可能使埃塞尔巴德再次获益。当然，这两个王国对于任何一位麦西亚国王来说都是极其重要的，因为历史上麦西亚总是因缺乏港口而受制于人，而港口和贸易又是经济繁荣的关键。

尽管埃塞尔巴德国王和奥法国王给 8 世纪的麦西亚带来了极大的稳定，但是，我们不能认为这两人就找到了维持王国繁荣与和平的神奇准则。不管怎样，两个国王的统治差异很大。一开始，每个人似乎都有不同的王国管理战略。阿尔昆（Alcuin）抱怨道，奥法为了确保其儿子的继承地位，杀死的人比任何人能估计出的数量还要多。另一方面，未婚又无子嗣的埃塞尔巴德却过着放荡的生活，时任美因茨教区大主教的盎格鲁－撒克逊传教士圣卜尼法斯认为有必要向他提出抗议。

卜尼法斯在另外 7 位传教士主教的支持下，写信给麦西亚的埃塞尔巴德（埃塞尔巴德曾声称自己已经手握"统治英格兰的至尊权杖"），敦促他改变自身的生活方式：一位未婚的国王有值得称赞之处，但有传言传到卜尼法斯耳朵里，称"国王未婚绝不是为了守贞，而是为了随心所欲地与修女暧昧"，卜尼法斯声称，这种行为就像以前的诺森布里亚的奥斯雷德国王（Osred）和麦西亚的切奥尔雷德国王一样，最终两人都下了地狱。上帝的诅咒对埃塞尔巴德来说也即将来临，除非他改变自己放荡的生活方式，并更加尊重麦西亚的僧众以及他们的领地。"夺走邻居的钱财实属邪恶，"［可能引自圣哲罗姆（St Jerome）］卜尼法斯义愤填膺地说道，"夺走教会的钱财则犯下渎圣之罪。"[18]

卜尼法斯的谴责似乎没有被忽视。747年，国王埃塞尔巴德在克洛费肖（Clovesho）发起了宗教会议［克洛费肖可能就是北安普敦郡的布里克沃斯（Brixworth），但是不能肯定］，会上提出了一个重大的改革方案。[19]参会人员包括普通信徒以及神职人员，这是首次使用公元纪年以及麦西亚国王即位纪元的英格兰宗教会议。然而，这一会议不是由国王主持的，而是由坎特伯雷大主教进行主持。会议讨论的主要内容是神职人员的行为规范和职责。例如，要遵循罗马仪式和习俗来正确施行圣礼，要正确地对普通信徒予以教诲，这些都至关重要；神圣与世俗之间存在明确的界限——神父吟诵祷告书不能听起来像世俗诗人一样；普通教徒不得经常出入修道院，等等。教会的这种二分观点当然是为了双方的利益。训练有素的神职人员和训练有素的普通教徒可以共同创造一个神圣社会，来共同服侍上帝。但是教会不只是通过祈祷来保护国王。克洛费肖会议召开2年之后，国王在格姆雷（Gumley）颁布了一项重要法令：修道院有责任修建桥梁和修复堡垒（但是作为补偿，他们不需要负责给国王提供招待）。今后，所有的教会地产，即使暂时由普通教徒持有或被免除其他形式的税收，也必须支持"建造桥梁和必要的堡垒"的任务。[20]在接下来的几十年里，类似的条款将一再重复。因此，822年麦西亚国王向坎特伯雷大主教颁布的法令称：

除了在与异教徒打仗时需要出兵、修建桥梁、修建或拆毁堡垒之外，我将把上述地产从所有的世俗徭役中解放出来，你们不需要再招待国王、主教、郡长、收税者、狗倌、马倌或饲鹰人等这些吃皇粮的人……[21]

就在克洛费肖会议召开10年之后，埃塞尔巴德去世。他的去世原因既匪夷所思又简单明了：他的侍卫刺杀了他。《盎格鲁-撒克逊编年史》757

年大事记中着重记述了他的死亡消息。但奇怪的是，这一条记录并没有直接涉及任何与麦西亚王国的瓜葛，而是讲述了关于西撒克逊国王基内伍尔夫（Cynewulf）死亡的史诗故事。[22] 757年，基内伍尔夫废黜了西吉伯特国王，登上了王位，"因为西吉伯特的行为有失公正"。起初，西吉伯特还保留了汉普郡这块领地，不过后因他杀死了一位忠心耿耿的郡长而被没收。之后，基内伍尔夫将他赶进了威尔德地区（Weald）。他一直住在那里，直到一个猪倌在普里维特（Privett）的溪边将他刺死，这个人是为了替被杀的那位郡长报仇而来的。据编年史作者记载，基内伍尔夫经常同不列颠人大战。战争可能使他具有英雄般的地位，但却没有给他带来统治上的安全感，所以即使多年以后，他也觉得有必要驱逐基内赫德（Cyneheard），也就是几十年前被废黜的国王（西吉伯特）的兄弟。基内赫德发现了基内伍尔夫的意图，便带领他的随从去了基内伍尔夫和他的情妇可能所在的地方。一场血战随即展开：基内伍尔夫重伤了基内赫德，基内赫德的侍从又杀死了基内伍尔夫。随后，基内赫德打算收买基内伍尔夫的侍从并提出条件，但遭到了他们的拒绝，"侍从们继续战斗，直到全部战死"。第二天早上，国王死亡的消息传开，他的其他侍从纷纷前往主人的出事地点。基内赫德试图躲在锁着的大门后面跟他们讨价还价，如果他们愿意把王国交给他，他们就将获得土地和金钱。而且，基内赫德说（进一步诱导），他们的一些亲属已经站在了他这方。侍从们反驳说，"没有亲属比他们的国王更加亲近了"。血战再次爆发，大门被打破，基内赫德被杀。"而在同一年，"这位编年史家继续说道，"麦西亚国王埃塞尔巴德在塞金顿（Seckington）被杀，遗体被安葬在雷普顿。"[23]

显然这里出现了一个抄写错误，两位国王被杀的年份被混为一谈①，但把两个故事并列来看是一种暗示。为什么要提埃塞尔巴德被杀之事？他是否也像基内伍尔夫和基内赫德一样，卷入了盘根错节的血海深仇之中？我们

---

① 埃塞尔巴德死于757年，而基内伍尔夫死于786年。——译者注

可能永远也不会知道答案，但是最近对这件事的一个看法较为合理：它将埃塞尔巴德之死与 756 年针对麦西亚的一次远征联系在了一起。这次远征由皮克特国王欧伊斯特（Onuist）与诺森布里亚国王埃德伯特（Eadberht）联合发起。740 年，埃塞尔巴德入侵过诺森布里亚，当时埃德伯特正与皮克特交战。现在看起来，皮克特和诺森布里亚或许是盟友，决心共同打击麦西亚的势力。但是它们最终在纽伯勒（Newborough）附近的利奇菲尔德（很可能）被打败，麦西亚取得了胜利。但是（如人们所猜想的那样），要不是埃塞尔巴德成为最后赢家，这场战争就基本可以看作是他一年后死亡的不祥之兆了。[24]

埃塞尔巴德流亡多年，在位 41 年，确实不太可能仍然处于巅峰状态。在他那个时代，王位总是岌岌可危，任何一个国王均是如此。国王的封臣可能会保护他，但也可能会背叛他。到目前为止，没有任何神灵可以一直"庇佑"任何一位国王。每个国王都需要提防暗杀行为。8 世纪的诺森布里亚，尤其是 756～800 年间，有三名国王被谋杀（另外两名被废黜）。奥法除掉了所有可能阻挡他儿子继承王位的人，这也从侧面帮助他本人逃脱了被暗杀的命运。[25] 现在需要对权力的本质进行仔细考量了。

10 世纪国王所颁布的特许状中将奥法称为"英格兰国王"，甚至是"全英格兰之王"。但是在他的统治期里，他从来没有得到过这样的称号，也没有任何证据表明他可以或者有意获得这些称号。尽管如此，奥法一定自我感觉良好，这也不足为奇。他的名字——奥法，与传说中的昂格尔恩（Angeln）国王奥法（一个麦西亚王族中的人物，诗歌中也有记录）一致。作为国王，他的成就难以评估，因为我们缺乏当时编年史家的资料支持——鉴于研究诺森布里亚我们有比德，研究韦塞克斯有《盎格鲁－撒克逊编年史》，相比之下，我们缺少的东西就更多了。尽管如此，奥法统治时期的证据也足够丰富多样，我们基本可以得出结论：尽管麦西亚时期的英格兰不是统一英格兰的前身，但毫无疑问，它已经与比德时期的英格兰迥然不同。

图 4-1　奥法金币

奥法掌权是在法兰克卡洛林王朝（Carolingians）取代墨洛温王朝（Merovingia）（理由是最后一位国王"一无是处"）的 6 年之后。此次法兰克王国权力交替的标志是新国王丕平（Pippin）于 751 年在苏瓦松（Soissons）举行了加冕礼，而主持加冕礼的正是美因茨的大主教卜尼法斯。3 年后，教皇为丕平的两个儿子查理曼和卡洛曼（Carloman）举行了涂油圣礼，从而表明了教会对丕平发动政变上台的最终认可。大约在同一时间，丕平通过重铸法兰克硬币来彰显自己的权威。其银含量恢复到原来水平，铸造方法也发生了变化，且每一枚硬币都刻着国王和铸币厂的名字。奥法继位后不久也进行了类似改革，但也存在一些差异——麦西亚硬币上刻着国王和铸币者的名字，而不是铸币厂的名字，而且明显可以看出麦西亚硬币的设计更加自由。

奥法在位时期，虽然比德没有记录他的统治，但他至少有 37 个铸币人可以从侧面为我们提供一些信息。[26] 他们主要在伦敦、坎特伯雷和伊普斯威奇从事铸币活动。这些铸币人的设计非常具有创新性，他们做的很多工作弥补了我们缺少当代麦西亚历史学家记录史料的缺憾。首先，铸币厂的位置是重要的。但是没有足够的证据表明麦西亚王国境内曾经建有铸币厂。作为一个内陆的王国，麦西亚没有港口，所以其贸易能力受到很大限制。经牛津进入汉姆维克（Hamwic）是一条途径，但是远远不够。因此，能够控制肯特至关重要，但到了 8 世纪 60 年代，肯特连同坎特伯雷铸币厂一起都落入奥法之手。当地统治者痛恨麦西亚的扩张，起兵反抗以期重新获得独立。虽然这些人在 776 年的奥特福德战役（Battle of Otford）中取得小胜，但几年内便以失败告终。拥有繁华的伊普斯威奇镇的东盎格利亚王国，对奥法来说是另一个重地。如此，奥法便将女儿嫁给东盎格利亚国王埃塞尔伯特以施加影响，他似乎还获得了铸币的权力。埃塞尔伯特试图摆脱岳父的统治，这从硬币上可以看出，埃塞尔伯特在他统治的后期斗胆在硬币上铸上了"REX"（王）的字样。硬币上铸有母狼哺育罗米拉斯和瑞摩斯的图案，以此暗示埃塞尔伯特的姓氏（Wuffingas）具有帝王之意。这样的胆大妄为让埃塞尔伯特付出了生命的代价，奥法于 794 年将他杀死。与此同时，我们没有在东撒克逊人所建的王国里发现任何铸币活动的迹象，韦塞克斯也基本上是一片空白。

尽管奥法投入了大量的军事力量来维持其统治，但他并不想被描绘成一名战士。因为他在硬币上的肖像既没有佩戴头盔，也没有手持长矛，而是一头卷发，几乎可以肯定就是仿照戴维国王的形象而设计的。因此，硬币上的肖像是以古典图像为典范。最令人惊讶的是，其中有一枚铸有"奥法王"字样的金币还模仿了伊斯兰的硬币。但是，拉丁语和阿拉伯语并不匹配——其中一个字样是颠倒的，所以很显然，铸币者不懂阿拉伯语。但是这枚硬币，连同那些铸有奥法王后基内瑟斯（Cynethryth）名字的钱币，都是奥法想登上世界舞台的证明。罗马帝王就曾将配偶的名字铸在硬币上，奥法也是如此。但是这样的肖像设计并不仅仅是为了复古。在铸造基内瑟斯硬币的同一时代，拜占庭有一位女皇——艾琳（Irene），她所铸的硬币上就有自己的肖像。与此同时，在伊斯兰世界，有一个哈里发——哈伦·阿尔·拉希德（Harun al Rashid）就经常与查理曼接触（众所周知，哈伦曾送给查理曼一头大象作礼物）。奥法是否与伊斯兰世界也有联系？这很有可能，毕竟他王国的利益是第一位的。在一封经常被引用的信中，查理曼抱怨他收到的货物——战袍的尺寸不合适，令他很不高兴。奥法也曾向查理曼寻求"黑石"

的供应，而查理曼也愿意供应，但由于奥法规定了石块的长度，查理曼就认为，披风的尺寸也要遵循他的要求才是公平的。多年以来，这些"黑石"究竟是何种东西，一直是难解之谜。近年来，人们找到了一个答案："黑石"就是黑色的大理石，很可能是拉韦纳（Ravenna）的罗马松石，查理曼在亚琛（Aachen）宫殿里使用的就是这种石头。[27]

沿着奥法修筑的堤坝闲逛时，人们不应低估了奥法对他自己、对他在世界舞台上的地位以及他与"兄弟"查理曼之间关系的看法；也不应该认为这只是某种形式的狂妄自大，因为查理曼自己称奥法为"兄弟"。虽然查理曼和奥法之间的关系也有紧张时刻，但查理曼还是有充分的理由相信海峡对岸的基督徒和他们的国王奥法是值得信赖的。

查理曼家族和英格兰之间的渊源可以追溯到7世纪90年代，当时诺森布里亚修士威利布罗德前往弗里西亚，希望莱茵河东岸部落能够皈依基督教，这些部落注定会很快被卡洛林帝国所吞并。卜尼法斯和他的门徒们随即也加入到诺森布里亚传教士的活动之中。他们的行动获得了罗马教皇的支持，但前提是：必须与丕平家族结盟。因此，在751年丕平家族夺取政权后，传教士们也就与王室建立了盟约。大约在750年，丕平派遣使团觐见教皇［此次觐见在历史上非常有名，使团中就包括盎格鲁－撒克逊传教士伯查德（Burchard），他当时任维尔茨堡主教］，来使问道："国王是否可以徒有虚名而不掌实权？"一旦教皇给出了"中意"的答案，丕平和他的王后就可以加冕。751年在苏瓦松举行的加冕涂油礼很有可能就由卜尼法斯亲自进行主持。

大约30年之后，诺森布里亚人阿尔昆在卡洛林王朝内有了一席之地。阿尔昆（与威利布罗德同一家族）是当时最著名的学者之一。他在约克接受教育，于8世纪80年代应查理曼邀请到他的宫廷任职。他们二人是在意大利偶然间碰到的。直到804年去世，阿尔昆都一直住在弗兰西亚。但是期间他两次返回英格兰，第一次与奥斯蒂亚（Ostia）和亚眠（Amiens）大主教乔治（786年访问英格兰的教皇使团领袖）的访问有关。[28]

促使乔治主教访问英格兰的原因至今不明，但是国王奥法的希望和期盼肯定是促成此次访问的一个原因。乔治一行到达坎特伯雷，在那里受到了贾恩伯格（Jaenberht）大主教的热烈欢迎。此后，乔治使团兵分两路：一半去了麦西亚，一半去了诺森布里亚，并在那里起草了改革教令。教令草拟完毕后，乔治主教在阿尔昆的陪同下回到麦西亚，在那里召开了第二次会议，并通过了诺森布里亚教令。奥法对会议成果极为满意，根据后来罗马教皇的来信，奥法承诺道："一年有多少天，就会给罗马纳贡多少曼库西（mancus，1曼库西约合30便士），即365曼库西。"[29] 仅仅一年之后，不顾坎特伯雷教区的强烈反对，奥法就把坎特伯雷教区一分为二：教皇已经允许在利奇菲尔德建立一个新的教区。奥法任命海格伯特（Hygeberht）担任大主教，因为他为奥法的儿子埃格弗里思举行了祝圣礼。如此一来（或者奥法至少希望这样），奥法就将成为下一个麦西亚王朝的开国之父。但奥法当然没有预料到的是，他本人796年去世几个月之后，儿子埃格弗里思就早早地撒手人寰。

利奇菲尔德主教区的地位仅仅持续到803年便宣告终结。虽然时间短暂，但利奇菲尔德主教区地位的变迁却足以说明奥法的雄心壮志。784（或785）年肯特国王伊尔蒙德（Ealhmund）去世后，奥法得以再次直接控制肯特，他计划将肯特作为一个附属国封给已经受过涂油礼的埃格弗里思。这也并不是不可能，因为埃格弗里斯很可能会与查理曼的女儿伯莎结婚，而这场联姻会大大增强奥法在英格兰南部的势力。但这只是奥法的想法，因为尽管查理曼也曾考虑让儿子查尔斯与奥法的女儿艾尔弗莱德联姻，但他并不打算允许任何一个女儿离开他的身边远去英格兰。奥法曾试图在这一问题上讨价还价，却惹怒了查理曼，以致取消了查尔斯和艾尔弗莱德之间的婚约，并对英格兰实行了贸易禁运。为了讲和，阿尔昆又一次出面，对海峡两边的朋友均表了忠心。796年，阿尔昆写信给奥法说："不管陛下知道与否，查理（即查理曼）大王每次提到您，都会充满敬爱又忠诚之意。对他而言，您是一位

可信的朋友……他也在准备送一份合适的礼物给您。"³⁰

阿尔昆在次年的信中，提到797年埃格弗里思的早逝——"高尚的年轻人并非死于自身的罪过，而是由于父亲的杀戮在他的身上遭到了报应"——这被认为是阿尔昆对奥法统治的看法。然而，就在这同一封信中，在感叹自己的家乡诺森布里亚"几乎被内部的争斗和背叛所毁灭"之后，阿尔昆仍然希望"麦西亚人保持良好、温和和纯洁的品质，因为奥法为他们建立起了一个稳定的王国，他们也有对抗敌人的力量，以及他们获得了来自上帝的祝福"。³¹ 当然，奥法在他统治中心以外的地方备受憎恨，这一点毋庸置疑。在他死后的几个月内，肯特就曾试图摆脱麦西亚的统治。但是在那个黑暗时代，任何一个国王如果不像奥法一样残酷无情是无法生存的。因此我们会发现一个有趣的问题：一个国王怎样才能使自己的残酷不仅有成效，而且还能被臣民所接受呢？

由于当时没有编年史家对麦西亚进行历史记载，有关麦西亚的历史证据只能通过考古活动来发现。目前这项工作仍在进行，形式多种多样，考古发现也结论不一。当然，麦西亚之所以能够在几十年里迅速变得强大，沃特和奥法修筑的堤坝功不可没。虽然这些堤坝是证明麦西亚国王可以召集大量劳力的证据，但关于这件伟大工程迄今仍无定论。³² 但是，正如即将出版的约翰·布莱尔（John Blair）的著作中写到的那样：埃塞尔巴德和奥法的野心远远超出西部边界，同时，多种改革都在进行之中。因此，布莱尔认为，8世纪麦西亚国王的权力不仅取决于他们能在多大程度上阻止危险的发生（正如比德在给约克的埃格伯特的信中所指出的），更依赖于国王对教会地产土地经营方式的成功模仿。³³ 虽然大教堂是7世纪最恢弘的建筑，但到8世纪，我们应将视野转向国王控制的中心地区。麦西亚国王依旧会在整个王国范围内巡游，但塔姆沃思（Tamworth）开始变得更像王国的都城。圣诞节期间麦西亚国王可能前往塔姆沃思，至少一些记录是这样记载的。也有记载表明，在不晚于9世纪时期，那里曾有一座水磨坊。³⁴ 分布在塔姆沃思周围的那些从前被认为是后维京时代所建的防御工事,现今可以确定其始建时间更早,只是有些在后维京时代被重建了。同样,赫里福德和温什科姆(Winchcombe)的防御工事,也不能仅仅追溯到埃塞尔弗莱德(Aethelflaed)和爱德华的统治时期,而是提前到了 8 世纪。[35] 为了应对维京人的入侵,修缮和重建无疑是必不可少的。到奥法统治时期,麦西亚已经是一个设防良好的王国。而它也一定得设防良好。奥法统治时期的王国强大源于削弱附属国君主的权力,而它的繁荣取决于对资源——盐、铅、羊毛和铁的良好控制。奥法时期的社会不是一个充满战争的社会,而是一个欣欣向荣的社会。但是繁荣依赖于和平,需要控制资源,尤其需要控制那些生产迅速发展的地方。

即使只是对地名进行最粗略的研究,我们也会发现"城镇""村庄"和防御工事的发展速度之快。大约 760 年之后,一批名字带"堡"(burh)的村庄突然出现。[36] 在历史的长河中,这些村庄早已不知换了多少次主人,对这些地方的考古调查肯定会遇到很多信息干扰。然而,在距离布里克沃斯(拥有全国最好的盎格鲁-撒克逊教堂之一的地方)约 30 英里和距离北安普顿 15 英里处的宁河(River Nene)边,最近发掘的一座占地 100 英亩的海厄姆费勒斯(Higham Ferrers)遗址,表明麦西亚一处庄园中心的建筑布局已经有相当大的规模和复杂性。[37]

与海厄姆费勒斯隔河相对的就是伊斯林伯拉(Irthlingborough),784 年,奥法在这里签署了一个协议。据说奥法带了 100 人左右的随行队伍,但是这些人绝对不会挨饿。因为这个建筑群包括一个马蹄形的围栏(可能是圈养牲畜的围栏),还有 6 座建筑物,其中 2 座为工人的住所,另外 4 座似乎被用于储存粮草。然而,现场最引人注目的发现当属制麦芽的炉箱。谷物成分分析表明,这里制造的大麦麦芽质量上乘,非常适合为国王酿造啤酒。

像伊斯林伯拉临近布里克沃斯一样,利奇菲尔德也与塔姆沃思相距不远。宫殿和宗教中心是相互依存的。自从英格兰皈依基督教以来,没有任何国王可以在没有教士帮助的情况下实现其统治,有时借助活着的教士(例如古思拉克），有时甚至是已逝的教士（例如查德）。查德的遗体安葬在利奇菲尔德，所以这里当然是主教区，甚至有几年还是大主教区。由于查德遗体的存在，这里成了教会权力的象征。查德是麦西亚的第五任主教，于672年去世。不久之后，在利奇菲尔德建造了一座新的圣彼得教堂，查德的遗体也被转移到那里，并接受信徒的拜谒。2003年对大教堂进行修复期间，从教堂中殿下面挖掘出了一座高约600毫米的石灰石天使。[38] 据考证，天使石像在被埋葬之前，就被分割成了三部分。这令人费解，但没有证据表明这种分割是出于蓄意破坏。石像天使身着亮黄色服饰，翅膀张开，好像刚刚降落。有猜测说，它是原来查德墓室底板上的一部分装饰，这一观点也颇为合理。因为这一作品可以追溯到8世纪后期，大概与圣查德福音书属于同一时期。事实上，无论是为纪念埃格弗里思成为王位继承人所做，还是为庆祝利奇菲尔德成为大主教区所做，两种说法都说得通。查德一直是比德最推崇的主教（据说麦西亚有一本他的《英吉利教会史》手抄本），而这种景仰并不是转瞬即逝，并且比德对查德的叙述很可能在奥法生前就已经被翻译成了古英语。比德以图画的方式描述了查德去世时的场面，他的兄弟切德和"许多天使一起从天而降"，来迎接查德的灵魂。[39]

难道奥法也读过比德的作品吗？这也不是不可能的。奥法虽然是个暴君，但他还是被阿尔昆形容成了一位"热衷教育"的统治者，因为他懂得如何管教阿尔昆介绍给他的学生："不让他懒散地游荡或喝酒。"[40] 奥法的两副面孔都是真实的：他的强权统治和对后世的影响都彰显无遗，他对艺术的赞助力度和修筑新的防御堡垒的力度一样大。利奇菲尔德教区的缮写室在他去世后仍然十分繁忙（或许看起来是这样）。[41] 利奇菲尔德天使只是麦西亚时期天使之一。同样靠近塔姆沃思（但是靠近其北部），布里登（Breedon on the Hill）就拥有另一位天使。[42]

布里登在铁器时代曾是一座堡垒，后来由于一群教士的到来而成为修道院。在7世纪80年代，这群教士受赫达（Hedda，后来的利奇菲尔德大教堂的主教）的指令，从梅德萨姆斯特德（Medeshamsted，现在的彼得伯勒）来到布里登传教。然而，这里的雕塑风格并不属于赫达时代，而是与利奇菲尔德天使的雕塑风格更加接近。关于布里登雕塑，有一点特别引人注目，那就是其风格受到了拜占庭的很大影响。布里登天使的到来似乎就是要把怀孕的消息告诉玛丽——就像利奇菲尔德天使一样，保持着刚刚降落的姿态——但不同的是，布里登天使还有一个底座。虽然如此，它面前也有一位听众，因为它的右手举起，以希腊的方式（拇指触摸无名指）表达祝福。同时，玛丽站在别的地方。她拿着一本书站在底座上，以拜占庭式姿势面向听众。[43] 实际上，整个教堂中，最引人注目的是绕着墙的两条楣板，上面刻满了图案——卷曲的藤蔓、鸟和动物，都源于拜占庭。不同之处就是全彩色雕塑带来的冲击力不同。在附近至少竖着两个十字架的桑德巴奇（Sandbach，仍处在利奇菲尔德教区），这种冲击力更加强大，原因可能不仅因为使用了油漆，还可能是因为采取了铁艺装饰技术。[44]

麦西亚在奥法统治之下所享有的繁荣，正是奥法一直期盼着可以与他忠实的追随者们——那些因他庇护而飞黄腾达的人们所共享的。其中一位就是郡长埃塞尔蒙德（Aethelmund）。[45]

据《盎格鲁-撒克逊编年史》记载，埃塞尔蒙德于802年去世。他曾是原本独立的赫威赛王国的领主，但在奥法将赫威赛纳入麦西亚王国之后，埃塞尔蒙德开始效忠于奥法，并担任赫威赛的郡长。为了捍卫领土，他与威尔特郡（Wiltshire）的人战斗至死。之后，他的遗体被其子埃塞尔里克（Aethelric）带走，葬于迪尔赫斯特（Deerhurst）的一座教堂。此后，埃塞尔里克便前往罗马朝圣。807年左右埃塞尔里克回国，将自己的某些地产转让给迪尔赫斯特，他说："对于我和我的父亲埃塞尔蒙德而言，如果我死后，我的遗体也将葬于这里……这里的教会应该坚守诺言，就像他们现在答应我的一样。"埃塞尔里克当时要做的似乎是重建迪尔赫斯特教堂。但是直到824年他去世时，重建工作很可能还未完成。埃塞尔里克这一举动显示了罗马对他的影响,成为继利奇菲尔德教堂之后又一个使用多色彩进行装饰的例子。这所大教堂不仅是由麦西亚最好的工匠进行建造,奥法统治时期的文化繁荣更是在教堂里留下广泛而深远的影响,比如:迪尔赫斯特的动物头像与阿尔弗雷德宝石下部的动物头像就有很多相同之处(见图 5-3)。阿尔弗雷德说虽然所有的东西都被维京人"毁坏和烧毁"了,但也暗示着阿尔弗雷德在其倡导的文化复兴时期受到麦西亚文化以及优秀工匠的巨大影响。谈到维京人和阿尔弗雷德,我们就得另起一章了。

图 4-2　桑德巴奇石碑,位于桑德巴奇

图 4-3 诸圣教堂，位于布里克沃斯

图 4-4 圣母马利亚修道院教堂，位于迪尔赫斯特

第 5 章
阿尔弗雷德

A SHORT
HISTORY OF THE
ANGLO-SAXONS

复活节后,当查理曼大帝回到法兰克时,英格兰国王遣使觐见,希望查理曼允许他在前往罗马朝圣的途中穿越法兰克。他还提醒皇帝要投入更多的精力来拯救自己臣民的灵魂。这是因为一个英格兰人遇到了幻象,这个幻象给整个英格兰带来恐惧。英格兰国王颇为详细地向查理曼描述了这一幻象:

英格兰一位虔诚的教士在圣诞节后向他汇报了自己灵魂出窍后看到的幻象。一天晚上,当这位虔诚的教士熟睡时,一个人来到身边,让这位教士跟在他后面……这位引路人领着他到了一个他根本不认识的地方,他看到那里矗立着许多宏伟的建筑。引路人带着他进入了一座教堂,教堂里有许多男孩们在读书……他可以看到……这些书上不仅有黑色的字,还有用血书写的字……教士问那些书为什么是这样写的……引路人回答说:"你在书中看到的这一行行血字都是基督徒犯下的各种罪过,因为他们非常不愿意服从指示,不愿意遵守那些圣书中规定的戒律。这些男孩们在这里走动,看上去像在读书,其实他们都是圣徒的灵魂,每天都为基督徒犯下的罪行悲痛,为他们求情,他们期望基督徒们终有一天会有所悔悟……(但是)如果基督徒不赶快为自己的各种恶罪忏悔……那么……浓雾会在他们的土地上笼罩三天三夜,然后异教徒们顷刻间就会把绝大多数基督徒的土地连同其全部财产一起毁灭。"

——《圣伯坦编年史》(*Annals of St-Bertin*),839 年[1]

维京人的突然出现给人们带来了恐惧，奥法国王和查理曼大帝统治的最后几年被这种恐惧蒙上了阴影。793年，维京人对林迪斯法恩洗劫一空，震惊了整个欧洲。诺森布里亚的阿尔昆，当时任查理曼大帝的首席顾问之一，给诺森布里亚的国王和林迪斯法恩的团体写了一封信，信中痛苦地说道："如果圣卡斯伯特以及众多圣徒连自己也保护不了，那么不列颠的教会到底能庇护什么？"[2] 很可能正是由于这场灾难，奥法要求肯特人必须服兵役，并特别强调到了肯特遭受异教徒袭击的可能性。[3] 然而，无论这些早期的沿海袭击有多么令人震惊和恐怖，但与随后发生的战争相比，它们实在微不足道。

维京人带来的这种超级恐惧首先可以归因于其高超的航海技能。这些袭击者们乘着他们新设计的船只以意想不到的速度到达（和离开），这让准备和反击都变得十分困难。在林迪斯法恩遭到突袭之前，没有人能想象到（正如阿尔昆信中证实的那样）维京人是从海路来进犯的。当然，这些维京人不久也会试图建立定居点，因为他们的入侵可能与贸易企图有关。当时在哀叹维京人入侵（对于他们而言，维京人确实是上帝派来惩罚人们身上各种罪恶的魔鬼）的同时，也有人认为入侵后果并不一定严重，当代考古发现也支持这个观点。现在看来，维京人入侵的早期受害者可能不仅包括林迪斯法恩的僧侣，而且还包括皮克特人中的波特马霍马克部落（Portmahomack）。此部落同样享有盛名，位于苏格兰东北部塔巴特半岛（the Tarbat peninsula），这是一个富有且非常重要的雕塑和皮纸制作中心，在8世纪末完全毁于战火，直到最近才被重新发现。[4]

最终，在阿尔弗雷德国王的统治下，韦塞克斯王国成功地阻止了维京人的入侵，这个故事很简单，只需简单复述。但鲜为人知的是，韦塞克斯曾在维京人入侵多年以前就设法超越麦西亚，成为英格兰最强大的王国，维京人的袭击使得韦塞克斯有机会巩固这一地位。然而，正如（带有一定倾向色彩的）《盎格鲁－撒克逊编年史》所记述的那样，一些里程碑式事件似乎很清晰：825年，韦塞克斯国王埃格伯特击败了麦西亚人；仅仅4年后，埃格伯特征服了麦西亚王国和亨伯河以南区域；他是第8位国王，被称为"不列颠的统治者"。[5] 根据比德提供的伟人榜,第7位国王是诺森布里亚的国王奥斯威尤。不论8世纪的麦西亚(无论是埃塞尔巴德还是奥法执政)被有意还是无意忽略,但毫无疑问,埃格伯特内心深处并不相信麦西亚政权。789年,在还是个小男孩的时候,埃格伯特在查理曼大帝的宫廷上寻求避难,那一年韦塞克斯国王贝奥赫特里克(Beorhtric)与奥法国王的女儿成婚,他们的后代(奥法希望是这样)将会统治韦塞克斯。802年,贝奥赫特里克去世的那一年,埃格伯特重返英格兰,很有可能是在卡洛林王朝的帮助下,他成功地夺取了王位。[6]

825年埃格伯特胜利后,虽然他对麦西亚的统治很短暂,但没有理由认为这会对他的地位和权利带来长期的严重影响。由于没有进入港口的保障,麦西亚的政权一直不太稳定。因此,对于埃格伯特在诺森布里亚以南地区的地位来说,更重要的是他与肯特的关系。在9世纪最初的几十年中,麦西亚一直继续控制这里(虽偶尔与其大主教发生争吵)。作为埃格伯特胜利成果之一,肯特人于825年承认他了的权威,并承认埃格伯特的儿子埃塞尔沃夫(Aethelwulf)为其储君。在他的领导下,教会和统治者之间建立了新的关系。838年,在泰晤士河畔的金斯顿(Kingston),国王和大主教间长期存在的土地纠纷得以解决,并达成了一项新合约:从此,埃格伯特、埃塞尔沃夫及其后代继承人承诺与切奥尔诺思(Ceolnoth)大主教及其继承人将保持牢不可破的友谊。[7]

图 5-1　银戒指,约 775～850 年

这是一项协议。值得注意的是，在整个 10 世纪里，西撒克逊诸王室的圣礼仪式定期在金斯顿举行（作为 838 年合约谈判中一个环节，埃塞尔沃夫也在这里接受了圣礼）。金斯顿是泰晤士河潮汐达到的最后一个地方，天然带有一种神秘的光环。

统治肯特同时也肩负着击退来自海峡沿岸和韦塞克斯的维京人的责任。835 年，一伙维京人第一次袭击了位于肯特北海岸的谢佩岛（Sheppey）。第二年，埃格伯特不得不在现今的萨默塞特抵御攻击。两年后，维京人又攻打了更远的西部地区。在 9 世纪 40 年代，埃塞尔沃夫继承他父亲埃格伯特的王位时，伦敦、罗切斯特、罗姆尼湿地（Romney Marsh）和南安普顿都受到了袭击。851 年，维京人返回英格兰，发动了 5 次单独的侵袭。此后，他们在谢佩岛过冬。因此，这些入侵均不是随意而为的。

正是在这种背景下，856 年，埃塞尔沃夫国王出发前往罗马。[8] 853 年，一支随行队伍包括埃塞尔沃夫最小的儿子阿尔弗雷德在内已经探好了这条路线（教皇很可能以某种形式为阿尔弗雷德祈福，据说，教皇实际上为他进行了涂油礼。阿尔弗雷德在父亲的陪同下再次前往罗马也是有可能的）。在离开英格兰之前，埃塞尔沃夫已经决定好了他王国的继承权，如果他不再回来的话，韦塞克斯将分给他的两个年长的儿子管理。儿子们可能非常希望他们的父亲留在罗马，毕竟，埃塞尔沃夫是不会成为第一个在韦塞克斯退位并结束自己统治的国王。但是埃塞尔沃夫还有其他计划。在回家的路上，让他的两个儿子感到震惊的是，国王娶了一位新妻子——12 岁的卡洛林公主朱迪丝（Judith）。这次联姻可能是因为需要与他的岳父——秃头查理进行合作，以便对抗日益增长的维京人威胁；即使不考虑这一点，尽管这必然会造成家庭关系紧张，埃塞尔沃夫似乎也绝不会放过为他的王朝增添卡洛林王朝血统的机会。

在这一偶然而并非刻意谋划的事件中，埃塞尔沃夫和朱迪丝的婚姻最终导致阿尔弗雷德继承了王位。埃塞尔沃夫在婚后仅仅两年就去世了。朱迪丝也没有孩子,长子埃塞尔巴德立刻娶了朱迪丝作为他的妻子。5年后,埃塞尔巴德去世,仍然没有继承人。在接下来的11年里,阿尔弗雷德的两个哥哥也相继去世。因此,871年,轮到阿尔弗雷德继承王位了。

图 5-2　富勒胸针,来自大英博物馆

随着阿尔弗雷德的继位,我们面对的是一个处于黑暗时代的国王,关于他的证据突然变得充足起来。但是,在这种情况下,证据充足也意味着会有争议,需要特别认真甄别。阿尔弗雷德的一些成就曾被长期津津乐道,但仔细研究后要么是夸大其词,要么是纯属捏造。关于国王如何躲避维京人,念念不忘摆脱困境以至于负责照看的面饼被烤焦,这则备受喜爱的故事只是来自于10世纪的传说。阿尔弗雷德创建英格兰海军的想法更是经不起推敲。许多所谓的"阿尔弗雷德式堡垒"则必须归功于他的儿子爱德华。国王从拉丁语翻译成英语的书籍数量现在受到质疑。[9] 他的传记由他的教士阿瑟(Asser)记载,虽然人们普遍认为这部传记是真实的,但国王的传记更像一部圣徒的传记。[10] 然而,无论有多少局限性,结论依然不会改变:阿尔弗雷德的确是一位伟人。

在阿尔弗雷德于871年成为国王时,还不清楚西撒克逊人是否能够阻止维京人的入侵。865 年，尽管维京人被许诺了只要离开就能得到金钱补偿，但是他们（据《盎格鲁-撒克逊编年史》记载）还是洗劫了整个肯特东部。[11] 866 年的冬天，维京人在东盎格利亚度过，在那里他们得到了马匹。867 年，他们到达约克，对"诺森布里亚人进行了大规模屠杀"。868 年，阿尔弗雷德和当时韦塞克斯的国王——他的哥哥埃塞尔雷德与麦西亚人联手一起抗击维京人，维京人当时已经到达了诺丁汉（Nottingham），但是这次交锋没有结果。869 年，维京人回到了约克。870 年，一支维京人的军队杀死了东盎格利亚的国王埃德蒙（Edmund），并占领了王国。《编年史》的条目简短地记录了这些事件。但是到了 871 年，这种侵略的步伐加快了：一支已经任命了各级长官的维京军队到达韦塞克斯。埃塞尔雷德和阿尔弗雷德与他们在雷丁作战并战败。4 天后，他们又一次在阿什当（Ashdown）战斗，在夜晚还未降临前，维京人被击退。但不管怎样，在两周后的战斗中，维京人赢得了胜利。正如《编年史》所述，这是动荡的一年。埃塞尔雷德和阿尔弗雷德失去了"许多重要的人物"，埃塞尔雷德自己也丢掉性命。阿尔弗雷德继位并继续战斗，但他自己指挥的第一场战斗也宣告失败。到了年底，除了求和已经别无选择。

在接下来的 7 年里，维京人的前进似乎是不可阻挡的，其威胁也越来越大。维京人不再满足于贡品和珍宝，他们的目标是要控制王国。在麦西亚，他们把伯格雷德国王（Burgred）赶到海外，并安排塞奥尔伍尔夫为傀儡国王，他承诺王国将"随时准备献给他们"。在英格兰北部，维京人的首领哈尔夫丹（Healfdene）分配了诺森布里亚的土地，他们开始犁地，养活自己。接着，在 878 年，一支维京军队进入韦塞克斯，"定居下来……除了阿尔弗雷德外，人们都服从了他们"。

《盎格鲁-撒克逊编年史》的作者描述了 878 年的冬天和春天（同样描述的还有阿瑟，他引用《编年史》的地方非常多），由于渲染了过多英雄主义色彩，一些谨慎的历史学家认为这些描述并不可信，再加上《编年史》大约在 9 世纪 90 年代成书……而此时维京人再次威胁韦塞克斯，人们迫切需要得到鼓励。然而，这一部分最引人入胜的地方与其说是其磅礴的叙事风格，还不如说是其精确的描述、对当地情况的了如指掌以及阿尔弗雷德在与维京人开战前的谨慎态度［878 年双方在埃丁顿（Edington）发生的战斗具有决定性的意义］。12 这场战斗并非充满奇迹，而是从一开始就进展缓慢、临深履薄并充满不确定性。因此，正是在 1 月，那一年的主显节过后，一支维京军队从埃克塞特（Exeter）出发，占领了位于奇彭纳姆（Chippenham）国王所驻扎的村庄。阿尔弗雷德不得不进行转移，"带着一支势单力薄的人马在丛林中艰难跋涉"。13 到了复活节，国王终于在阿塞尔内（Athelney）的一座堡垒中扎下营盘。他召集了萨默塞特的一些人，开始向敌人发起攻击。仅仅 7 周后（在圣灵降临节①左右），他已经准备采取果断行动了。他召集的追随者不仅来自萨默塞特，还包括威尔特郡和汉普郡。阿瑟写道，"这些人兴高采烈地投身于阿尔弗雷德麾下，仿佛获得了重生"。14 这支新组建的队伍一起穿过阿尔弗雷德的堡垒，最终在威尔特郡的埃丁顿与维京人交战。尽管他们在战场上获得了胜利，但是维京人顽抗两周后才投降。这是因为（根据阿瑟的记述）维京人逃离埃丁顿后，阿尔弗雷德乘胜追击，把他们围困在据点里，最终"饥饿、寒冷和恐惧"把他们彻底击垮。

对阿尔弗雷德来说，除非维京人皈依基督教，否则不可能与维京人建立持久和平。他的战争与其说是"英格兰人"对抗"外国人"的战争，不如说是基督徒对抗异教徒的战争。《编年史》提供的宗教节日的日期有着重大的意义。除了阿尔弗雷德对改变维京人的宗教信仰有着传教士一般的热情外，还有一个简单的事实，即要实现持久的和平，一种共同的宗教语言是必不可少的。在埃丁顿战役的两年前，阿尔弗雷德就已经试图与维京人和解，并与

---

① 圣灵降临节（Pentecost），亦称"五旬节"，被定于复活节后的第 50 天，是教会用来庆祝圣灵赐给使徒们，使得教会在早期迅速成长的一个节日。——编者注

他们签订了一项条约，维京人要承诺离开他的王国。阿瑟和《编年史》都记载过，有史以来第一次，维京人对着基督教的圣物发誓要信守诺言——但却"实行他们一贯的背信弃义"，他们违背了诺言，杀掉了人质并逃之夭夭。[15]那时，埃丁顿战役后，他们有了一次新的豁免机会。维京人再次承诺将离开阿尔弗雷德的王国，但这一次必须在基督徒间宣誓维护和平：维京人领袖古斯鲁姆（Guthrum）承诺接受洗礼，把阿尔弗雷德当作教父。洗礼仪式在阿勒尔（Aller，阿尔弗雷德早些时候准备袭击维京人的岛屿）举行，场面庄严肃穆。"古斯鲁姆与国王共同生活了12天，他用礼物表达自己对国王及其同伴的尊敬之情。"[16]

政治上的权宜之计似乎正是古斯鲁姆转变并接受他的新身份的原因，这个理由也许成立，也许不成立。但是，阿尔弗雷德坚定的信仰与强烈的使命感是毋庸置疑的。对他来说，与维京人的战斗确实是一场关于基督教信仰的战斗。阿尔弗雷德很可能在小时候就想象着他是被上帝选中完成某项特殊使命的：他在孩提时期就被派去访问罗马，其背后原因仍然是个谜，但这些迹象已经表明，虽然阿尔弗雷德当时只有4岁，但他已经是家族中的宠儿，被另眼看待，将来注定要成大器。[17]同样地还有他早成的书生意气，如阿瑟记载的著名故事所述，他很快把一本诗集背得滚瓜烂熟，从而打败了他哥哥。由此可以看出，这种书生意气表明他不仅是未来的学者，更表明他是伟大的命运之子，注定要为捍卫基督教的信仰而献出一生。[18]

阿尔弗雷德对学识的追求从不是为了自己的利益，更确切地说，学问更能使人获得智慧，从而获得知识与"神的爱意"。在一个理想的世界里，每个寻求智慧的人都能够阅读必要的拉丁语原文本。但这并不是一个理想的世界：除了缺少教师外，有太多图书馆被"洗劫"和"烧毁"了。[19]但是，对阿尔弗雷德来说，解决方案就在眼前：阅读翻译作品是一种不错的选择，这比无知更可取。因此，阿尔弗雷德将"把某些书籍翻译成我们自己的语言，这些书是所有人都最需要读懂的"。[20]

图 5-3　阿尔弗雷德宝石饰物

从这个决定开始，国王自己写了多少所谓的"阿尔弗雷德式文本"仍然是一个备受争议的话题。现在，大多数学者认为至少格列高利主教《教牧关怀》(*Pastoral Care*) 的古英语译本和《圣咏集》(*the Psalter*) 的前 50 首诗篇是阿尔弗雷德翻译的，波伊提乌（Boethius）《哲学的慰藉》(*Consolation of Philosophy*) 和奥古斯丁《独语录》(*Soliloquies*) 都用了更加意译的方式。其他有些作品可能是在他的资助下翻译的，比如比德著作的古英语版本；有些作品则是在他的资助下编纂的（如《盎格鲁－撒克逊编年史》），这些作品对于理解阿尔弗雷德决心领导的文化革命至关重要。[21]

正如他翻译的《教牧关怀》前言中所阐述的那样，阿尔弗雷德的使命是明确的。对学问的追求不是为了故作深奥玄妙，而是学问此时此刻就会带来好处。因此，战争胜利和社会繁荣与民众获取智慧密切相关：

> 记住，当我们自己不珍惜学问，也不把它传授给别人时，我们在这个世界上会受到什么样的惩罚。我们只是名义上的基督徒……因此，我们如今失去了（我们祖先的）财富和智慧，因为我们的思想没有走上正道。[22]

作为补救措施，阿尔弗雷德向他王国里的每一位主教赠送了一份教皇格列高利《教牧关怀》的副本，以及一条价值不菲的教鞭（相当于50头牛的价格），并且书本和教鞭不可分离——国王赠书的时间仍然不太确定："我们以前不知道多久才会出现这样学识渊博的主教，感谢上帝，如今这样的主教几乎遍布各处。"[23] 但是，不仅仅是主教被期望学识渊博，各级官员要想保住自己的工作也得有些学识。阿瑟认为，对于那些希望接受教育的年轻一代来说这是好事，但对于他们的长辈来说这可能是沉重的负担。尽管如此，即使是那些阅读特别困难的人，也不得不试图让他们的儿子或亲戚，甚至是奴隶"日夜阅读"英文书籍以取得进步，这样他们至少能够识一些字。[24]

阿尔弗雷德对智慧的追求，再加上阿瑟告诉我们他年轻时所患的疾病，这种形象有时很难与一位年轻的武士（同样是由阿瑟提供给我们的）奋勇冲向敌人（维京人）的形象相吻合，也很难与军事战略家的形象相吻合。阿尔弗雷德在埃丁顿战役胜利后着手实施一项雄心勃勃的计划，由此，韦塞克斯今后将得到相当于一支常备军和一个戒备森严的城镇或"堡垒"网络的保护。这种矛盾未必是真实的。对阿尔弗雷德来说，"智慧"具有广泛的含义，既有实际意义，也有意识层面的意义。在他翻译的波伊提乌《哲学的慰藉》中，国王化身为"头脑"，在与"智慧"的对话中，准确地解释了国王在德治中需要的资源：他需要教士、士兵和劳工。这三类群体都需要物质支持，无论是土地、武器、粮食还是啤酒。但每类群体都必须以智慧为指导："没有人能在没有智慧的情况下掌握任何技能。"[25] 对阿尔弗雷德来说，这是一种通过谦卑之道获得的智慧，肉体上的痛苦使他有几分救世主基督的品质，因此，以此类推，国王的身体可以代表他遭受苦难的土地。

毫无疑问，韦塞克斯的土地确实受到了影响：尽管阿尔弗雷德在埃丁顿战役中取得胜利，并且与古斯鲁姆建立了新的关系，但是他还要与更多的维京人战斗。保护肯特与伦敦免受维京势力的影响，这一点对王权兴旺与国王的安全至关重要。如今已经衰落的麦西亚王国何时以及如何屈服于阿尔弗雷德的尚不清楚，但占领曾经的麦西亚城市伦敦却是成功的关键。据《盎格鲁-撒克逊编年史》记载，"同年（886 年），阿尔弗雷德占领了伦敦，所有屈从于丹麦人的英格兰人都归顺于他，他随后委托埃塞尔雷德郡长掌管该城"。《编年史》没有明确指出的是，埃塞尔雷德接替塞奥尔伍尔夫成为麦西亚的统治者，而他在大约 881 年的康威战役（Battle of Conwy，这场战役是为了报复麦西亚人杀死了格温内思的前统治者）战败后被迫依附阿尔弗雷德。埃塞尔雷德已经无力回天，于是臣服于阿尔弗雷德，并获得优厚待遇：阿尔弗雷德不仅把伦敦交给他管理，之后还将女儿埃塞尔弗莱德嫁给了他。作为回报，埃塞尔雷德对阿尔弗雷德忠心耿耿，并承认其已经扩展到整个英格兰南部的王权。[26]

占领伦敦后，阿尔弗雷德着手对之进行重建，使之完好如初。正如阿瑟描述的那样，"让它重新适宜居住"。[27] 没有遭遇维京人袭击前的伦敦一直以现在的奥德维奇（Aldwych）为中心，但在 842 年遭到维京人进攻后，这座古老城市的大部分地方都被遗弃了。阿尔弗雷德已经着手在他的王国各地筑起防御的堡垒，城墙上有人把守，以应对维京人的威胁。伦敦也不例外，这里和其他许多城市一样，需要对以前的罗马城墙进行重建，并铺设网状街道。《诸城纳税单》（The Burghal Hidage）是一份追溯到 9 世纪的文件，详细地介绍了关于 33 座此类城镇的驻军情况。这些数字提供的证据非同寻常，证明维京人已经构成了严重的威胁,以及应对威胁所需要的人力物力,也证明了韦塞克斯国王募集这些力量的决心。在韦塞克斯,每 20 英里内就有一处堡垒。因此,如有必要,每个人都能躲于其中避难——但这一设想代价很大:需 27000 人维持这个网状堡垒。此外,阿尔弗雷德希望他的贵族能在一年中的任何时间点在他的常备军中服役。阿瑟大概也提过,一半贵族被国王征召服役,另一半贵族在家里打理庄园。[28] 9 世纪 90 年代初,另外一支维京人的军队入侵韦塞克斯遭到挫败,这一防御系统发挥了有效作用。据《盎格鲁－撒克逊编年史》记载,896 年,"承蒙上帝恩宠",过去三年,"维京人军队总体上并没有给英格兰人民带来很大痛苦"。[29] 然而,阿尔弗雷德进行军事改革所造成的负担不应被低估。在韦塞克斯,并非每个人都有国王的紧迫感,鼓舞士气也从来都不是件容易的事。一方面,悲观的先知们宣称基督教注定要灭亡;另一方面,服役期一旦结束,人们便不顾一切地丢下未完成的城防工程匆匆回家。[30] 情况虽然如此,阿瑟认为阿尔弗雷德却永远不知疲倦:

> 尽管他所有的船员都筋疲力尽,但是一旦(国王)掌舵了王国这艘大船……他便不会允许它摇摆或偏离航线……对于那些不服从的人,国王要么谆谆劝导,要么发号施令,要么(最后当他的耐心耗尽时)严厉斥责。国王对大众的愚蠢与固执嗤之以鼻,他非常巧妙地使他的主教、郡长和贵族,同时还有关系最密切的家臣,以及他的城镇长官……服从他的意志,并捍卫整个王国的共同利益。[31]

阿瑟自己的作品似乎写于 9 世纪 90 年代初期,试图令威尔士人更喜爱他们的新主人阿尔弗雷德。虽然很难确定具体年代,但现在看来,这很可能是由于康威战役的失败使阿尔弗雷德成为南威尔士唯一值得信任的保护者,但直到约 10 年后,他才能够在北威尔士进一步扩大自己的权力,接受格温内思的安纳罗德(Anarawd)的臣服,安纳罗德对他以前与诺森布里亚的维京人的结盟不再抱任何幻想，而似乎对维京人可能从爱尔兰海对岸发起袭击感到焦虑。尽管如此，没有证据表明阿瑟的作品被广泛阅读。这与《盎格鲁-撒克逊编年史》形成鲜明对比，这部作品的编撰时间几乎与阿瑟所写的《阿尔弗雷德传记》在同一时间段，并被阿瑟大量借鉴。另外，这本书同样带有强烈的政治目的，随着时间的推移，也越来越被视为促进英格兰民族认同感形成的奠基性作品。[32]

阿瑟和那些编撰《编年史》的人，以及其他编写所谓的"阿尔弗雷德所著"书籍的人，都是聚集在阿尔弗雷德宫廷里的精英分子中的一部分，阿尔弗雷德志在使这些精英成为"智慧的核心"。阿瑟告诉我们，这个核心的领军人物由4位麦西亚学者和2位法兰克学者组成。兰斯（Rheims）的大主教富尔科（Fulco）的一封信允许阿尔弗雷德"挖走"神父格林鲍尔德（Grimbald），信中将格林鲍尔德比作"看门狗"，并表示他会知道如何"驱离那些威胁和吞噬……有着邪恶灵魂的野狼"（据说，阿尔弗雷德送了大主教真正的狗作为交换，帮助追捕兰斯的那些被上帝派来惩罚罪恶的"真正的狼"）。[33] 我们不可小觑这里的隐喻，毫无疑问，阿尔弗雷德视维京人如恶狼一样危险。我们不应该掩盖这样一个事实，即阿瑟从来没有把维京人描述成异教徒以外的任何人，也从来没有暗示过阿尔弗雷德在为"英格兰"而战。国王与维京人的战争是一场基督教徒与异教徒的战争，这在一把从阿宾登（Abingdon）出土的剑上清晰可见：这把剑属于9世纪，剑柄上装饰有福音传道者的图案。[34] 因此，国王与维京人的战争具有许多《旧约》中战争的特点，阿尔弗雷德有时可以被描绘成大卫，有时也可以被描绘成所罗门。他生活上正直无私，军事上枕戈待旦，作为回报，他的确应该收获财富与智慧，享有权力与和平。

在891或892年间，《盎格鲁-撒克逊编年史》记载了复活节后的一次星象："这颗星在拉丁语中被称为彗星。有些人说它是英语中的长发星，因为它发出的光线很长，有时发自一边，有时发自周围。"[35] 就在第二年，维京人又回来了，他们由于收成不好造成饥荒，被迫从布洛涅（Boulogne）过来。尽管编年史家对896年的记载是"维京人的军队总体上并没有对英格兰人民造成很大的伤害"，但这些年仍然过得非常艰难，即使是在896年夏天维京军队撤退时，日子仍不太平。[36] 维京人开始沿着南海岸进行突袭，这给阿尔弗雷德新造的船只带来考验，并证明其还远不够完善。据《编年史》后续记载，"同一年夏天，至少20艘船在南海岸遇难，船上无一人生还，所有物品均沉入海底"。[37] 如果说阿尔弗雷德的最后几年是在绝望中结束的，这未免太过夸张，但似乎并没有什么值得庆祝的了。除了两起死亡的记录外，《编年史》在897年没有任何条目，898或899年也是如此。然后，《编年史》在900年记录了阿尔弗雷德的去世，紧接着是关于叛乱的描述，阿尔弗雷德的侄子埃塞尔沃尔德（Aethelwold）反对新国王爱德华，并投奔诺森布里亚的维京军队，据说他在那里得到了支持，被接受成为阿尔弗雷德的继承人。埃塞尔沃尔德的反叛虽然短暂，但它也同时说明，在9世纪的英格兰历史中，简单区分基督徒与异教徒、维京人与盎格鲁－撒克逊人是多么具有误导性。[38]

埃塞尔沃尔德是阿尔弗雷德一个哥哥的儿子，他比爱德华大得多（大概比爱德华大10岁），完全有理由认为自己配得上王位。由于前任国王理所当然地将王位传给长子的惯例还未确立，那么埃塞尔沃尔德对权力的争夺也就不足为奇了。也许更令人惊讶的是他居然还能够获得支持。他大摇大摆地占据了温伯恩的王宫——他父亲被埋葬的地方，来宣称自己的主张，一位修女帮助了他。或许王室血统一直在为他打腰提气。之后他被迫逃到诺森布里亚（并抛弃了那位修女），在这里，他似乎找到了与他一起策划军事行动的盟友。902年，他和一支"服从他的"舰队一起乘船前往埃塞克斯。第二年，据说他"唆使东盎格利亚的军队破坏和平，因此他们在麦西亚全境肆行骚扰"。[39] 这样的挑衅终于激起爱德华的反击；随后在霍恩战役（Battle of Holne）中，"双方都大开杀戒"，埃塞尔沃尔德本人也被杀死，但对爱德华来说这不算一场光荣之战。我们甚至还不清楚（根据《编年史》记载）爱德华是否完全控制了自己的军队——据记载，在国王试图集结军队时，肯特的士兵"磨磨蹭蹭……不服从国王的命令"（因此，他们首先受到了攻击）。⁴⁰其中一名死者是郡长西格尔姆（Sigehlm）。大约15年后，爱德华娶了西格尔姆的女儿埃德吉芙（Eadgifu）作为他的第3任妻子。

随着埃塞尔沃尔德的死亡，爱德华可以继续坚持他的继承权，并通过展示自己的权力和军事力量来加以巩固。因此，温切斯特新的大教堂建成于901年，爱德华把母亲和阿尔弗雷德的墓地从奥尔特敏斯特教堂（Old Minster）迁到这里。与此同时，在麦西亚，爱德华的姐姐埃塞尔弗莱德（"麦西亚贵妇"）和她的丈夫埃塞尔雷德郡长，在格洛斯特形成了一个新的权力中心。① 但在第二年埃塞尔雷德去世，尽管埃塞尔弗莱德对她的哥哥继续保持忠诚，但是任何希望麦西亚独立的想法都将是不切实际的，泰特豪尔的最终胜利者将是爱德华。

泰特豪尔战役发生时，一支丹麦军队在对麦西亚进行了"大肆蹂躏"后正在回撤途中。根据编年史记载者埃塞尔沃德（Aethelweard）的说法，丹麦人已经撕毁了爱德华和埃塞尔雷德达成的停战协议，但现在当他们带着战利品一起奋力渡过塞文河（River Severn）时，突然"西撒克逊人和麦西亚人组成的军队"向他们发起了攻击。在随后的战斗中，维京人遭受了严重的损失：至少3位维京国王和他们的许多将领"命丧黄泉"。⁴¹

对爱德华来说，910年的泰特豪尔战役是一个转折点。虽然阿尔弗雷德国王一直致力于保护他统治的核心地带并努力重建肯特，但在910年以后，当务之急是从斯堪的纳维亚人手中夺取韦塞克斯以外的土地，尤其是诺森布里亚、东盎格利亚和麦西亚。由于没有任何关于维京人的书面记录（他们仍然在使用卢恩文字②），追溯他们定居点的历史仍然很困难，无论如何，这

---

① 在泰特豪尔战役（Battle of Tettenhall）后，他们把诺森布里亚国王圣奥斯瓦尔德的骸骨移到了格洛斯特。——编者注
② 卢恩文字（runic literature），古代北欧文字。——编者注

都会受到人口流动的影响。但在泰特豪尔战役后的几年里，爱德华在他妹妹的帮助下，实施了一项巩固统治的政策，如今也算是一项征服政策：912年，据《编年史》记载，爱德华在埃塞克斯的威特姆（Witham）和赫特福德建造堡垒，"一大批曾处在丹麦人统治下的居民归顺于他"。913年，埃塞尔弗莱德在塔姆沃思和斯塔福德建造堡垒。914年，爱德华接受了"贝德福德（Bedford）的重要人物，还有许多北安普顿的人"的投降。916年，莫尔登人又向爱德华投降。第二年，德比（Derby）和科尔切斯特（Colchester）也都落入爱德华和他姐姐手中。正如《编年史》的描述，那一年似乎特别艰难、痛苦和血腥，但对爱德华和他的军队来说，战争很有成效：到了秋天，"在东盎格利亚和埃塞克斯，许多受丹麦军队统治的人都归降于他……" [42] 但是，918年政治风云突变，爱德华又面临着一个全新的挑战。

902年北欧定居者被逐出都柏林后形势突变。他们的领袖拉格纳（Ragnall）在马恩岛（Isle of Man）建立了新的据点，开始袭击诺森布里亚西部。具有讽刺意味的是，爱德华在泰特豪尔的胜利却使得约克成为异教徒拉格纳的囊中之物。在拉格纳到来前，维京人和诺森布里亚人似乎能够达成各种形式的和解。拉格纳如今打乱了所有这些妥协。因此，诺森布里亚统治者埃德伍尔夫（Eadwulf）逃到苏格兰寻求康斯坦丁国王的帮助。事与愿违，918年科布里奇战役（Battle of Corbridge）中，拉格纳击败了他们的军队。同年，麦西亚贵妇埃塞尔弗莱德去世。爱德华随即进入麦西亚，开始直接执掌权力。[43]

科布里奇战役导致新的紧张形势出现。同样在918年，爱德华在塔姆沃思不仅占领了埃塞尔弗莱德的麦西亚，而且还得到了威尔士国王的归顺。爱德华下一步占领了诺丁汉并加强了戒备，接着再到塞沃尔（Thelwall）、曼彻斯特和诺丁汉，920年又到了贝克韦尔（Bakewell）。据《盎格鲁-撒克逊编年史》记载，在贝克韦尔，爱德华好像取得了一些胜利，不仅仅是苏格兰国王投降，"还有拉格纳，以及所有居住在诺森布里亚的英格兰人、丹麦人、北欧人，斯特拉斯克莱德（Strathclyde）的威尔士国王及其臣民投降"。^44 这一记载为爱德华的统治画上了一个完美的句号——但是在此之前书中还提到爱德华又修建了一座堡垒之事，这是在记录 924 年国王去世之前我们最后一次听到他的消息。但问题是：它经得起推敲吗？这样的设想是否合理？拉格纳与其说是心甘情愿向爱德华投降，倒不如说是与爱德华达成了某种休战协议，这种猜测也许更令人信服。对南部地区的国王来说，完全征服北部地区的胜利还没有到来。^45

924 年，爱德华去世，这让人们想起了"盎格鲁－撒克逊人"持续统治王国的脆弱性。韦塞克斯人民希望爱德华的儿子埃尔夫沃德（Aelfweard）成为他们的国王，但麦西亚人推举了埃塞尔斯坦（Athelstan）。埃塞尔斯坦是爱德华与其第一任妻子所生，可能并不是在韦塞克斯宫廷中长大的，而是在麦西亚由埃塞尔弗莱德照料的。^46 很有可能，麦西亚人仍为埃塞尔弗莱德的女儿埃尔夫温（Aelfwynn）的离去感到难过，埃尔夫温在母亲去世时突然被带走了，用麦西亚记录下的话说，即"被剥夺了所有权利"。^47 结果，924 年，埃尔夫沃德的突然死亡避免了兄弟间的冲突。一年后，埃塞尔斯坦在韦塞克斯和麦西亚的交界处金斯顿加冕登基，明确成为两国的统治者。仪式使用的是一顶真正的王冠，而非传统的头盔。^48

埃塞尔斯坦凭借着手中的王权（而不是武力）在 925 年迈出了大胆的一步，他与西特里克（Sihtric）展开谈判，西特里克是拉格纳的弟弟，也是其在诺森布里亚统治的继任者。西特里克勇猛无比，以 917 年对都柏林的野蛮征服而闻名。尽管如此，从其货币制度可以看出，作为诺森布里亚的统治者，西特里克似乎已经准备好与基督徒达成某种形式的和解。西特里克愿意来到麦西亚王国的中心塔姆沃斯与埃塞尔斯坦会晤，甚至迎娶埃塞尔斯坦的姊妹以确立他们的友谊。鉴于大约在同一时间，法兰克公爵休（Hugh）正在寻找埃塞尔斯坦的其中一个同父异母的姐妹（另一位后来嫁给了德意志国王奥托一世），这场婚姻确实给西特里克提供了一个首次进入欧洲王室——巴黎的机会，这对诺森布里亚来说非常重要。但这也只是我们对西特里克雄伟蓝图的猜测，因为在 927 年西特里克去世，一切希望诺森布里亚和埃塞尔斯坦能和平相处的愿望也随之化为乌有。

西特里克去世后，他的近亲古特弗利（Guthfrith）立即离开都柏林，宣称对约克的主权。无论用什么方式，埃塞尔斯坦都能够战胜他，尽管他的战斗或外交能力还不太清楚。《盎格鲁－撒克逊编年史》甚至没有提到古特弗利。[49] 它简单而隆重地宣称：

> 埃塞尔斯坦继承了诺森布里亚王国，并将这个岛屿上的所有国王都置于自己的统治之下：首先是西威尔士人的国王海韦尔（Hywel）、苏格兰人的国王康斯坦丁、格温特人的国王欧文（Owain）、班堡的埃德伍尔夫之子埃尔德雷德（Ealdred）。7 月 12 日，他们在伊蒙特（Eamont）宣誓与国王和睦相处，摒弃一切偶像崇拜（换句话说，摒弃与古特弗利的联盟），然后平静离去。[50]

虽然编年史作者很可能对埃塞尔斯坦在诺森布里亚的权威描述过于夸张，而且其实际统治者是班堡的埃尔德雷德，但是 927 年可被视为一个与 878 年（阿尔弗雷德击败古斯鲁姆）或 886 年（阿尔弗雷德占领伦敦）并列的年份。927 年和 878 年一样，这是基督徒之间缔结和平之年。927 年和 886 年一样，尽管尚不稳定，但新的政治认同正在形成。从此以后，在敕令中，埃塞尔斯坦将不再被命名为"盎格鲁－撒克逊人的国王"，而是"英格兰国王"，甚至是"不列颠之王"。[51]

如果说有关 927 年事件的资料的确少之又少，那么关于 10 年后埃塞尔斯坦在布鲁南堡（Brunanburh）的伟大战役有很多记载。布鲁南堡战役开始之前，埃塞尔斯坦首先在 934 年瞻仰了圣卡斯伯特的遗体。在 793 年林迪斯法恩战乱中幸存的圣卡斯伯特遗体终于在 9 世纪末被移到了切斯特勒斯特里

（Chester-le-Street），埃塞尔斯坦带着大量礼物前去朝圣，其中包括一幅他自己的画像，他在画像中面带崇敬，在圣卡斯伯特面前捧着一本打开的书。这是已知的第一幅中世纪早期统治者的画像，其含义与当时的情形一样备受争议：是什么促使埃塞尔斯坦的来访？ 934 年都柏林的古特弗利和他的对手埃尔德雷德——事实上的诺森布里亚国王——相继去世，他的到访是否表明自己要填补此权力真空？在北伐之前拜访圣地，这是否表明埃塞尔斯坦想寻求卡斯伯特的保佑？据《盎格鲁－撒克逊编年史》记载，埃塞尔斯坦离开切斯特勒斯特里后，向北行进，"横扫了苏格兰"。[52] 然后，当他回家的时候，他带回了康斯坦丁国王，并称他为"下王"（subregulus）。第二年（935 年），康斯坦丁仍然（或是又一次）伴随国王左右，这一次他出现在了赛伦塞斯特（Cirencester）的一座宏伟宫殿中，同时还有威尔士国王"好人"海韦尔、伊德沃尔（Idwal）和摩根。但两年后（937 年），事情又发生了变化。古特弗利的儿子奥拉夫（Olaf）从都柏林发起了一次新的维京人袭击，他们与威尔士的斯特拉斯克莱德和苏格兰的军队联合起来。换句话说，康斯坦丁已经不能再忍受对埃塞尔斯坦的奴颜婢膝。尽管目前还不清楚康斯坦丁在何时改变了立场，但他和奥拉夫女儿的婚姻——即使日期不确定——有力地表明了他对自己在埃塞尔斯坦"帝国"中的地位不满。对康斯坦丁和他的盟友来说，韦塞克斯国王欲壑难填，现在是对他说"不"的时候了。

奥拉夫与他的联合部队在布鲁南堡遇到了埃塞尔斯坦。这场战争的地点至今无法确定，但它可能发生在威勒尔半岛（Wirral）的布隆伯格（Bromborough）。埃塞尔斯坦的胜利成为《盎格鲁－撒克逊编年史》中最激动人心的诗歌主题之一。在书中，康斯坦丁被描绘成"头发灰白的武士"，自己苟且逃生，但儿子与亲人却战死疆场。诗人向我们描述道："自盎格鲁人和撒克逊人从东边来到这里之前，这个岛上还从来没有过一次如此血腥的大屠杀。"[53] 然而，尽管这首诗充满了必胜的信念，但这种喜悦还为时过早。就在两年间，埃塞尔斯坦去世，他的帝国崩塌。奥拉夫第一时间宣称了对诺森布里亚的王权，几个月后，他便占领了塔姆沃斯，并很快收复了那些城镇，称为丹麦法区五城镇（Five Boroughs of the Danelaw）。但是奥拉夫的胜利也是短暂的：941年，奥拉夫去世；942年，埃塞尔斯坦同父异母的兄弟，同时也是继任者的埃德蒙国王（他也参加过布鲁南堡战役）收复了失去的领土。《编年史》中同样写了一首诗来歌颂他（虽然篇幅较短）。946年，据记载，在巴斯附近的庞克彻（Pucklechurch）发生的一场斗殴中他被杀害。他的兄弟埃德雷德（Eadred）继位。

埃塞尔斯坦国王从未结婚，这对于一位中世纪的国王来说很不寻常。可能因为他有很多同父异母的兄弟渴望继承他的王位（据说他甚至将其中一个谋杀），并准备继续完成征服占领约克王国的艰巨任务。维京人能够在那些憎恨韦塞克斯国王的权力并因此准备默许维京人统治的人中找到盟友，这有助于解释统治局面为何如此动荡。约克大主教伍尔夫斯坦（Wulfstan）的经历就很能说明问题。虽然伍尔夫斯坦似乎在931年得到埃塞尔斯坦的任命，但是在936～941年间他却消失了。他在939年重新出现，却不是和埃德蒙国王一起，而是作为奥拉夫的支持者。然而，在942年和944年，他又一次出现于英格兰宫廷中，他出席了946年埃德雷德国王的加冕典礼。但后来，在947年，当血斧埃里克（Eric Bloodaxe，来自挪威）成为约克国王时，伍尔夫斯坦不再出现在埃德雷德的宫廷中。尽管他在948～950年间又返回（此时诺森布里亚人暂时归顺埃德雷德），但952年当诺森布里亚人再次效忠埃里克时，埃德雷德似乎决定是时候将伍尔夫斯坦软禁起来，并确保他即使被释放也不能再回到北方。

954年，随着埃里克被约克人驱逐，约克王国最终落入英格兰人手中。但是不久，"第二个维京时代"就要来临了，1013年，丹麦人八字胡斯韦恩（Swein Forkbeard）征服了整个国家。当然，1013年的英格兰与阿尔弗雷德及其后任所统治的英格兰已经大不相同。

第 6 章

上帝的国度

A SHORT
HISTORY OF THE
ANGLO-SAXONS

我说的是事实，埃德加国王（Edgar）推崇基督教并修建了众多修道院，这是英格兰受上帝祝福和振奋人心的时刻。他的王国在和平中蓬勃发展，这里只有永久居住的人民，没有维京军队的入侵。这个岛上的威尔士国王和苏格兰国王都拜见过埃德加一次，8个国王在同一天聚在一起——臣服于埃德加的统治。

——阿尔弗里克（Aelfric），
《圣斯威森传》(Life of St Swithun) [1]

11世纪初期，恩舍姆修道院（Eynsham）院长阿尔弗里克认为国王的基督教职责应该与其世俗职责紧密相连。他明白，英格兰因岛国的特殊脆弱性遭受了巨大的苦难，并且从793年林迪斯法恩遇袭那一刻起，不列颠群岛的"土著"就陷入了随时遭遇"外来"军队海上袭击的恐惧中，许多"外来人"随后在此定居。尽管937年埃塞尔斯坦在布鲁南堡的胜利成为韦塞克斯王权北移的转折点，但阿尔弗里克坚持其国王绝不该因此骄傲自恃，而是要时刻保持警惕。但另一方面，正如阿尔弗里克所看到的那样，在埃德加国王的统治下，英格兰确实进入了黄金时代。

954年，维京人建立的约克王国衰败，维京人这场卷土重来的入侵仅仅持续了30年，其中埃德加在位17年。在《盎格鲁-撒克逊编年史》中，这些年似乎什么事也没有发生。弗兰克·斯滕顿（Frank Stenton）在其力作中做出的结论也印证了这一现象："这是埃德加统治才能的标志，其在位期间缺乏需要记录的事件。"[2] 盎格鲁-撒克逊的编年史家记录道："在埃德加的时代里，事情大有改观。"[3] 那么我们应该尽可能地考虑一下埃德加当上国王后的情况，考虑埃塞尔斯坦创建新王国时的性质，以及在国王埃德蒙（939～946）、埃德雷德（946～955）和埃德威格（Eadwig，955～959）迅速继位之后的状况——这最终都需要埃德加来巩固和壮大。[4]

图 6-1　伊利的圣徒埃塞尔思里思（Aethelthryth），来自《圣埃塞尔沃尔德祈祷书》(Benedictional of St Aethelwold)

图 6-2　国王埃德加坐在圣埃塞尔沃尔德和圣邓斯坦（St Dunstan）之间，选自《修道准则》（*Regularis Concordia*）

　　国王一直控制着自己的领土，并且每年通过在自己看中的地点举行集会来彰显自身的权力。由于担心这样的会议会被解释为早期议会或原始议会，因此几十年来，历史学家们一直在避免使用"贤人会议"（witan）这个词来指代这样的集会。然而，最近的史学重新引入了这一术语，因为很明显，某些要事实际上要征得国王身边智者的同意才能进行，或者说需要在"贤人"的陪伴下才能进行。[5]人们认为王朝的"常规"集会，不管是对于制定新法律还是授予土地来说都不是一个足够权威的场所，对于如此重要的事情，需要一个更有代表性的"智者"集会。此外，有时即便没有要事处理，这种盛大的权威展示似乎也合乎情理。

图 6-3 《圣埃塞尔沃尔德祈祷书》中的温切斯特主教圣斯威森

  埃塞尔斯坦的贤人会议为其赢得美誉立下了汗马功劳。这一点并不令人惊讶：埃塞尔斯坦王国的规模前所未有，这意味着必须找到新的途径使国王能够经常与来自边远地区的郡长保持联系。然而我们也应该认识到，埃塞尔斯坦的贤人会议具有的特征与一位抄写员（历史学家称之为"埃塞尔斯坦 A"）有很大的关系，他在任职期间（928～934 或 935）似乎特别喜欢起草长长的见证者名单。[6] 但选用这样的抄写员也彰显了埃塞尔斯坦喜欢大摆排场。因此，埃塞尔斯坦是第一位被刻在硬币上的英格兰国王，并且很可能是第一位戴王冠的国王，加冕仪式固起源于此。[7] 埃塞尔斯坦定期在圣诞节、复活节或圣灵降临节举行集会，这些节日既适合举办加冕仪式和盛宴，也适合安排王室事宜。

埃塞尔斯坦集会规模盛大，有时约有百名贵族参加，其中许多人因此长途跋涉。国王基本上不会亲自前往各地去见"他的人民"，而是希望其他贵族前来参见他。他们也的确欣然从命：一位或两位大主教与一众主教、修道院院长、郡长和当地的贵族一同参加。威尔士的诸王可能也会出席；斯堪的纳维亚人名字的数量也同样引人注目。这样的集会无疑是为了抹平人们在上个世纪因战乱冲突产生的创伤，使他们对新政权充满信心，但这个战略有其风险：埃塞尔斯坦的好大喜功刺激了人们的不满情绪，并可能随时爆发，布鲁南堡就是一个充分的证明。

然而在布鲁南堡之前，埃塞尔斯坦贤人会议制定的法律彰显了埃塞尔斯坦对法律和秩序的关注。[8]这些法典至少有6部，记录了10世纪的各位国王，并且其中揭示的立法过程表明，埃塞尔斯坦在治理他新扩大的王国时不得不面对一些问题——即便没有证据表明（在埃德加统治时期之前）有国王为丹麦地区立法做出尝试。最常见的问题显然是盗窃，其惩罚十分严厉。如果赃物的价值在8便士以上，盗贼必定会被处以死刑，但处死方式根据被告人的地位和年龄会有所不同，可能会采取石刑、溺死或绞刑。尽管这些处罚看起来十分残酷，却不会滥施于人——因此衡量过后，埃塞尔斯坦将施用死刑的年龄从12岁提高到了15岁。他与身边的"贤人"讨论过后得出结论：处死15岁以下的年轻人太过残忍……并且他发现自己忽略了其他的判罚。[9]因此，埃塞尔斯坦的一部分立法是与"他的主教、郡长和地区长官"持续商议的结果。例如，伦敦和平公会（peace-guild）章程就表明了地方与王室博弈的结果。[10]

埃塞尔斯坦的立法也表明了他坚信自身就是基督教国王，因而也是上帝的代表：

> 现在你们（郡长）要遵从我向上帝所做的保证，若有违抗必定会遭受痛苦……你们不仅要好自为之，也要训诫那些惹怒上帝以及背叛我的人。[11]

冒犯上帝就等于违反埃塞尔斯坦国王所立的法规，冒犯之人就是死后也逃脱不了惩罚。他的《格雷特里法典》（Grately Law code，大约930年）首次提到了有关教会墓地问题，或者更确切地说是冒犯之人不允许被埋葬在其中：

> 凡是违背誓言，并因此臭名昭著的人，将永远无权宣誓，也不得在死后埋葬在教会墓地，除非他教区的主教见证了他为忏悔而苦苦修行，并宽恕了他的罪行。[12]

图6-4 《圣埃塞尔沃尔德祈祷书》中描绘圣枝主日[①]祈祷场景的扉页

---

① 圣枝主日（Palm Sunday），复活节前的星期日。——编者注

主教与国王之间新的合作关系在 10 世纪的改革运动中显现成效，但君权神化永远不会成为防止权力瓦解的坚强堡垒。埃塞尔斯坦在 939 年去世时，任何认为英格兰是统一国家的看法都是不现实的。约克重新建立了自己的独立王国，直到 954 年才被完全占领。而在更远的南方，英格兰成为统一国家的观念尚未被接受。这一概念对于卡洛林人（法国人）来说都是陌生的，也很难被（德国的）奥托尼安人（Ottonians）认可，尽管在政治上显得并不明智，王室还是给每个王子提供相同的待遇（有时是按照长幼顺序），这似乎是天经地义之事。在英格兰，埃塞尔斯坦身无子嗣，这暂时缓解但并没有彻底解决这个局面：埃德蒙和埃德雷德，这两个（短命的）同父异母的兄弟继承了埃塞尔斯坦的王位，他们两人都专注于恢复约克王国，但是在埃德雷德去世的 955 年（约克投降后的第一年），分崩离析重新出现。具体情况已经很难知晓，但从《盎格鲁－撒克逊编年史》中可以清楚地看到埃德威格和埃德加兄弟间的权力划分：埃德威格的权力基础在韦塞克斯，埃德加的权力基础在麦西亚。埃德威格在 959 年去世，这为埃德加提供了成为唯一统治者的机会，正如《编年史》所说，埃德加成为"不列颠之王"。[13]

人们一直认为，埃德加继位时继承了一个王国，这个王国成立于长者爱德华和他的妹妹埃塞尔弗莱德的统治时期。这是他们的成就（人们早就这么认为），曾经被维京人夺去的土地重新回到手中，韦塞克斯的行政手段可以（或已经）被运用于新征服的领土。因此，"丹麦法区五城镇"很快就被分成了几个郡，并由郡长负责管理。这些郡设有议事机构（正如后来的立法确实表明的那样），每年召开两次会议。同时每个月还要举行百户会议，各百户（每个百户面积有 100 海德，根据惯例，一海德土地可以养活一个家庭）负责本区域的治安。百户长还需要去追捕犯罪之人，将他们绳之以法，并处以罚款，惯犯则很可能会被放逐。

这个古英语王国的行政效率毋庸置疑。它的行政体系经过反复验证，不仅在克努特征服英格兰后得以保留，甚至在 1066 年诺曼征服后依然延续，盎格鲁-撒克逊时期的各郡边界直到1974年才有可能发生了根本性改变。[14] 但是正如最近所争论的那样，该体系的起源也许并不像长久以来所认为的那样久远。有新证据表明，这些在韦塞克斯推行已久的体系，准确来说，是在埃德加统治时期（这段时期也远远不是平安无事的和平时期）才最终被系统地推行到了英格兰各地。[15] 而正是该时期的特殊环境才使之成为可能，即英格兰没有再遭受到维京人的入侵。对于长期定居在此的丹麦人来说，为埃德加所用之人都必定忠诚于他："在我生命延续的每一天，我就是你们真正的主，我对你们感到十分满意，因为你们是如此渴望和平。"[16] 恰恰是这种罕见的和平时期为将那些已在韦塞克斯经受了反复验证的行政体系推行到其他地区提供了机会。

这种和平需要精心维护。当然，维京人入侵是上帝给犯下罪行的盎格鲁-撒克逊人所带来的惩罚。因此，基于信众纳捐的祷告成为他们的第一道防线。尽管人们相信祷告的力量，但无论是阿尔弗雷德、爱德华，还是埃塞尔斯坦都没有着力对维京人破坏的重要祷告场所——大教堂进行修复。许多教区由此消失，尽管我们无法获知精确的数量，但能够确定的是许多教会财产都落入了外人手中。在某些情况下，出于战略思考教会的土地会被交换，但更多的时候，尤其是在诺森布里亚和英格兰中部地区，大量的教会土地遗失并且从未被收复。但是，在埃德加统治时期，许多修士在国王的支持下决定终止进一步的异化，并试图使修道生活重回比德时期的黄金时代。国王的虔诚、典范或劝诫不再是保障王国安全的唯一力量。埃德加统治下的和平时代不仅促进了行政改革，并且确定了"全职"祷告者，时时刻刻为保卫王国、维护统一和稳定、抵御入侵而努力。

随后发生的一系列运动通常被称作10世纪的修道院改革，然而实际上这是一种误称：它并不是一场彻底改变修道院生活状况和目标的运动，也没有重新定义国王和王后为人民的庇护者以及人民与上帝的沟通者。但是，与许多革命运动一样，它并不宣称自身为改革：从《圣本笃准则》（*Rule of St*

Benedict）来看，其公开的意图是要回到过去。在这场运动中，"修道院"取代了早期的"大教堂"，并重点强调习惯的统一和未婚修士的祷告（到后来已婚修士的祷告才受到重视）。

　　10世纪修道院运动的灵感主要来自于欧洲大陆，这里堪比著名的"改革"热地，从勃艮第的克卢尼修道院（Cluny）到卢瓦尔河畔的弗勒里修道院（Fleury）（当然远不止这些）都进行了改革。在10世纪，英格兰与欧洲大陆的联系极其密切，婚姻联系众多（不仅仅局限于"政治联姻"），这极大促进了两地的文化交流，并不断衍生出新的分支。[17] 例如，法国的路易四世由埃塞尔斯坦王室抚养长大，后来与奥托一世的妹妹格伯加（Gerberga，埃塞尔斯坦同父异母妹妹伊迪丝的妯娌）结婚。英格兰修道院运动的三大领袖之一邓斯坦（格拉斯顿伯里和坎特伯雷教堂的大主教）曾被驱逐（好像是因为他对埃德威格国王的私生活表达了不满），在伯爵阿努尔夫一世（Count Arnulf I）的帮助下去往根特（Ghent）避难。阿努尔夫的母亲是阿尔弗雷德大帝的女儿。阿努尔夫将邓斯坦安置在了新圣彼得修道院，并委托其院长乌莫尔（Womar）照顾。阿努尔夫去世后，奥托的妹妹格伯加成为阿努尔夫儿子的摄政者，这为她向乌莫尔捐赠一事（以为阿努尔夫灵魂祷告为由）铺平了道路。后来《编年史》记载了他的去世（他似乎曾访问过温切斯特），乌莫尔因此在英格兰极负盛名。然而，并非所有的修道院关系都如此复杂；他们也不应忽略英格兰宗教运动的特殊背景。

　　我们必须从东盎格利亚讲起。这里曾经建有最负盛名的修道院［例如伊利和伊肯（Iken）］，并且拥有两个主教辖区［分别可能在埃尔汉姆（Elmham）和邓尼（Dunwich）］。到9世纪，所有的修道院和主教辖区都已销声匿迹，在维京军队入侵和定居在此之后，修道院生活的痕迹荡然无存。但到了917年或918年，长者爱德华收复了东盎格利亚，并于932年任命他的同族埃塞尔斯坦为郡长。埃塞尔斯坦的影响力不可估量，因此被人们称为"半个国王"。他和妻子都坚定地致力于恢复东盎格利亚的教区主教和修道院生活，这一点十分重要,因为未来的埃德加国王由埃塞尔斯坦一家抚养长大,也因为他的老师正是修道院改革的推动者埃塞尔沃尔德[格拉斯顿伯里修道院的修士、阿宾登修道院院长,后来成为温切斯特大主教]。在邓斯坦被流放期间,埃塞尔斯坦辞去了郡长一职(或被迫离开),隐居在格拉斯顿伯里的修道院,并对其给予了资助(他也资助过阿宾登修道院)。他的儿子埃塞尔温(Aethelwine)继承了东盎格利亚郡长一位,与其父亲一样致力于修道院改革。继埃塞尔沃尔德和邓斯坦之后的第三位改革者是奥斯瓦尔德,他起初任伍斯特的主教,后来成为约克的大主教。奥斯瓦尔德回到英格兰后,于965年在拉姆西(Ramsey)一块埃塞尔温母亲所赠的地产上创建了弗勒里修道院(因藏有圣本笃的遗体而极具影响力),并在这里度过了对其影响深刻的6年时光。[18]

埃德加在成为国王时,就已经接受了令人敬畏的"正确秩序"教育。埃塞尔沃尔德可能是他的老师,而邓斯坦则是他养父的朋友。后来的资料将埃德威格国王(埃德加继位前的国王)描绘成了行为放荡之人(也可能不是),他在加冕礼当天的淫秽好色(与两个女人鬼混)与埃德加的高尚品格形成了鲜明对比。这并不是说埃德加完全没有婚姻丑闻,而是他(似乎)具有埃德威格缺少的场合意识。国王的个人道德决不能与他对王国事务的处理相混淆,而埃德加毫无疑问十分清楚自己国王的身份,也清楚如何做才能使新派修士支持、推崇和捍卫他的统治和王国。

在10世纪,祷告不是(或者不仅仅是)虔诚的祈求。它蕴含着一股力量(无论好坏),现在很难被完全理解。正义的祈祷为国王和王国的安全建立了一个重要的防御系统,但这样的祈祷必须由具备天使精神的人来进行:换句话说,正义的祈祷必须来自性纯洁的人。对于改革者来说,这个国家的中坚力量以修道院为根据地,特别是大教堂里,这似乎是合适的。因此,非独身教士的祈祷已经被认为是无用的,正如埃德加国王所说的那样,"他们没有任何有用的东西"。[19]未来,大教堂的教士要保持性纯洁,不得拥有私人财产，要严格遵守圣本笃的规则。只有这样，他们的祈祷才能保证国王和王国得到拯救。正是在这种信念的推动下，埃塞尔沃尔德与埃德加国王（以及坎特伯雷大主教邓斯坦等支持者）一起，在964年2月组织了一场"清除温切斯特奥尔特敏斯特教堂邪恶神职人员"运动，他们用来自阿宾登的埃塞尔沃尔德修道院的新派僧侣将其取而代之，他们从温切斯特大教堂的门口进入，驱逐"那些亵渎神灵的人"。[20]

除了对"温切斯特奥尔特敏斯特教堂"进行改革之外，埃塞尔沃尔德还对温切斯特的新大教堂和女修道院进行改革。此后，他把注意力转移到多塞特的米尔顿修道院（Milton）、萨里的切特西（Chertsey），以及东盎格利亚的彼得伯勒、伊利和索尼（Thorney）。与此同时，尽管不那么疯狂，埃塞尔沃尔德在改革方面的合作伙伴也在努力工作；邓斯坦对马姆斯伯里和（可能）威斯敏斯特进行资助并改革；奥斯瓦尔德（已经提到）在拉姆西修建房子来容纳僧侣。虽然奥斯瓦尔德是主教，但对伍斯特本身而言改革缓慢，但温什科姆、珀肖尔（Pershore）和伊夫舍姆（Evesham）在奥斯瓦尔德的监督下都实现了禁欲主义。在改革家的理想世界里，本笃会的修道院可能已经遍布全国各地，如果改革的步伐在971年之后有所放缓，原因可以归结为缺少机会，而非缺少热情：新机构运行起来花费高昂，每个机构运行需要的大量经费可能要依赖于不择手段以及偶然发生的情况（如主教的死亡和没收他们的个人财产）。此外，虽然诺曼征服前经过改革的修道院数量从未超过50个，但它们仍然具有极大的影响力，因为诺曼征服前的主教主要来自于这些修道院。[21]

改革之声在《修道准则》中得以表达，这份文件确立了埃德加和改革者希望在修道院里遵循的一系列惯例，包括土地的长度和宽度。目前尚不清楚文本何时起草，但在970年前后温切斯特举行的会议上得到批准，主教、男修道院院长和女修道院院长都"举手"表示支持，以免对惯例的遵循会因为形式不同而使他们陷入争论。[22] 比德的时代在改革者眼中属于黄金时代，一系列惯例已经受到了广泛认可。现在在国王的指导下，需要的是形式统一。王室在幕后主动发起并资助了这场运动。虽然弗勒里和根特的惯例很有影响力（《修道准则》序言中已经予以确认），但是就王室专用祈祷而言，英格兰的习俗是独一无二的：每次祈祷时，国王和王后需要吟诵两首圣诗和三段祈祷词，并且在每次弥撒之后还要再吟诵一次圣诗以及再进行一次祈祷。

人们通常认为埃塞尔沃尔德本人拟定了《修道准则》（而非邓斯坦拟定）。[23]一个被引用最多的故事是关于埃塞尔沃尔德如何测试僧侣的服从性。埃塞尔沃尔德在阿宾登要求他的僧侣将手伸入沸水之中，这让人们非常容易认为改革具有强迫性和残酷性。毫无疑问，在某些方面的确如此。[24] 但同时，无论这是多么矛盾，改革者们的设想总是绚丽无比，企图包容一切并使人快乐。所有的基督徒，不仅仅是修士和修女，都要在改革中扮演相应的角色。在这方面，埃塞尔沃尔德意识到，他的使命是恢复比德时代失去的荣耀，这并没有错。与8世纪的维尔茅斯－贾罗修道院的作用一样，10世纪的温切斯特成了一个传教中心和修道典范场所。[25] 在温切斯特，与埃塞尔沃尔德有关的建筑工程的规模令人咋舌：主教获得了新的住所；奥尔特敏斯特教堂西部扩建的部分气势恢宏；新大教堂西部的塔楼高耸入云。人们是否接受这座建筑（需要占用大量的土地）值得怀疑，但是他们的确欢迎把9世纪的温切斯特主教圣斯威森的遗骨迁移到奥尔特敏斯特教堂的西部。整个教区并为之欢欣鼓舞：

> 每个来自温切斯特的人，无论老少男女，无论是出身卑贱还是高贵，无论谁居住在那个城镇，都要光着脚走3英里，带着敬畏之心迎接圣洁的守护神。这样每个人都可以共同赞美上帝，上帝的光辉会在吟诵中照耀每寸土地，圣斯威森将在欢呼声中被恭迎到城里。[26]

斯威森遗骨的重现在教派和解中扮演了重要的角色，曾经被埃塞尔沃尔德从奥尔特敏斯特教堂驱逐的一名教士被特意选为遗骨发掘的关键人员。当僧侣们对圣斯威森众多显灵事件感到厌烦时，埃塞尔沃尔德就会严厉斥责他们的懒惰。无论白天还是黑夜，只要病人得到治愈，僧侣们就必须立即到教堂去唱圣歌。[27]

埃塞尔沃尔德对改革事业的承诺不仅仅在《修道准则》中有所体现，而且在他的祈祷书（主教在弥撒中使用）中也有所体现。埃塞尔沃尔德的作品不仅异常华丽，而且还具有一定的"政治性"，因为它一再强化埃塞尔沃尔德设想的国王和王后在建立神的国度时应该扮演的特殊角色。埃塞尔沃尔德抓住一切机会称颂高举王权——给东方三博士他们每个人都头戴王冠，这在当时是不同寻常的，他们给耶稣的第一份礼物是一顶王冠。在耶稣受洗的下一幅插图中，圣灵选定他作为国王和教士，而天使为他加冕并授予权杖。与此同时，我们还要注意到祈祷书中出现的普通信徒的形象。例如，作为圣枝主日游行队伍的一部分，他们作为旁观者见证了主教主持献堂礼的仪式。[28]

虽然祈祷书的具体成书日期无法确定，但是973年埃德加和埃尔夫思里思（Aelfthryth）在巴斯的加冕礼与之紧密相关。这一加冕礼本身就有点神秘：到973年，埃德加已经当了14年的国王，很难想象他最初继位时没有举行任何形式的加冕礼。然而，973年是埃德加的一个重要日子。那年，埃德加30岁了。

虽然我们很难猜测他举行第二次加冕的冲动有多大，但是下面这些理由非常充分：与德国的奥托一世保持一致（因为962年奥托一世在罗马帝国加冕）；强化埃尔夫思里思王后的儿子们的继位主张（爱德华王子则是其与前夫所生的长子）；凸显埃德加作为全英格兰国王的权威（973年的货币改革后，王国境内只流通一种钱币）。[29]

无论埃德加加冕的动机如何，这次盛会的壮观是毋庸置疑的。选择巴斯这座具有罗马传统的城市为仪式增添了一丝帝国魅力。当时不列颠诸王（不论是阿尔弗里克说的"8位国王"还是《编年史》记载的6位国王）在切斯特宣誓效忠埃德加之后，以表明他确实实现了某种程度上的罗马和平。[30] 然而，把这次加冕解释为一种纯粹的仪式是错误的：来自爱尔兰维京人的入侵威胁从未消失。埃德加统治期间是和平时期，这既不是靠运气，也不是靠祈祷。作为一名教会中的激进分子，埃德加采取的统治手段多种多样。据说护送埃德加到切斯特的"海军部队"标志着海军税制度的开始，这项征税制度旨在向国王提供防御所需的舰队。当然好的方面还是有很多：埃德加现在统治着一个货币统一、众心所向的国家，并希望自己的王国做得足够好，能够使得上帝感到欣慰和舒心。

在巴斯加冕两年之后，埃德加去世。埃德加的两个儿子爱德华和埃塞尔雷德之间的继位冲突使得王国陷入内战。这场冲突为那些认为修道院改革者随意和不法占有他们土地的人（这些改革者的确如此）进行反抗和掠夺提供了一个绝佳的机会，但几乎没有证据表明所有人都普遍反对改革者的理想，人们进行反抗和掠夺与其说是意识形态的冲突，不如说是"趁火打劫"。至于继承权问题，改革家们也纷纷站队——埃塞尔沃尔德似乎支持埃尔夫思里思女王的儿子埃塞尔雷德，而邓斯坦支持的则是随后加冕的爱德华（埃塞尔雷德同父异母的哥哥）。仅仅3年后，爱德华在威尔特郡打猎时被谋杀——埃德加治下曾经是太平盛世——这场谋杀似乎很异常、颇为奇怪。对于当时的人们来说，这似乎在提醒他们魔鬼从不睡觉。当时，每个人都知道这一点。魔鬼和他的爪牙从未远离：在971年圣斯威森遗骨重新得以安置之后，圣斯威森第一个显灵事件就是从三个魔鬼的魔掌中拯救了一个看似无可指责的温切斯特公民（即有着黝黑头发的两个女人，加上一个穿着闪亮白色衣服的高个子女人）。[31]

人们不能单独在修道院里与魔鬼搏斗，改革者们也没有想到这样做。英格兰修道院改革与欧洲大陆的类似改革之间的显著区别在于英格兰教区所扮演的角色。从 597 年圣奥古斯丁到达坎特伯雷和 635 年艾丹到达林迪斯法恩时起，僧侣们就走到了为普通信众提供教牧关怀的最前面，而 10 世纪的改革运动延续了这一传统。没有人比阿尔弗里克（本章开篇出现的人物）更能说明这一点了。[32]

阿尔弗里克曾是埃塞尔沃德在温切斯特的学生，但在 987 年左右，他被派往多塞特郡的瑟尼（Cerne），到一个新成立的修道院［或可能是由郡长埃塞尔沃德的儿子埃塞尔默（Aethelmaer）重新建立的］。埃塞尔沃德不仅仅是一个重要的政治人物，还负责为他的表妹玛蒂尔达（Matilda）——埃森修道院（Essen）的女院长——担任《盎格鲁-撒克逊编年史》的拉丁语翻译。他和埃塞尔默都是阿尔弗里克的工作中不可或缺的赞助人。埃塞尔沃德去世后，埃塞尔默在政治上失势。他前往牛津郡，在恩舍姆创建了一个教区（就像瑟尼一样，这可能是一个重新建立的修道院），并在得到阿尔弗里克的支持后成为修道院院长。在瑟尼和恩舍姆，阿尔弗里克著述颇丰。在瑟尼期间，他用方言写了 80 篇适合作为讲道文本或虔诚的文章（分为两卷）。第三部《圣徒传》(Lives of the Saints) 是他专门为埃塞尔沃德写的，后来又把《旧约全书》翻译出来，供受过良好教育的普通信众（尤其是埃塞尔默和埃塞尔沃德自己）阅读。阿尔弗里克的名声使得他很快就成为一名"官方"散文作家，约克的大主教伍尔夫斯坦委托他撰写教牧书信（阿尔弗里克对他的千禧年观点感同身受），舍伯恩的主教伍尔夫希格（Wulfsige）也同样请他写作。作为一名热心的教师，阿尔弗里克还为他的学生们写了一份拉丁语语法，并为他们设计了一段对话，目的是让他们练习说拉丁语。阿尔弗里克的第一本书给人留下了深刻的印象：早期的约 30 本手稿（可追溯到 10～13 世纪）仍然留存于世。这些手稿被制成小册子，以便为寻找布道资料的教士提供方便，这是阿尔弗里克"把书上的学问传给上帝所有选民"的成功见证。[33]

于是，阿尔弗里克不仅在他自己的教堂里布道，也在全国各地的教堂里布道。他有一个国家教会的概念，这最有可能是由埃塞尔沃尔德灌输给他的。对于他们来说，有3位圣徒特别值得尊敬：圣本笃，修道院制度的创立者；教皇格列高利，他的计划是派教士到英格兰传教；最后一位是圣卡斯伯特，他是一个为了统一英格兰而来的圣徒。[34] 卡斯伯特如何得以青睐并不清楚，但毫无疑问，他对10世纪的改革者来说十分重要，并且他们的国王们也需要卡斯伯特的支持。在埃塞尔斯坦北上途中，他没有强调要尊敬卡斯伯特吗？难道不是卡斯伯特在阿尔弗雷德与古斯鲁姆决战前许诺他会胜利，并且他的继承人有朝一日能统治全英格兰吗？[35] 尽管无法确认故事的真实性，但显而易见，在整个10世纪，英格兰南方人为了自己的事业常常将北方圣徒搬来使用，自己对此则毫无愧疚。当然，把卡斯伯特本人移到南方不大可能，但其他北方圣徒则情况不同：到10世纪中叶，奥斯瓦尔德最后在格洛斯特安身；威尔弗里德在坎特伯雷安身；本笃·波斯哥的遗骨则留在了索尼。这些圣徒在新的环境中得到了应有的尊重，在他们的感召下，改革有望在全国范围内继续推进。

然而，975年埃德加的去世以及随后的动荡给改革热潮蒙上了阴影，但大量证据表明，10世纪晚期和11世纪英格兰各地宗教活动仍然具有强大的生命力和多样性。除了经过改革的修道院之外，"未改革的"大教堂继续蓬勃发展，并且最早的教区教堂也随之出现。追溯这些新的礼拜场所的历史并不容易，往往只能通过对所欠税款的争议来进行区分。因此，在埃塞尔雷德1014年的法典中，对亵渎"大教堂""小一点的教堂"或"更小的教堂"，乃至"乡野中的教堂"的罚款各不相同。自10世纪以来（可能不会更早），除了某些罪犯之外，死后必须埋葬在教区墓地上，但关于谁应该获得丧葬费的问题仍旧存在，例如死者没有被埋葬在自己的教区，因此埃塞尔雷德立法："丧葬费最好支付给所属教区。如果死者被埋在教区之外的地方，丧葬费还得缴纳给死者所属教区。"[36]

在这个语境中，"所属教区"是教徒的精神家园。死者生前通常会去忏悔，然后去做弥撒。现在已经无法知道这些规则在多大程度上得以遵守，但证据表明基督教信仰和实践既不敷衍，也不只是仪式性的。从洗礼的那一刻起，每一个基督教徒都被托付给一个守护天使，守护天使的职责就是对抗魔鬼带来的始终存在的危险。当撒旦和他的仆从尽其所能索取垂死的男人或女人的灵魂时，人们对天使的需要最为强烈，这是最后向上帝忏悔、宽恕和交流的时刻，但一定也有无数的人死时并没有这些仪式。灵魂守护者的帮助特别重要：天使可以把死者生前做的所有善事都记录下来并且呈给上帝。对于真正邪恶的人来说，这当然是不可能的——一些恶人在最后的审判日被圣母从地狱的烈焰中解救出来，这本身就是一种极其危险的异端邪说。普通基督徒最多指望能够在一处"准炼狱"的地方进行自我净化，根本不敢有一丝的自满或懈怠。[37]

普通基督徒应该每周（或至少经常）先忏悔，然后领受圣餐。[38]他既知道主祷文，又知道信经，但不指望死记硬背。教会也提供各种各样的译本帮助其理解要旨。重要的是，普通基督徒应该掌握这两种经文，以便"他们知道向上帝祈祷什么，以及他们如何相信上帝"。[39]另外，教会还提供相当多的白话诗，向人们生动描述圣徒的传教历程和地狱中的恐怖。

在10世纪和11世纪的某个时候，这样的文本被收集成3卷手抄本：《韦尔切利手抄本》(*Vercelli Book*)，由各类布道书和圣歌组成；《朱尼厄斯手抄本》(*Junius manuscript*)，配有大量精美插图，以《旧约》内容为主（从"创世纪"开始）；还有《埃克塞特手抄本》(*Exeter book*)，该抄本没有插图，以宗教和世俗诗歌为主。[《贝奥武甫》手抄本和《旧约》中关于朱迪丝杀死荷罗孚尼（Holofernes）的故事的诗稿，是盎格鲁-撒克逊时期四大手抄本中的最后一本]只要稍稍了解一下这些典籍，我们就会感受到基督教教义的语言力度：你无法逃避生命的短暂和死后的世界——"在你出生之前，坟墓早就为你建成。在你脱离母体之前，泥土就早已是你的归宿"；坟墓中的尸体也无法幸免——"贪婪的蛆虫吞噬着你的肋骨，吸吮

着你的血……"[40]但是与上述恐怖相比,最后的审判带来的恐怖才是真正的恐怖:

> 大地颤抖,峰峦崩塌;山脉下沉,海浪怒号,每个人都惊慌失措。天光阴晦……星辰坠落……然后天军将会到来。[41]

但是,尽管有这些恐惧,只要如实忏悔,忏悔者总还有希望。罪人总有忏悔的义务:

> 忏悔者不能透过肉体看清人的灵魂,因此无论人们告诉他的是真相还是谎言他都无法识别……然而,如果只告诉一个人,所有的罪恶和邪恶都可以被治愈。但如果他哪怕隐瞒一丁点罪恶,这点罪恶在最后的审判之日都会昭然若揭。[42]

但是盎格鲁-撒克逊英格兰人当然不是单靠经卷来了解他们的上帝和圣徒。每年的教历都规定了需要庆祝的节日,每一个节日都有自己的故事。每个教历年也是(而且一直是)花费颇多的。在埃德加统治时期,比德对当时新的税收已经比较熟悉:教堂税(在伊内国王统治时期就必须缴纳一定数量的粮食)又被附加上了新的要求,即"圣灵降临节前要缴纳自己所养幼畜的十分之一;春分前要缴纳自己收成的十分之一;圣马丁节要缴齐所有的教堂税。违者必究:

> 颁布法令后,如果有人胆敢不缴纳什一税,国王的官员、主教的执事以及教区的教士就会赶到此人那里,勒令其再多交一份什一税。这份税的八成将被一分为二,土地的主人获得一半,主教获得一半,没有例外。[43]

尽管如此，宗教节日仍然是一个值得庆祝的日子，尤其是那些在春季之前和之后举行的庆祝活动。在这样的日子里，人们更倾向于在有多个教堂的地方举行节日游行。在盎格鲁－撒克逊时期的英格兰，这样的地方并不少见。坎特伯雷最初的时候就有 3 座教堂。[44]

我们从二月二日的圣烛节（Candlemas）谈起。这是纪念耶稣诞生后圣母马利亚前去行洁净礼的节日，因此被称为圣母行洁净礼日。至少从 7 世纪开始，这是罗马人庆祝的节日。它是否在 900 年前被引入英格兰尚不确定，在《修道准则》成书的时候，圣烛节的庆祝仪式已经相当完备。对阿尔弗里克而言，普通信徒的参与尤为重要："僧侣和普通信徒都必须在圣母马利亚行洁净礼那天举着蜡烛，并高唱颂歌，在颂完福音之后将蜡烛献给圣母。"所有人参与节日庆祝至关重要，"尽管有些人不能唱歌，但他们仍然可以用手举着蜡烛，因为这一天是真正的光明——耶稣被圣母献给了上帝"。[45] 在这个场合，每个人都是《新约全书》的人物西缅（Simeon），当圣婴被带入圣殿时，西缅已经认出了他，"就像这个人（西缅）因善行而看到了基督耶和华，在此之前，这个人看不到死亡，因此我们也可以得永生"。[46] 在大斋首日（圣灰星期三），普通信徒也有自己的角色：教士在自己的额头上画上了他求神赐福的灰作为标志，全体会众都轮番画上相同的标志。此后，在庆祝弥撒之前举行游行。现在每个人都是亚当："（人）必须记住，他们来自尘土，然后将回到尘土中，就像有无限权力的上帝对违命之后的亚当所说……你本是尘土，最后也将回归尘土。"[47]

礼仪年的高潮是圣周，从圣枝主日开始，这一天模仿耶稣到达耶路撒冷手举棕榈叶（或者棕榈枝）与使徒们一起游行。据福音书中描述，耶稣受到人群的欢迎。值得注意的是，正如罗伯特·德斯曼（Robert Deshman）所指，在《圣埃塞尔沃尔德祈祷书》有关圣枝主日祈祷场景的扉页插图中，教士们并没有容身之地，而"普通基督徒"——包括一个女人——被描绘了出来。[48] 这样一群人游行之后，弥撒就开始了。圣周晚些时候，普通基督徒再次扮演了重要角色：在濯足节①，一群被选中的穷人接受了濯足礼和食物，虽然这些都是仪式上的慈善，但仍然有意义。在耶稣受难日中，《修道准则》提出了这样的建议（虽然有删节，但值得引用）：

> 如果普通信众或新入教者要想巩固自己的信仰，并想模仿教士的正确方式来进行礼拜，我们规定如下：想象祭坛旁边有一处圣墓，圣墓四周挂上帷帐，圣十字架应该按照下列方式放置，即手持十字架的执事前来，把十字架裹在一块手帕里，就把它安放到……圣墓前……在复活节的圣日里……四个教友们要穿戴整齐，其中一个还要穿着白袍……悄悄来到圣墓，静静地坐在那里，手中握着棕枝……其他三个教友穿上长袍，一步步走到圣墓处，好像在找什么东西。做这些事都是在模仿坐在耶稣墓旁的天使以及为耶稣涂油的妇女。因此，当坐着的人看见这三个人靠近……他就要开始温柔甜蜜地唱到："你们在找谁？"……三人一同回答："我们正在寻找拿撒勒的耶稣。"[49]

在中世纪的宗教戏剧发展史上，这一情节被大加渲染。但是，被加以渲染的还包括教士扮演妇女这一有趣的部分。这些教士也是耶稣复活的报信人（在福音书中使徒彼得和约翰是报信人，因为他们找到了耶稣升天后留下的布）。[50] 因此在唱完复活节弥撒赞美诗后，僧侣作为"女人"，得到了耶稣升天的消息，"天使"要求她们通过展示包裹十字架的布来向信众传播这个消息（与此同时十字架被带走）。她们高唱"主已经从坟墓中升天"。引人注目的是，阿尔弗里克在讲道中将这一情节进一步发挥，敦促信众像他一样成为甘愿为耶稣涂油的女人。

---

① 濯足节（Maundy Thursday），圣星期四，指复活节前的星期四。——编者注

从许多层面上讲，基督教历里没有其他节日的盛况可以超过复活节。但是，在盎格鲁 – 撒克逊时期的英格兰，一年当中仍有很多原因需要进行节日游行：耶稣升天节①前三天要吟唱祈祷文，祈愿庄稼有个好收成；各种守护神的节日游行；葬礼游行，等等。有必要指出，人们参加这种活动并不是阿尔弗里克寻求正统与权威的证据，我们不能有此想法。正统信仰很少能够与异端观点彻底分离，盎格鲁 – 撒克逊时期的英格兰显然亦是如此。尽管如此，如果我们不了解阿尔弗里克和与他同时代的人的思想世界，那么，即将展开的 11 世纪历史也就无从谈起。

---

① 耶稣升天节（Ascension Day），复活节后第 40 天，英国有时称作"Holy Thursday"。——编者注

第 7 章

维京人卷土重来

A SHORT
HISTORY OF THE
ANGLO-SAXONS

国内外的情况一直很糟糕,每个地方都一次又一次地惨遭洗劫。在上天愤怒的惩罚下,英格兰人早就一败涂地、心灰意冷;而在上天的授意下,海盗们却强大无比,战斗中经常以一敌十,这一切都是因为我们的罪恶……但是,我们以礼相待那些侮辱我们的海盗,我们不断向他们赔款,但还是每天都受到羞辱;他们还是一直烧杀抢掠。除了引起上帝的愤怒,我们还能看出这些人的其他目的吗?

——伍尔夫斯坦,
《狼对英格兰人的布道书》(Sermon of the Wolf to the English)[1]

975年,埃德加国王英年早逝(年仅32岁),此后王位继承纷争四起(英格兰王室长期存在的一大特征)。其王位候选人是两位同父异母兄弟,而且均未成年。流言蜚语让人分不清各自的支持者,也辨不清其中原委,但王位继承的争论使贵族、普通教徒和传教士找到了表达不满的机会,对手之间也乘机勾心斗角,并各自站队。哥哥爱德华的支持者包括坎特伯雷大主教邓斯坦、埃塞克斯郡长布里塞洛夫[Brythnoth,991年莫尔登战役(Battle of Maldon)的英雄]和东盎格利亚的埃塞尔温。另一位候选人埃塞尔雷德,年仅7岁,但拥有强大的盟友,其中最著名的当属温切斯特主教埃塞尔沃尔德和麦西亚的埃尔夫希尔(Aelfhere),而且他还拥有一个不可估量的优势——

他的母亲埃尔夫思里思，一位受过加冕的王后。相比之下，爱德华的母亲则无人知晓（外界对此传言不断）。此前的王国分裂看起来都是最恰当的选择，但这次似乎并没有经过深思熟虑。最终975年年底爱德华加冕为国王。然而仅到978年春，爱德华国王就在多塞特郡［靠近现在科夫城堡（Corfe Castle）所在地］狩猎时被杀害。无人知晓是何人所为，亦不知这究竟是一场误杀还是一场精心策划的暗杀。很快，埃尔夫思里思王后被列为首要嫌疑人，虽然没有证据表明她与爱德华的死有关，但是随后她延迟将国王下葬等做法引起了大家的怀疑与猜测。爱德华国王的遗体被隐藏起来，经过数月才得以下葬，后又被运往沙夫茨伯里修道院（Shaftesbury，阿尔弗雷德大帝所建）。千禧年之际，对爱德华的崇拜势力在王墓周边发展壮大，1001年，爱德华被尊为圣徒。那时，人们普遍认为是爱德华之死导致了维京人的卷土重来，而自己的军队在被维京人打败时也会祈祷爱德华的庇佑。[2]

同时，979年5月，埃塞尔雷德加冕称王。抛开他的出生年份，他看起来明显还是一个孩子。在埃塞尔雷德统治的前五年，他一直受控于母亲埃尔夫思里思和主教埃塞尔沃尔德，一切听从他们指导。但他们二人间的关系却不融洽，一直处于紧张状态。980年，奥尔特敏斯特教堂在温切斯特的落成似乎为二人的和解提供了机会，因为在这里可以举行宗教仪式，使得"他曾经所有的敌人……突然间都成为羊而非狼"。[3] 但平衡并未就此长期保持，984年埃塞尔沃尔德去世后，埃尔夫思里思王后似乎也失去了对儿子的控制权。自此以后，埃塞尔雷德进入了现在称作"年少轻狂"的一段时期。贵族们得到他的授权，恣意侵吞教会财产。然后在993年形势急转而下。据《编年史》描述，国王埃塞尔雷德下令弄瞎埃尔夫加（Aelfgar，郡长阿尔弗里克之子）。[4] 虽然不能确定具体原因，但埃尔夫加确实是国王之前挥霍教会土地的首批受益人，现在却成了公众鄙视的罪人。埃塞尔雷德公开发表了一份悔过声明："我为之前发生的不幸事件道歉，这一方面是由于我年幼无知，善恶不分；另一方面也由于那些本该对我好心劝诫但却进献谗言的奸佞之人。"[5]

图 7-1　19 世纪对殉道者爱德华遇害前危险时刻的描绘

993 年无疑是不详的一年。显而易见,维京人对英格兰的和平与繁荣再次构成了威胁。10 世纪 80 年代的零星袭击基本可以忽略不计,但 991 年的莫尔登战役却另当别论。这一年维京人的舰队已经成功登陆,击败了布里塞洛夫郡长率领的军队。战役的惨烈使之成为后世英雄诗体的主题。[6] 这场战役之后,为了获得一丝喘息的机会,埃塞尔雷德不得不向入侵者赔款。然而事实上,赔款仅能换来短暂的安宁。维京人不断进攻,灾难接踵而至。994 年,维京人"在沿海和埃塞克斯郡、肯特郡、萨塞克斯郡和汉普郡烧杀抢掠,无恶不作。最后还抢夺马匹,马蹄踏遍了每一片土地,带来了无尽的灾难"。[7]

《盎格鲁 – 撒克逊编年史》对这些年份所发生的事件极尽渲染,而人们早已认识到需要对此持谨慎态度。不论这部书的作者是谁,他都是带着后见之明写作的:那时,埃塞尔雷德已经去世,丹麦国王克努特继任英格兰王位,已然到了评论是非功过之时。近期对埃塞尔雷德试图复国的研究极大地纠正了《编年史》中国王懦弱无能的形象。我们现在把重点放在埃塞尔雷德的外交努力方面。例如在991年(莫尔登战役之前),他就与诺曼底的理查德结盟,双方承诺互不敌对(1002年,埃塞尔雷德与理查德的女儿埃玛联姻,进一步巩固了联盟)。994年,埃塞尔雷德又充当了维京人首领奥拉夫受洗的引领人(阿尔弗雷德大帝也曾充当维京人首领古斯鲁姆受洗的引领人),希望奥拉夫能够集中精力征服挪威,并增强兵力对付丹麦斯韦恩的进攻(英格兰的另一根刺)。这一举动有助于使斯韦恩和奥拉夫远离英格兰土地和海岸。还有一点我们必须认识到,到埃塞尔雷德晚年时,维京人的实力比先前入侵时更加强大,野心也更大(随后维京人征服英格兰可以证明这一点)。[8]

即使埃塞尔雷德已经竭尽全力,他统治时期的相关记录仍令人十分沮丧。埃塞尔雷德一方面向维京人赔款求和,另一方面又花钱支持维京人之间相互征战,所需费用数额逐年增高。莫尔登战役时,缴纳给维京人的钱仅为10000镑;但到1018年,数额就已经跃升到72000镑(至少《编年史》中提到的数字是这样)。[9]

我们一方面对国家能筹集到如此巨额金钱的能力称奇;另一方面,我们需要考虑这些税金给当时社会带来的严重影响。因为那时的英格兰社会对货币经济尚无法适应。盎格鲁-撒克逊词汇中"稻谷"(rice)一词,之前意味着"强大"(powerful),但在11世纪,它则只是"富有"(rich)的代名词,这一现象并非偶然。现金的大量流通必然与之前的互赠戒指或礼物(物物交换)不同。社会上存在的大量现金必然滋生腐败与贪婪。[10]

时间回到993年——这是一个值得密切关注的年份。991年的莫尔登战役以来,英格兰接连败退,而两位"资深政治家"——约克大主教奥斯瓦尔德和他的朋友东盎格利亚郡长埃塞尔温又于992年相继去世,埃塞尔雷德本来还可以向他们寻求一些制敌建议,但他们的去世使得形势雪上加霜。情急之下，埃塞尔雷德将他的母亲（她现在重新成为皇家特许状的连署人），还有那些在埃德加时期进行修道院改革的人，例如，坎特伯雷大主教西格里克（Sigeric）、瑟尼的阿尔弗里克的赞助人埃塞尔沃德、阿宾登修道院院长沃夫加（Wulfgar），都招入宫中。在993年的圣灵降临节，国王召开了一场重要的宗教会议（在温切斯特举行），国王在会上指出过去几年（尤其是自从埃塞尔沃德主教去世后）发生的事情不利于国家的发展，自己没有得到良言觐见，也特别后悔出售阿宾登修道院一事。国王认为这么做必然会使自己受到诅咒，现在为了他灵魂的慰藉和人民的福祉必须停止这场交易。于是，会议结束几星期之后，国王庄重地恢复了阿宾登修道院的所有权利。作为回报，教士们做了1500次弥撒，唱了1200篇赞美诗来救赎国王埃塞尔雷德的灵魂。[11]

无论如何，993年埃塞尔雷德捶胸顿足表示忏悔的那一刻，看起来或许很激动人心，但也不能称作非凡之举。因为直到近期的研究发现，它才显得较为合理。研究中世纪英格兰的学术界关注国家权力的增长，关注盎格鲁-撒克逊时期就已经出现雏形的议会，却没有意识到盎格鲁-撒克逊后期品德高尚的国王已经司空见惯。如果埃德加国王是位眷顾自己臣民的好牧师，那同样埃塞尔雷德是一位回头浪子。没有人可以想象基于教义的国王只扮演统治者一个角色——对于国王来说更重要的品德是谦卑，愿意赎罪，愿意与臣民荣辱与共。[12]

埃塞尔雷德于993年承认过错之后，又下令修复了一些他"年轻"时期毁坏过的教堂（例如罗切斯特教堂和温切斯特教堂），并向埃塞尔沃德主教再次致敬。埃塞尔沃德主教的去世现在被认为是国王远离正义的开始。[13]埃塞尔沃德时期的奥尔特敏斯特大教堂坐落于温切斯特，现已扩建，并重新装饰（塔顶上有一个金色的风向标）。如今这里又重新举行了献堂礼，这使人联想到980年为了教派和解而举行的献堂礼。996年，埃塞尔沃德被奉为圣人，其遗体被恭敬地安置在教堂内坛，以便时刻监督并指引国王的

行为。¹⁴

到了 996 年，埃塞尔雷德认为，随着他的荒唐青春不再，再加上奥拉夫（那些年最重要的维京人）忙于争夺挪威（人们都皈依了基督教）王权，他幻想着最终会获得上帝的支持，圣徒们也会站在他这边。《盎格鲁－撒克逊编年史》（作者对埃塞尔雷德颇为不满）在那一年除了记载阿尔弗里克（西格里克大主教在前一年去世）成为坎特伯雷大主教外并无其他内容。然而和平是虚幻的：997 年，维京人入侵康沃尔郡和德文郡，"最终带着战利品满载而归"；998 年，维京人又入侵萨默塞特郡，多塞特郡和怀特岛。据《编年史》记载，998 年 "维京人在多塞特郡长驱直入，恣意妄为，虽然英格兰军队会进行抵抗，但总以失败告终"。¹⁵ 正如《编年史》所记载，从那时起，形势变得越来越严峻：999 年，英格兰为阻击维京人进攻所做的努力并没有任何实质性作用，反而加重了对人民的压迫，造成金钱浪费，并导致维京人再次发动入侵；1000 年，英格兰人在海战中一败涂地；1001 年，形势 "全面告急"。国王在 1002 年下令屠杀所有在英格兰的丹麦人，原因是 "国王被告知这些丹麦人会勾结大臣谋害他的性命，最终夺取整个王国"。《编年史》对这一段的记载也印证了当时的绝望情形。¹⁶

尽管只有牛津一个明确的证据，但埃塞尔雷德 1002 年屠杀丹麦人的命令确实得以执行。埃塞尔雷德颁发给牛津大学圣弗丽德丝维德修道院（St Frideswide）的特许状（来恢复其特权）对相关细节毫不掩饰：国王下令后，牛津城内的丹麦人纷纷逃到了修道院寻求庇护。但却无济于事，牛津当地人和周边地区的人不断搜捕丹麦人，在发现不能将丹麦人驱逐出教堂时，便将其付之一炬。¹⁷

然而，这些丹麦人究竟是些什么人呢？¹⁸

那些已经长期融入英格兰社会、受英格兰法律保护的丹麦人不大可能是这次屠杀的目标。"受害者"很可能是埃塞尔雷德招募的一些丹麦雇佣军，用来抵抗其他丹麦人的入侵。据《盎格鲁－撒克逊编年史》记载，1001 年，帕里格（Pallig，丹麦人主要首领）加入了入侵汉普郡的维京人军队，违背了对埃塞尔雷德的诺言。国王曾赠予帕里格大量的土地和金银财宝。[19] 虽然英格兰已经与维京人订立盟约，但是埃塞尔雷德不能容忍这种背叛，这就很好地解释了国王为什么会下令实施大屠杀。关于屠杀事件缘由还有一个（不能证实的）说法：据12世纪马姆斯伯里的历史学家威廉记载，1002年受害的不仅只是帕里格，还包括他的儿子和妻子贡尼尔德（Gunnhildr，丹麦王斯韦恩的妹妹）。因此，之后斯韦恩国王入侵英格兰实际上是为了报仇。

无论威廉故事背后的真相是什么，据《编年史》记载，毫无疑问，从1002年开始，维京人进攻的力度的确不断加大，随之也加剧了人们对埃塞尔雷德的背叛。因此，1003年，当斯韦恩进攻威尔特郡时，郡长阿尔弗里克没有抵抗，反而"故技重施，假装自己生病，恶心呕吐，背叛了他原本应该守护的子民"。[20] 第二年，斯韦恩攻打诺里奇（Norwich）时，东盎格利亚的乌尔夫基特尔（Ulfcetel）英勇防御，但关键时刻士兵倒戈，最后，"这位东盎格利亚英雄血洒沙场"。[21] 1005年，英格兰发生了一场严重的饥荒，维京人撤退，英格兰出现了久违的和平。到1006年，他们又卷土重来，（据《编年史》记载）当时人们忧心如焚，害怕国破家亡。

面对1006年维京人的大举进攻，埃塞尔雷德降罪于身边大臣，这与处理993年危机的方式如出一辙。[22] 王室成员伍尔夫吉特（Wulfgeat）被剥夺了全部财产，诺森布里亚郡长埃尔夫赫尔姆（Aelfhelm）被杀，同时其两个儿子的眼睛也被弄瞎。993年，埃塞尔雷德又把矛头转向了那些对他忠心耿耿的人们，例如，坎特伯雷大主教西格里克、英格兰西部郡长埃塞尔沃德及他的儿子埃塞尔默，1006年则是麦西亚郡长侵占者伊德里克·斯特奥纳（Eadric Streona）和他的兄弟们。鉴于伊德里克之后的行为，不难看出他为何能获得"侵占者"的绰号，而埃塞尔雷德则被称为"糊涂王"（后被误译为"仓促王"）。

我们无法确切了解1006年"宫廷政变"的过程。[23] 例如，埃塞尔默离开宫廷去恩舍姆修道院（院长埃塞尔沃尔德的前学生阿尔弗里克的住所）做修士，我们很难知道这一决定是出于无奈，还是因为他对埃塞尔雷德国王的判决感到失望，亦或者是因为他和埃塞尔雷德都认为祈祷是当前应对英格兰严峻局势的最好方法。这些年弥漫的绝望情绪显而易见，就如同993年一样：埃塞尔雷德当时意识到上帝是他的帮手，他必须竭力讨得上帝的欢心。恩舍姆修道院的记载在这一点上非常明确，与《编年史》描述的危机情形相差无几：

> 在那些日子里，我们忍受着连绵的战火，敌人掠夺我们的财富，还有来自蛮族的野蛮侵略，以及异教徒的压迫，我们已然濒临绝境，生活在危险的时代。所以对于生活在世界末日的人来说，灵魂急需慰藉。[24]

遭遇危机的这几年（事实上不仅仅是危机的那几年，他于1023年才去世），最持久、最有影响力的声音来自伍尔夫斯坦。我们对伍尔夫斯坦996年成为伦敦主教之前的事知之甚少。（伍尔夫斯坦一直担任伦敦主教，直到1002年才被晋升为约克和伍斯特大主教）但是，当时人们就已经非常推崇他"具有极其敏锐的头脑"，知道他一直关注即将到来的世界末日。[25] 他的5篇布道中，其中一篇用拉丁文写成，其余用方言写成的4篇全部关于世界末日，写作时间始于他担任伦敦主教时期。虽然人们一直无法得知世界末日的确切时间，但是忽视研究世界末日、否认维京人的到来是末日前兆是不可能的，也是不负责任的。伍尔夫斯坦写道，"外国人和异族人正在蹂躏我们"：

> 正如基督在布道时所述内容会出现在福音书中一样……还写道，在世界末日前，太阳会变黑，星星会因为人的罪而坠落……说

谎者和假基督徒很快就会丢掉正确的信念，热切地投向反对基督的阵营，并与反对者同流合污。[26]

1000 年过去后，伍尔夫斯坦对世界末日的焦虑也未消除。随着维京人对英格兰的威胁不断增大，伍尔夫斯坦对迫在眉睫的危机也日益惶恐不安。维京人于 1006 年再次进攻，英格兰又不得不再次赔款求和——"从全国各地搜刮粮食给养"。[27] 于是，坎特伯雷的大主教艾尔夫赫亚克（Aelfheah）和约克大主教伍尔夫斯坦要求召开会议，采取应对措施。1008 年的圣灵降临节这天，会议在汉普郡的艾恩舍姆（Enham）召开。伍尔夫斯坦详细描述了会议决议的内容：

> 万恶的伪誓、杀人、偷盗和贪婪掠夺、暴食暴饮、诈骗和各种违法行为……以及其他各类恶行都会被诅咒，这样上帝才会对这个国家仁慈。[28]

但是仅有道德的约束是远远不够的，还必须采取切实的方法——"整个英格兰必须坚持不懈地造船"。[29] 据 1009 年《编年史》记载，当时确实造了许多船只：

> 船只比以往任何时候都要多，都聚集在桑威奇（Sandwich），保护国家免受任何军队的入侵。但从前海军也并未给英格兰带来好运或荣耀。[30]

这又是为什么呢？首先并不是因为新一轮的维京人入侵，而是因为伍尔夫斯坦之前热衷倡导的"和平与友谊"关系遭到了破坏。[31] 伊德里克的一个兄弟和一个叫伍尔夫诺思（Wulfnoth）的人发生了内讧，内讧中有 80 艘船在暴风雨中彻底损毁，其余的船只被转移到伦敦。如此这般，桑威奇就处于毫无防御状态。8月，所向披靡的索克尔（Thorkell）率领一支维京"强大的侵略军"攻陷了桑威奇。[32] 于是，国王又在巴斯召开紧急会议，伍尔夫斯坦再次对当时的情况进行了记录。

在巴斯召开会议时已是年底，时间紧迫，因此英格兰人已经无法采取进一步的军事措施来对抗维京人。现在他们只能承认自己的罪行并依赖上帝的保佑，以期通过这种方式来抵挡敌人的进攻。于是英格兰人制订了一个强制性的祈祷和禁食方案。整个国家的人在宗教节日米迦勒节前的周一、周二和周三只能以面包、牧草和水充饥，还要赤足到教堂忏悔；奴隶们不需要工作，也能被包括在内；食物要分发给卧床不起的人以及那些太虚弱不能斋戒的人；修道院在每个唱诗时间都要唱一遍《诗篇》的第三篇："耶和华啊，我的敌人何其加增，有许多人起来攻击我。"除此之外，国家税收要依靠人民的捐赠，这些都是从前的老办法，法兰克的卡洛林王朝早就对此了如指掌，在英格兰却不为人知。1009年的纳捐规模前所未有，也不仅仅限于3天之期。"在事情有所好转之前"，所有大教堂每天都在做弥撒，劝说群众捐赠急需的东西。[33] 正值此时，英格兰还发行了一种银币，正面是一只上帝的羔羊，反面是一只鸽子，象征圣灵。从群众的礼拜仪式中我们可以知道：羔羊和鸽子都是和平社会的象征，那时候的王室贵族们有可能戴着有鸽子图案的胸针——到目前为止，已经发现了3枚这样的胸针，大概都出于同一个作坊。因此，那时英格兰遭遇的危机显而易见。[34]

然而，事实证明，1008年和1009年所采取的非常措施无济于事。据《编年史》记载，1010年，维京人对英格兰的破坏比以往任何时候更加严重。令人悲哀的是，英格兰的领导层以及军队士气已经彻底被瓦解："维京人进攻时，大家都极力逃窜，没有首领统筹军队。最后，郡与郡之间都互不支援。"[35] 1011年，情况也并未好转。英格兰试图向维京人赔款停战，最终也以失败告终："为了筹集停战赔款，一行人到全国各地搜刮、掠夺百姓财产，甚至还残忍地杀害百姓。"[36] 1012年发生的事件尤为惨烈。1011年秋季，维京人"通过狡诈的方法"设法进入坎特伯雷，扣押了很多人，其中包括许多教士。维京人退出坎特伯雷的要求是获得48000英镑的赔款。按照约定，英格兰人按时筹集到了赔款，并在复活节（4月13日）交给了维京人。但是，大主教艾尔夫赫亚克要想被释放，英格兰人还得付给维京人额外的赎金。祸端再起，艾尔夫赫亚克本人对此也断然拒绝。4月19日，酒足饭饱之后，维京人开始了疯狂的报复。艾尔夫赫亚克被拖了过来：

> 他被卑鄙地迫害致死。维京人用骨头和牛头将他砸死，其中一人用斧背击打他的头部，他瘫倒在地，血流在地上，他圣洁的灵魂最终升入天国。[37]

艾尔夫赫亚克的惨死所造成的后果非常严重。自1009年以来一直在袭扰英格兰的维京首领索克尔现在改变了立场。为了换取45艘船的维护费用，索克尔承诺效忠于埃塞尔雷德。[38] 但是，如果埃塞尔雷德幻想和平的曙光即将到来，那他就大错特错了。在仅仅几个月之内，他就不得不面对另外一个更强大的敌人——丹麦国王斯韦恩。斯韦恩上一次率领军队出现在英格兰还是在1005年，而这次他带领儿子克努特卷土重来是为了复仇。仅仅几个月时间，斯韦恩率领的军队横扫惠特灵大道（Watling Street）以北各个地区。埃塞尔默（最后一次露面是在恩舍姆修道院退隐时）离开恩舍姆修道院，率领西部军队负隅抵抗，但是他发现这种抵抗是徒劳的，最终也不得不投降。据《编年史》记载：斯韦恩成为英格兰王。[39] 埃塞尔雷德和索克尔曾经在伦敦据守了一段时间，最后也不得不投降，听命于斯韦恩。索克尔留在了伦敦，埃玛王后和孩子们——爱德华和阿尔弗雷德则回到了埃玛的娘家诺曼底，圣诞节过后，埃塞尔雷德也不得不逃往诺曼底避难。

英格兰人已经厌倦了战争，最终接受了斯韦恩作为他们新的统治者。但是,斯韦恩并没有(或者是还没有来得及)加冕为英格兰国王。1014年2月斯韦恩意外去世后,英格兰人没有让他的儿子克努特继承王位,而是转向埃塞尔雷德,让他继承王位。(在那时)要完全确定这一说法的真实性是不可能的,但有可能的是,伍尔夫斯坦大主教成为此时的核心人物。他发表了著名的《狼给英格兰人的布道书》。在此次布道中,伍尔夫斯坦尖锐地批评英格兰人对于上帝和君王缺乏忠诚:"殉教者爱德华遭遇了背叛,被杀害……之后埃塞尔雷德被赶出了这个国家。"[40] 因此,维京人被认为是上帝派来惩罚那些完全丧失了道德准则之人的,就像以前英格兰人惩罚那些肆意妄为的不列颠人一样。但是,对于伍尔夫斯坦来说,现在的情况更加令人绝望,时间十分紧迫:"这个世界正匆忙走向末日。"忏悔迫在眉睫:

> 让我们做我们所必须要做的事吧,转向正确的一方……让我们正确规划我们的言行……并且谨慎起誓,让我们相互之间保持忠诚,不要欺骗……让我们把自己从汹涌的地狱之火中拯救出来吧。[41]

不过,无论埃塞尔雷德国王的回归多受欢迎,这种欢迎还是有条件的。《编年史》中写道,他继续保有英格兰王位的条件是,"他需要比以前更加公正地统治子民"。埃塞尔雷德也承诺(《编年史》记载):"他将是一位仁慈的国王,改革所有他们厌恶的事情。只要他们一致拥护他,永无叛心,他就会宽恕他们以前针对自己的所有不当之言和不当之事。"[42]

埃塞尔雷德如何能够压制住克努特并恢复和平尚存争议。但是,至少在他回归的头几个月内,他的谨慎乐观是有理由的。伍尔夫斯坦仍然支持国王,起草了旨在强调王室的神圣性和所有人都应该保持忠诚的法案——国王被描述为"耶稣基督在基督教民众中的代理人",而人民则应该"极其虔诚地信仰基督教……并忠诚地支持他们唯一的国王"。[43] 同时,埃塞尔雷德第一次对抗克努特的行动取得了成功,将其驱逐出了他在林赛的据点。克努特随后野蛮地杀害了人质,这使人们很难为国王取得的成功而欢呼雀跃。此外,当时埃塞尔雷德恰逢50岁左右,这在盎格鲁-撒克逊国王中应该是年事已高者,而他的长子埃塞尔斯坦在1014年6月去世,更是加剧了原本就动荡不安的局面。

图 7-2　伦堡宝藏(Lenborough Hoard)

埃塞尔斯坦去世后的一系列事件已经很难再一一呈现。但埃塞尔雷德的次子埃德蒙开始试图巩固他作为新继承人的地位,同时,深受埃塞尔雷德喜爱的儿子——伊德里克却心怀二意。背叛、谋杀又成了司空见惯的事情。在1015年的夏天，克努特卷土重来，意欲征服英格兰。之后，埃塞尔雷德病倒。在这关键时刻，伊德里克揣测政治玄机之后，决然背弃了埃塞尔雷德。但他的如意算盘还是打错了：他本想克努特会为此赏赐他，没想到克努特刚一站稳脚跟就毫不犹豫地将他处死了。

1016年4月，埃塞尔雷德去世。克努特对英格兰的征服尚未完成，而埃德蒙也有自己的支持者。同年10月，在阿兴登战役（Battle of Ashingdon）中，埃德蒙夺下了韦塞克斯王国的中心地带，将麦西亚和诺森布里亚留给了克努特。事情的发展暴露了英格兰统一的脆弱性：埃德蒙在战后一个月就去世了，因此，克努特轻易获得了接管埃德蒙所占领土的机会。至此，竞争对手都已经被消除或孤立起来：埃德蒙的亲弟弟被谋杀；其同父异母的兄弟——爱德华和阿尔弗雷德逃往诺曼底避难。关于他们的故事［以及他们的母亲埃玛（后嫁给了克努特）的故事］，我们之后需要回过头来仔细讲述，但是我们首先应该考虑克努特如何管理他的新王国，以及如何确立他的统治。

12世纪的亨廷登作家亨利让人们记住了克努特。国王坐在海边，让潮水扫过他的身体，以显示自己力量的渺小：

  国王抽身跳了回来，喊道："让全世界都知道国王的力量是多么的卑微渺小，苍天、大地和海洋只遵守上帝的永恒法则，没有一个国王胆敢与上帝相提并论。"此后，克努特国王从未戴过金色的王冠，而是将其置于十字架上的耶稣之上，以表永远尊奉上帝为最伟大的王。[44]

似乎是因为克努特确实痴迷于用王冠来彰显他的王权和虔诚，这个故事才变得特别有趣。[45]早期发行的硬币是在他继位后不久铸造的，尽管还非常粗糙，但硬币铸有他头戴王冠的形象。1030 年或 1031 年，在克努特和埃玛夫妇送给温切斯特的《生命之书》（*Book of Life*）中，二人的肖像出现在卷首的插画里。画中克努特就头戴类似于硬币上的王冠，只是画中的王冠上多了一个过中心的额外拱形条。这个条形设计使王冠成为帝国权力的象征，因为这正是德国皇帝所佩戴王冠的设计。亨利二世于 1014 年加冕成王之后，他将皇冠挂在圣彼得大教堂的祭坛上面。1027 年，当克努特到罗马参加康拉德二世（Conrad Ⅱ）的加冕礼时，他很有可能看到了那顶皇冠。

当然，这里对克努特帝国主张的描述丝毫没有夸张。对他来说，成为英格兰国王后，他可以得到足够的货币和人力来满足自己吞并其他地方的野心。克努特并非是家中急于去寻求新领土的幼子，倒是他的弟弟哈拉尔德（Harald）提出了对丹麦王位的要求，但在 1019 年哈拉尔德已经死亡，这为克努特继承丹麦王位清除了阻碍。克努特也决心重新控制从父亲手中失去的挪威（当时挪威得到了瑞典人的帮助）。对挪威征服发生的年份不能确定，但是，1027 年在他访问罗马后不久，在一封写给英格兰人的信中他已经自称为"整个英格兰、丹麦、挪威以及部分瑞典的国王"。[46]

克努特的帝国梦对英格兰来说影响重大而深远。在 1017 年，他将英格兰分为了 4 部分。韦塞克斯留给了自己；东盎格利亚分给索克尔；麦西亚归伊德里克；诺森布里亚则分给了挪威人拉德的埃里克（Erik of Lade）。人们一直认为这些地域分界只是权宜之计，旨在帮助征收克努特所需的巨额资金（伦敦交纳了 10500 马克①，英格兰其他部分共交纳 72000 马克），以便打发那些帮助他征服英格兰的丹麦人。从伊德里克的德行来看，克努特几乎不大可能委任他一个长期职位。事实上，圣诞节时，他就已经被处死了。而他并不是当时唯一被处死的人。《盎格鲁-撒克逊编年史》中列出了克努特处死的其他人的名字：麦西亚王国利奥夫温郡长（Leofwine）的儿子诺斯曼

---

① 马克，一种古代欧洲的货币计量单位，最初相当于 8 金衡盎司（249 克）纯银，后来演变为半英磅。曾通用于古代的欧洲西部地区，现已退出历史舞台。——编者注

(Northman)、韦塞克斯王国的埃塞尔沃德和德文郡的布里特里克（Brihtric），他们全部在1017年被处死。这个死亡名单中还应该再加上那些在血战中死亡的人，死亡人数尤其在阿兴登战役中达到巅峰，据《编年史》所述，"英格兰贵族全部被消灭了"。[47] 也许是有些夸张，但《编年史》所描述的凄凉、背叛和血腥扑面而来。另外，这也并不是只有英格兰南部的人才经受的痛苦。在1016年的诺森布里亚，尽管埃德蒙的盟友乌特雷德（Uhtred）已经投降，但是按照伊德里克的命令，他和他的40个追随者被一并处死。[48]

虽然人们普遍认为克努特的确已经加冕为王，但并没有找到有关加冕仪式的记录。对于他何时皈依了基督教，也没有确定记录，而他在幼年时期似乎也没有受洗。[49] 但在克努特成为英格兰国王的初期，即他还在学习如何成为一个基督教领袖时，他有幸能够得到约克的伍尔夫斯坦的帮助和指导。无论伍尔夫斯坦将克努特看作是上帝派来惩罚英格兰人罪恶的人，还是看作末日的预言者（或两者都有），这都是一个悬而未决的问题。但毫无疑问，伍尔夫斯坦是一个实用主义者：他在埃塞尔雷德统治下开始的工作在克努特的统治下仍要继续。而且他的忏悔词都是相同的。1018年，在由伍尔夫斯坦详细记录的牛津会议上，英格兰人和丹麦人"达成了协议"（据《编年史》）。会议上讨论了什么并不确定，但其举行日期可能是在克努特收齐了贡金，把腰包鼓鼓的军队遣返回丹麦不久后。克努特只留下了40艘船作为自己的常设舰队。会议之后，伍尔夫斯坦据此说道，丹麦和英格兰之间现在有了"和平与友谊"。所有人都已经许诺遵守埃德加时期的法律，并且"他们愿意在上帝的帮助下进一步为国家效劳"。[50] 他们确实也是这样做的。因此，克努特一世和克努特二世时期所颁布的法律更像是一种布道书。当然，这样的区分对于伍尔夫斯坦本人来说意义不大。

对于伍尔夫斯坦来说，法律就是上帝的律法。[51] 在他的法典中，他没有改变立法框架，而是对他感兴趣的旧法典加以重申，偶尔会稍加修改或补充。伍尔夫斯坦重申的法律甚至可以追溯到7世纪。伍尔夫斯坦的教导充满紧迫感，同时，他也针对英格兰所遭受的苦难提出了自己的观点。英格兰的历史对伍尔夫斯坦来说既有教训，也有慰藉——他所处的时代并不是上帝对不列颠居民表达愤怒的唯一时代。吉尔达斯已经讲述了不列颠人的罪恶和他们遭受的惩罚；阿尔昆曾哀叹林迪斯法恩修道院所经历的浩劫，但又称上帝的惩罚可能是一种怜悯；国王阿尔弗雷德面对维京人入侵时，相信教化启蒙可以使他获得军事成功；阿尔弗雷德还翻译了教皇格列高利的《教牧关怀》，这是一本伍尔夫斯坦特别用心阅读的书，他所注释的手抄本一直保留至今。

在伍尔夫斯坦的帮助下，克努特成了一名基督徒统治者。毫无疑问，克努特为自己的统治形象感到自豪，并且努力维持这一形象。重要的是，他可以在欧洲的基督教精英人士中占有一席之地，他可以前往罗马教廷，与亨利二世联姻，还向欧洲各地的君主赠送了丰厚的礼物。他清楚地知道，自己作为一名基督教统治者的表现可能引起了一些人的注意：沙特尔主教（Chartres）对他赠送的礼物表达感谢，实际上是惊喜于他不是一个"异教徒君主"，而是"一位慷慨的教会捐助者和上帝的仆人"。[52] 但是，克努特尽管夸耀自己的基督教徒身份，却从来没有试图否定过去。在温切斯特的奥尔特敏斯特教堂内，描绘着斯堪的纳维亚传奇故事的石板可能就是克努特下令制作的。[53] 当然，克努特仍然倡导和鼓励祖国传统的行吟宫廷诗创作，比如，他打败英格兰人后是这样加以庆祝的：

> 伟大的国王，你挥舞盾牌，鏖战疆场/嗜血的乌鸦在阿兴登摆开饕餮盛宴。/伟大的国王，你挥舞神剑，完胜强敌/迪恩福里斯特（Forset of Dean）的北边，敌人尸横遍野。[54]

鉴于行吟宫廷诗的复杂性以及古挪威语和盎格鲁-撒克逊方言之间的差异，克努特宫廷中的英格兰人一定能理解诗中吟唱的内容。[55] 相比之下，克努特根据丹麦的传统习俗娶了两位妻子就很容易理解了：1013～1016年间，也就是其父亲斯韦恩试图巩固在英格兰中部地区地位时，他娶了北安普敦郡的艾尔夫吉福（Aelfgifu）为妻，并有两个儿子，一个是斯韦恩，另一个就是稍后我们还要详述的飞毛腿哈罗德（Harold Harefoot）。然而，克努特成为英格兰国王后没多久便再次结婚——这次他的妻子是诺曼底的埃玛，已故埃塞尔雷德的遗孀。在克努特去世后的继承纠纷中，有人企图诋毁艾尔夫吉福，称其为妾，但在克努特的一生中，尽管伍尔夫斯坦严格强调基督徒的婚姻准则，但并没有任何人批评他一夫多妻。

克努特死后，他与两任妻子所生之子相互争夺王位，再加上埃玛与前夫埃塞尔雷德所生之子的参与，混乱和杀戮再次来临。但自从克努特继位之后，他统治下的英格兰似乎度过了一段相对和平的时期。那么付出的代价是什么呢？《盎格鲁-撒克逊编年史》对这段时期的记载颇为简短，这使我们很难清晰还原克努特的真实统治面貌。这种语言上的沉默是否代表着对克努特统治的忍气吞声，或是认可他所实现的社会和平，还是两者兼而有之？我们所掌握的有限证据似乎表明克努特统治上仍然保持着警惕，例如，1021年，索克尔遭到驱逐，理由是1020年他在克努特离开丹麦期间密谋造反。克努特对伦敦也心存戒备，他怀疑伦敦人效忠埃德蒙（直到埃德蒙去世前也是如此），因此对伦敦一直实行严密的监控。

伦敦对克努特来说至关重要，因为在那里他（最初）留下了规模达40艘船的舰队。舰队由雇佣兵管理，费用由征收的丹麦金（1012年埃塞尔雷德为支付斯堪的纳维亚雇佣军的佣金而征收的税收，直到1051年才被废除）支付。克努特逐渐减少了他常备军舰的数量，但是在他的统治期间伦敦却驻有3000名雇佣军，因此伦敦很明显就是一个被占领的城市。更明显的一点是，在克努特时代，伦敦市议会名称不是源于盎格鲁-撒克逊方言，而是丹麦语"husting"，同时议长的名称也来自丹麦语"staller"。"议长"是王室的成员，他们的另外一个职责就是率军冲锋陷阵。另外，圣艾尔夫赫亚克遗骨原先安放在伦敦，但后来被转移到坎特伯雷，此举颇为敏感，由此可以感受到城市内部的紧张局势。艾尔夫赫亚克在12年前被醉酒的维京人所杀，他的遗体自然而然成为抵抗丹麦新政权的精神象征。克努特认为这样做一举两得：艾尔夫赫亚克的遗体被转移到坎特伯雷，从表面上看是国王对其更加恭敬，但实际上却更有利于国王在伦敦培植人们对自己的崇拜。11世纪后期有关遗骨转移的记述中出现了一个精心策划的情节，克努特在将艾尔夫赫亚克的遗骨偷运出伦敦城时，为了掩人耳目，他命侍卫们煽动起骚乱，然后又将骚乱平息，以此显示国王在伦敦仍然大得人心。[56]

人们曾经认为克努特的常备军是由"侍卫"组建的。现在看来他们应该相当于宫廷骑士，但克努特也很可能拥有一些宫廷以外的驻军点。19世纪，在临近牛津的泰晤士河内发现了一座埋葬着一名维京武士和其战马的墓葬，位于（现在的）圣克莱门特教堂（St Clement）附近。尽管没有证据表明1120年以前这座教堂就已经存在，尽管一般认为该埋葬痕迹不晚于1000年，但是11世纪的前几十年期间众多的圣克莱门特教堂相继落成，这不可能与这个墓葬毫无关联。人们推测克努特驻军点的教堂可能就设在了河流沿岸的桥梁附近，例如，在诺里奇、剑桥、伍斯特和罗切斯特等战略要地都有圣克莱门特教堂。[57]

1035年，克努特在沙夫茨伯里去世，后被安葬在温切斯特，靠近圣斯威森的墓地。这是对温切斯特《生命之书》思想的最终回应，即他是韦塞克斯王朝传统意义上的继承人。当然，这里也是一个莫大的讽刺：克努特所提携的韦塞克斯伯爵戈德温（Godwine）心怀叵测，直接对韦塞克斯王朝最后的子嗣——忏悔者爱德华构成了威胁，最终导致爱德华不能像克努特当年那样施展自己的统治权威。然而，在克努特统治期间，没有任何迹象表明戈德温是一位"举足轻重的人物"。相反，那时他也只是许多出身卑微家族的英格兰人之一（虽然在这些人中他最为出众）。克努特在其统治后期逐渐依赖这些家族来维持自己的统治。可以肯定的是，克努特并没有忽视那些丹麦的追随者,诸如"显赫的托维"(Tovi the Proud)这样的人。托维的孙子在《末日审判书》(*Domesday Book*)中以一个富有的领主身份出现,在多个郡拥有地产——但引人注目的是英格兰人内部出现了一个新的阶层,他们跃升为皇家特许的连署人,并取代了 10 世纪旧的贵族阶层。这些人不愿意再重复他们祖辈的纷争与动荡。出乎意料的是,1000 年世界并没有(如伍尔夫斯坦所担心的那样)终结,甚至在 1033 年(耶稣受难 1000 周年),世界也没有毁灭。相反,天气居然还不错。[58] 在一片祥和之中,这些人可以品尝庄园里出产的果实,炫耀自己的地位,享受各种新的奢侈品。[59] 然而,事情也不总是尽如人意。

图 7-3 科克斯塔德船(Gokstad ship),保存于挪威奥斯陆的海盗船博物馆

克努特去世后，其帝国的脆弱性（实际上也是统一英格兰的脆弱性）再次显露了出来。克努特的两段婚姻对王位继承所产生的影响不可低估。埃玛王后声称，她嫁给克努特时，克努特曾许诺只有她的孩子才能拥有英格兰王位的继承权。换句话说，克努特和北安普顿的艾尔夫吉福所生的儿子们就没有继承权（由埃玛和前夫埃塞尔雷德所生的儿子同样没有继承权）。1035 年克努特去世时，艾尔夫吉福的儿子斯韦恩和哈罗德一世实际上已经分别在挪威和丹麦替父亲管理政事，所以埃玛的儿子哈德克努特（Harthacnut）继承英格兰的王位应该顺风顺水。[60] 但是，克努特去世时哈德克努特身处丹麦，并不在英格兰，这就使他难以获得继位权。而在英格兰的飞毛腿哈罗德更是无意放弃自己的继位权，并也想（像他的父亲那样）统治联合王国。这时新仇旧怨再次爆发，麦西亚的利奥弗里克（Leofric）和驻防在伦敦的舰队支持哈罗德，而戈德温和韦塞克斯人支持哈德克努特。英格兰再次分裂，情况正如克努特本人成为英格兰国王时一样（955 年也是如此）。这一次，两种不同的硬币揭示了当时的分裂情形（虽然时间比较短暂）：它们分别铸有哈罗德和哈德克努特的名字。

这次分裂的持续时间不得而知。但是对于埃玛来说，哈德克努特未能赶到英格兰，这严重削弱了他的地位。在这一关键时刻，埃玛与埃塞尔雷德所生的儿子们出现在了英格兰。他们在克努特整个统治时期都在母亲的娘家诺曼底生活。而此时他们的出现似乎是受到了母亲的召唤，因为埃玛决心要阻挠哈罗德继承王位。两兄弟中的哥哥爱德华直奔温切斯特，去与母亲碰面。阿尔弗雷德却前往伦敦与哈罗德会面，但是却没能如愿，阿尔弗雷德和他的随行人员均被逮捕，受尽了酷刑。阿尔弗雷德被扔上了一艘开往伊利修道院的船，并在船上被弄瞎了双眼，不久后便死去。人们对这些事情没有太大争议，但那封召唤爱德华和阿尔弗雷德前来与埃玛会合的信究竟是由埃玛所写，还是（如她后来所说）由哈罗德的伪造，以便乘机消灭对手，这一点已经无法确定。人们也不能确定究竟是哈罗德还是戈德温下令弄瞎了阿尔弗雷德的眼睛。但显而易见的是，戈德温确实（而且似乎是突然间）背弃了哈德克努特和埃玛。之后，哈罗德如愿成为英格兰国王，埃玛则被遣送上了前往佛兰德（Flanders）的船（《编年史》中有一句话令人难忘——她"被无情地赶了出来，去独自面对寒风凛冽的冬天"）。[61]

在这个关键时刻，命运再起转折：哈德克努特解决了丹麦的问题，决定要夺回失去的英格兰王位。而他能得到多少人支持并没有得到验证，因为哈罗德意外地去世了，这样就没有了争夺的必要。据《编年史》所述："几乎整个英格兰的贵族都纷纷前往布鲁日（Bruges）去请哈德克努特……并以为他们这一行为是明智的。"[62] 然而，没过多久他们就后悔了当时的选择。据《编年史》记载："哈德克努特在其统治内没有做一件与其国王身份相符的事情。"[63] 这一说法很有说服力。人们一直以来都希望国王是宽宏大量的。虽然哈罗德的记录差强人意，但哈德克努特的行为更是前所未有的糟糕。1040年，他下令将哈罗德的尸骨从威斯敏斯特的墓穴里挖出来，扔到了泰晤士河中。在接下来的一年，伍斯特人杀害了国王的两名税收者，事情的起因是国王对人们课以重税，以偿还他为争取英格兰王位而集结舰队的费用（哈罗德的死亡平息了即将燃起的战火）。盛怒之下，哈德克努特"将整个伍斯特郡踏为平地"。《编年史》接着叙述了哈德克努特的幸存兄弟爱德华如何抵达英格兰并进入国王的宫中。[64] 哈德克努特是否认为将爱德华留在宫内比任其流亡在外更安全，这已经很难知晓。但是，我们后面会看到这确实是一个明智之举。

第 8 章

忏悔者爱德华

A SHORT
HISTORY OF THE
ANGLO-SAXONS

1041年，爱德华从海外归来。他是哈德克努特的同母哥哥、埃塞尔雷德国王的儿子。很多年前，他曾被逐出他的国家，但人们现在已经迎他为王。他将在哈德克努特的有生之年一直待在宫里（以便继位）。

——《盎格鲁－撒克逊编年史》[1]

埃塞尔雷德的儿子爱德华于1041年返回英格兰，这十分令人费解：这是病入膏肓的哈德克努特国王（于次年去世）在寻找继任者；还是哈德克努特树敌众多（尤其是他征收高额赋税），当时需要一个新的盟友？这是不是由哈德克努特和爱德华的母亲埃玛王后策划的？她也许试图修补因自己的政治野心而造成的家庭裂痕。这些推测都是可能的，甚至有很大可能，但12世纪初一份盎格鲁－撒克逊法律文书汇编的序言提供了更加直截了当的证据。我们看到这里有一个清晰的叙述：爱德华似乎是在温切斯特主教和戈德温伯爵的授意下被召回的。与他们一起行动的还有"全英格兰的所有领主"，他们聚集在一个叫赫尔斯泰什韦特（Hursteshevet）的地方，据说在那里就已确定"只要爱德华宣誓保证在他执政期间坚定不移地行使克努特及其子孙的法律，他就会被立为国王"。[2]

近来对赫尔斯泰什韦特会议的分析充分表明，这次会议的确存在（无论证据出现的时期有多么晚），会议的重要性和举行地点也很清楚。[3] 该地点被确定在赫斯特海滩（Hurst Beach），位于汉普郡海岸，从怀特岛很容易到达这里。鉴于怀特岛有时在往返诺曼底的途中被当作中转站，并且考虑到这些岛屿（位于赫斯特海滩附近）经常被刻意挑选出来进行一些非常敏感的谈判，选择这样一个看似不太出名的地点就变得让人容易理解了。无论是主观因素还是实际情况，这都是一个非常合适的地点。那么，宣誓和参加会议人员的详情究竟如何呢？

是否忠于克努特的法律——考虑到这些法律具有里程碑式的重要作用——毫无异议地成为衡量政府运作是否良好、正义是否得以伸张的标准。当然，国王需要"公正地"治理国家的想法早已为人们所接受。只有在这样的情况下，埃塞尔雷德才于1014年被允许返回。在为克努特制定的英格兰法典中，约克大主教伍尔夫斯坦进一步阐明了"正确"与"恰当"对王国福祉的意义。赫斯特海滩会议的参加者明确感受到正义再次受到了威胁。戈德温和温切斯特主教与爱德华见面怀着什么目的（可能涉及当时暂居在温切斯特的埃玛王后）？各大领主纷纷参会又有什么目的？他们认为理想的国王应该是什么样的？这些问题令人遐想。另外，这些领主到底是谁？在伍尔夫斯坦（当然也包括克努特）为之制定的高度神权的王国里，他们应该扮演什么样的角色呢？

参加赫斯特海滩会议的领主实际上不可能是"全英格兰的领主"，但我们可以假设他们是一群以伯爵为首的国王的封臣。[4] 11世纪，"普通"领主人数的增加令伍尔夫斯坦大主教这样的道德家感到担忧——到11世纪中期，这样的人群多达4000人——但"国王的封臣"仍然是一群经过挑选的人，可能总共只有100人。任何领主的地位不仅取决于对土地的占有（平均最少拥有一个村庄），而且还取决于他在地方法庭上履行的职责以及他在军事活动中的表现。国王的封臣不一定拥有广阔的土地，但他们的责任与其地位相当。如果他们藐视法律，国王会亲自审理他们的案件。如果被判有罪，他们可能会受到比"普通"领主更高额的罚款。他们频繁参与国王决策，为国王承担多方面的职责，这都促使他们长途跋涉去参加赫斯特海滩会议。[5]

这些赫斯特海滩参会人员很快就实现了其会议目的，并为他们的先见之明感到庆幸。爱德华于1042年初就已到达宫廷。随后，同年的6月8日，哈德克努特在奥斯戈德（Osgod）女儿与托维的婚礼宴会上意外死亡。奥斯戈德和托维都属于克努特的宫廷之人，因此哈德克努特去世后，他们的日子也可能很难熬了：奥斯戈德于1046年被放逐；托维的命运更难以追述，但他似乎也失宠了。他的儿子埃塞尔斯坦更是如此，他的大部分财产都交给了哈罗德·戈德温森（Harold Godwineson）。对爱德华来说有许多事情需要解决。在此后几十年中，斯堪的纳维亚人进一步入侵的威胁仍然很大。奥斯戈德于1049年发动了一起复仇袭击，将埃塞克斯沿海地区洗劫一空（尽管他的大部分战利品后来又在风暴中沉入大海）。

爱德华的危机感不会令人感到惊讶。爱德华归来时的情况与他父亲埃塞尔雷德在1014年面临的情况并无二致，因此他记忆深刻。一年前爱德华开始了他的第一次流亡生活，那时他大约7岁；值得注意的是，在第二年这个小男孩便被选为他父亲宗教信仰的担保人，并向他的人民传达了他的承诺，他将"成为一位仁慈的国王，对他们憎恨之事予以革除"。反过来，"每位丹麦国王都永远是不法之徒"。[6] 当然，埃塞尔雷德的胜利归来非常短暂：两年内国王去世，英格兰又来了一位丹麦国王，爱德华则再次开始了他的流亡生活。这次流亡持续了约25年，1036年发生的暴风骤雨打断了这一流亡生活，他和他的兄弟阿尔弗雷德一起回到英格兰，而阿尔弗雷德被谋杀，第二年他同母异父的兄弟哈罗德又继承了王位。这样一来，爱德华表现出的警惕就不足为奇了，尤其考虑到他与戈德温家族的紧张关系就更是如此。

爱德华的统治实际上被戈德温森家族以某种方式所控制。鉴于戈德温伯爵可能与阿尔弗雷德的谋杀案有牵连，双方之间任何形式的和解几乎是不可想象的。毫无疑问，爱德华对自己多年以来受到的冷遇，特别是对被母亲抛弃并夺去继承权利一直耿耿于怀。1043年（据《盎格鲁－撒克逊编年史》

D本记载),爱德华骑马前往温切斯特,剥夺了他母亲所拥有的全部财宝,"数量之多难以胜计,她以往对国王(即她的儿子)非常冷酷,无论是他继位前还是继位后她都没有为他做过什么"。据《编年史》记载,与此同时,她的忠实盟友温切斯特主教斯蒂甘德(Stigand)被(暂时)剥夺了职务,"因为他是王后最死心塌地的帮手"。[7]

爱德华前往温切斯特时,诺森布里亚的西沃德(Siward)伯爵、麦西亚的利奥弗里克伯爵和韦塞克斯的戈德温伯爵一同前往。这不是一群朋友:西沃德和利奥弗里克都对戈德温森家族的权力大为不满,几大家族之间的矛盾贯穿爱德华的统治时期。因此,我们有必要对他们的家族发迹史进行回顾。我们从西沃德家族开始说起。[8]

西沃德明显是丹麦人。在《忏悔者爱德华传》(*Life of Edward*)中,西沃德被称为"诺森布里亚伯爵",丹麦语中称之为"强者西沃德"。作为伯爵,即便爱德华的传记赞扬西沃德执法严厉高效,他显然还是恶名远扬:抢劫者不论身份一律被砍断手足或处死,这使得英格兰北部地区"一片安宁"。[9]西沃德在历史长河中还占有一个特殊位置:他支持叔叔马尔科姆反对麦克白,并且这段历史在莎士比亚著作中得以铭记。但是,他的英勇事迹在他的时代就已经很多了。例如,在亨廷登的亨利所著的《历史》中,他似乎符合充满英雄气概的基督徒维京人的一切特征。他忠实于斯堪的纳维亚传统,专门建了一座圣奥拉夫修道院,以便自己去世后以一位武士的身份被埋葬在这里。在患上致命的痢疾之后,一想到自己可能会像"母牛一样不光彩地死去",他感到无比恐惧,喊道:"至少为我穿上那坚不可摧的胸甲,配上利剑,戴上头盔,把镀金的战斧放在我的右侧,这样我——最勇敢的武士——才会像一名真正的武士死去。"[10]

西沃德的继承人是瓦尔塞奥夫(Waltheof)。西沃德于1055年去世时,瓦尔塞奥夫还只是个孩子。毫无疑问,选择戈德温的儿子托斯蒂格(Tostig)代替瓦尔塞奥夫继承伯爵爵位一定会使西沃德死不瞑目。事实上可能同样感到苦恼的还有利奥弗里克伯爵,他很可能是希望自己的儿子埃尔夫加能继承这个爵位。西沃德和利奥弗里克都没有傍上戈德温家族;事实上,他们曾一起试图抵抗这个家族对爱德华日益施加的影响(虽然在 1051 年或 1052 年的危机期间,他们承认应该避免内战,也应该容忍戈德温家族的存在)。然而,任命托斯蒂格为诺森布里亚伯爵被证明是一场灾难。

尽管如此,在《忏悔者爱德华传》里,托斯蒂格的形象大放异彩:虔诚、人脉深厚(他娶了佛兰德伯爵夫人朱迪丝)又非常睿智。他雄心勃勃,夫妇两人似乎是达勒姆大教堂(Durham)慷慨的赞助者,《忏悔者爱德华传》还着重渲染了 1061 年托斯蒂格的罗马之行以及他与教皇尼古拉二世的会晤。但在当地的贵族中,他却非常不受欢迎。这其中的确切原因很难解释,可能是因为托斯蒂格试图废除埃德加和埃塞尔雷德制定的"丹麦法律"中的一些条款。无论如何,就反叛者而言,托斯蒂格不得不走人。取而代之的是莫卡(Morcar,埃尔夫加的小儿子),他在 1055 年并没有进入伯爵人选名单。1065 年,叛军猛攻托斯蒂格在约克的住所,这似乎让托斯蒂格和爱德华大吃一惊(当时他们在威尔特郡一起打猎)。托斯蒂格的兄弟哈罗德被派遣到北方进行调和,但没有成功。几周之内,爱德华做出让步:托斯蒂格流亡佛兰德,莫卡接替了他的职位。当然,出人意料的是,1066 年托斯蒂格卷土重来,这不仅导致了他自己在当年富尔福德战役(Battle of Fulford)中的死亡,而且早在征服者威廉到达黑斯廷斯之前就严重削弱了哈罗德(他同年也在黑斯廷斯战役中阵亡)的战斗力。

莫卡在 1066 年得以自保,他的家族成员好像都有此运气。[11] 尽管他的祖父利奥夫温的长子在 1017 年克努特对当地贵族的清洗中被杀掉,但利奥夫温仍然保住了自己的位置。利奥夫温在 1023 年以后去世,具体时间难以确定。他的儿子利奥弗里克从伍斯特的郡长升迁到伯爵。利奥弗里克很快便卷进了国家政治漩涡之中,他支持哈罗德,与哈德克努特作对,把自己置于戈德温伯爵的对立阵营中。在忏悔者爱德华统治期间,他常常既是戈德温一方的眼中钉、肉中刺，同时又企图当一个和事佬。因此，在 1051 年的危机中（在爱德华试图摆脱戈德温家族的控制期间），利奥弗里克竭尽所能地支持爱德华，同时仍然告诉他不要采取任何可能引发内战的行动。1057 年，他的儿子埃尔夫加在他去世后继承了麦西亚伯爵爵位，但也同时被迫放弃了东盎格利亚伯爵爵位。这一爵位之后传给了哈罗德·戈德温森的兄弟格思（Gyrth）。因此，埃尔夫加与他父亲一样对日益强大的戈德温家族心存怨恨，这并不奇怪。但是，与他父亲相比，埃尔夫加的反抗更加激烈，但其政治手腕不足，因而两次遭到流放。

我们来讲 1043 年骑马去温切斯特的三人中最后一位：韦塞克斯的戈德温。戈德温家族的身世不得而知，但其家族无疑兴盛于克努特统治时期。[12] 据个人倾向性很强的《忏悔者爱德华传》记载，克努特成为英格兰国王不久就命戈德温与他一同前往丹麦，这似乎巩固了他们之间的友谊。戈德温如今占据了东盎格利亚伯爵高个子索克尔曾经的地盘，原因是克努特与索克尔有了过节。戈德温被任命为韦塞克斯伯爵，从皇家特许状上面连署人的签名顺序看，他名列第一，地位尤为显赫。但在克努特的执政期间，人们对他的政治活动知之甚少，只是在克努特去世后的王位继任危机期间，戈德温才出现在舞台的中心——这一点非常值得怀疑：毫无疑问，他在谋杀爱德华兄弟阿尔弗雷德的过程中起到了重要作用。尽管他后来发誓说，他所做的一切都是服从当时的国王哈罗德·哈德克努特的命令。然而，一旦爱德华成为国王，戈德温似乎便得到了王室的青睐。那时，他显然很有权势，爱德华不敢与他对抗，他反而大大提高了家族的财富与影响力。戈德温的长子斯韦恩成为赫里福德伯爵，尽管他因为犯各种罪而一度流亡〔一次是因希望占有莱姆斯特女修道院（Leominster）院长的土地而绑架她，另一次是因谋杀一位表兄〕，但他只是暂时失去了这一职位；戈德温的二儿子哈罗德成为东盎格利亚伯爵；小儿子格思是韦塞克斯伯爵；侄子伯恩（Beorn）是中英格兰东南部的一个伯爵。当然，这其中最重要的是国王爱德华于 1045 年娶了戈德温的女儿伊迪丝。

爱德华去世后，被塑造成一位"童贞国王"，以虔诚和苦修而闻名。他在世时，是否有人会认可这种形象令人怀疑。我们没有任何理由相信爱德华和伊迪丝曾缔结了一项婚姻禁欲协议。这场婚姻的意义主要是确保今后的王朝具有戈德温家族的血缘关系，当时也确实有证据表明夫妇为婚后能生儿育女而祈祷。[13] 但是，随着岁月的流逝，爱德华依然没有子嗣，他仍然稳坐王位，并认为自己终于可以借此摆脱戈德温家族的控制。1051年，机会出现了。对这一年具体发生的事情说法不一，但这一年无疑是戏剧性的一年。接下来的故事与《忏悔者爱德华传》内容基本一致——虽然书中充斥着个人倾向性，但叙事非常连贯——还有各种版本的《盎格鲁 - 撒克逊编年史》为其进行补充。

首先，形势突变：1050年10月，坎特伯雷大主教去世。戈德温家族急于推选他们的亲属埃尔里克（Aelric）接替这个职位，但爱德华否决了提名，并于1051年3月将这一职位授予伦敦主教瑞米耶日的罗伯特（Robert of Jumièges）。另外，爱德华的诺曼官员在戈德温森家族拥有最多地产的地方建造起城堡，这可以清楚地看出爱德华意在逐步限制戈德温的权力。另外一座建在多佛尔（Dover）的城堡可能属于布洛涅的尤斯塔斯（Eustace of Boulogne），他是爱德华的姐夫，刚到英格兰不久。1051年，尤斯塔斯与他的随从在前往多佛尔时卷入了一场战斗，双方都有伤亡。爱德华要求戈德温惩处肇事者，因为肯特属于他的管辖范围。但戈德温予以拒绝。在这种情况下，爱德华于9月7日在格洛斯特召集了一个会议。在这个会议上，大家都剑拔弩张，罗伯特指责戈德温谋杀了阿尔弗雷德，并指控他正在密谋除掉国王爱德华。武装冲突箭在弦上：戈德温和他的儿子斯韦恩和哈罗德把军队调到格洛斯特以南15英里的贝弗斯通（Beverstone）；利奥弗里克伯爵和西沃德伯爵也派人增援他们自己的部队。尽管如此，他们并不愿意兵戎相见。从《编年史》中我们可以看出伯爵们的疑虑，他们认为内讧会导致敌人入侵，

和平解决事端仍然是第一位的:

> 他们当中的一些人(伯爵们)认为,如果双方交锋,这将是一桩大蠢事,因为英格兰最高贵的人大部分都在两军之中,他们认为这样会让敌人乘机入侵,从而给自己带来灭顶之灾。[14]

取而代之的是,9月21日秋分时节,戈德温被要求前往伦敦接受爱德华的审讯。但是爱德华拒绝给戈德温送去人质,以便他能得到安全保证,从自己位于萨瑟克(Southwark)的庄园渡过泰晤士河,然后前往威斯敏斯特的宫殿会见国王。戈德温认为此时的万全之策是从海路逃亡。他的儿子去了爱尔兰,戈德温和夫人去了佛兰德。与此同时,伊迪丝王后被遣送至威尔顿(Wilton)的女修道院。"唱吧,缪斯修女,唱这首可怜的歌吧。"《忏悔者爱德华传》中说道。[15] 而《盎格鲁-撒克逊编年史》只是对戈德温家族的命运表示震惊:

> 每个英格兰人对此事都感到惊诧不已,因为戈德温被抬举得如此之高,甚至高到统治国王和整个英格兰的地步,他的儿子又是伯爵和国王的宠臣,女儿又嫁给了国王。[16]

爱德华是否早就打算和戈德温摊牌了?这很难说。我们也不可能知道爱德华是否真的计划让诺曼底的威廉成为他的继承人,并由此在1051年的冬天邀请威廉来到英格兰。但是不管爱德华如何精心布局,这些努力很快就付诸东流:戈德温家族年内重返英格兰。伦敦的泰晤士河再一次见证了这一幕的终结,但这一次的胜利者是戈德温。戈德温伯爵手下的士兵看上去比爱德华的要多,并且有更多的人愿意为戈德温战斗;而国王的手下像在格洛斯特时一样,不愿与其他英格兰人作战:

他们几乎所有的人都厌恶与同种族的人作战，因为这对于双方毫无意义。他们也不希望这个国家因自相残杀而让外敌乘虚而入。[17]

据称，戈德温再次强调自己在之前的指控中是无辜的，并很快官复原职；其家族将所有被没收的财产悉数收回；伊迪丝王后也重新回到宫中。一些"法国人"被驱逐，国王只允许身边保留一群经过精挑细选、既忠于国王又忠于"所有臣民"的人。[18] 罗伯特当选大主教可以说是引起骚乱的起因，他动身前往罗马提出上诉，却死在了瑞米耶日。不久后，温切斯特的斯蒂甘德在坎特伯雷接替了主教职位，而他正是被刚一继位的爱德华革去职位的那位主教。为了庆祝这次事件的结束，《忏悔者爱德华传》又描述道："女神（指伊迪丝王后），你也用欢快的诗句来歌唱吧，和我一起为此事终结而欢欣鼓舞。"[19]

虽然戈德温伯爵在1052年4月家族胜利后不久就去世了，但卷土重来的戈德温家族比以前更加强势。他的儿子哈罗德继承了他在韦塞克斯的爵位；东盎格利亚虽暂时偏安一隅，但不久就再次落入戈德温家族手中。爱德华异乎寻常的消极态度，甚至是对日益增长的戈德温家族权力的默许和放纵，一直令人产生疑问：爱德华还算一个男子汉吗？他是不是一个胆小怯懦之人？既然他的妻子又被送回宫中（不管出于什么原因，他们之间没有孩子），他有没有想过谁会成为他的继承人呢？这些都是棘手的问题，也一直充满争议，并对盎格鲁－撒克逊晚期的英格兰王室权力性质提出了质疑。

显而易见，伯爵领地来源于国王的赏赐。伯爵的前身是11世纪的郡长，由国王授予或罢免，职位不能世袭。伯爵领地的边界也不是一成不变的。虽然伯爵有权得到王室税收的一部分（每个郡都要向国王缴纳税赋），但是并不清楚到底哪个郡属于哪个伯爵领地。伯爵领地可以扩张，但也可能缩小。虽然这种制度赋予国王极大的恩惠权，但产生伯爵的大家族也拥有他们自己的土地和依附在这些土地上的人员。所以当时没有哪个国王愿意冒险与伯爵发生冲突，除非他确信自己得到了其他伯爵家族的充分支持，而这正是爱德华所缺少的。他的流亡经历以及他与一个新的贵族家族联姻（这个新贵族就是克努特所"一手做大"的戈德温家族），使他无法扶植一群忠心耿耿支持他的贵族。1052年发生的事情证明了他身边并没有这样的忠勇之人。[20]

1052年发生的事情让国王意识到了自己权力的局限性。虽然爱德华就像麦西亚的利奥夫温伯爵一样也是一位权力游戏中的幸存者，但如果认为他同时又是一个落魄者，那就错了。他还是有机会翻盘的。事实上，1052年戈德温家族取得了胜利，但并不意味着戈德温的儿子在1066年成为英格兰国王是大势所趋。要知道，戈德温家族毫无任何王室血统，因此，他们不可能被认为是出身于"贵族"。但爱德华的侄子流亡者爱德华（Edward 'the exile'）毋庸置疑拥有这一身份，他是刚勇者埃德蒙国王的儿子，于1017年被克努特放逐。1054年，也就是爱德华国王向戈德温家族屈服的两年后，一个使团被派往德国（流亡者爱德华在这里与皇室联姻）。1057年流亡者爱德华正式回国，但他还没来得及到达宫廷就去世了。由于缺乏证据，我们也无法断定他死于谋杀，但他的死亡令人悲痛。《盎格鲁－撒克逊编年史》（D本）记录道："唉！他刚到英格兰就撒手人寰，这真是苦命之人，也实乃英格兰人之大不幸。"[21] 即使这样，爱德华似乎仍不必气馁，因为还有其他贵族来继承他的王位。流亡者爱德华有个儿子名为埃德加，他似乎是和父亲一起来到英格兰，即使在黑斯廷斯战役后，他振臂一呼，仍能集结起反对新政权的人们。但是另一方面，如果爱德华生前能够给予他更多的支持，他的成功是否就有更大胜算，这已经很难回答。爱德华可能（许多历史学家认为）胆小怕事，但也可能是他预见了戈德温家族可能会内讧，或者他早已洞悉世事，知道在变幻莫测的命运面前一切的机关算尽最终都是徒劳。

戈德温家族于1052年重返英格兰，之后的几年经常被视为太平岁月。当然，这也是《忏悔者爱德华传》正想呈现的景象：戈德温家族回来以后，

"全国上下终于恢复了平静"。²² 诚然，老戈德温官复原职后很快就去世了，但哈罗德继承了他父亲的伯爵地位后，"整个英格兰又恢复了活力，也是对英格兰失去老戈德温的一种慰藉"。²³ 哈罗德的兄弟托斯蒂格被任命到北部做伯爵，爱德华现在终于可以放松了："由于哈罗德（和托斯蒂格）驻守在他的王国，爱德华不必再为周边国土担惊受怕，因为一位拒敌于南部，另一位喝退北部的来犯之敌。"²⁴ 这个画面祥和安宁，值得我们引用下面一段话：

> 因此，这个王国的四面八方均在伯爵们的守卫之下，最慈爱的爱德华国王安定祥和地度过了一生，他把大部分时间都沉浸在林间，享受打猎的乐趣。每天开心、虔诚地参加完礼拜仪式后，他对眼前的猎鹰和其他鸟儿满心欢喜，生龙活虎的猎犬发出阵阵吼叫，更让国王心花怒放。²⁵

爱德华曾经真的如此无忧无虑吗？这似乎不大可能。要知道，任何一位中世纪的国王狩猎均不仅仅是享乐之举。撇开危险性不讲［1100 年，国王红发威廉（William Rufus）在新福里斯特（New Forest）狩猎时身亡，所有人都会猜测这究竟是简单的不幸还是蓄谋已久的暗杀］，狩猎提供了间接炫耀自己权势的机会，王亲贵族聚在一起享受猎物也会增强彼此的联系。²⁶ 鹿肉和各色各样的鸟肉（如野鸡和鹧鸪，还有大量乌鸫和鸽鸟）一起出现在大人物的菜单上。各狩猎人借机表示忠心，庆祝胜利，尽管有时无论如何精心策划的狩猎计划也会陡然生变。在威尔士东南部的波特斯凯维特（Portskewet），原本喜气洋洋的狩猎却变成了一场血光之灾，这个事件非常重要，我们需要对其仔细考察。

在整个统治期间，爱德华都一直对威尔士拥有空前强大权力的格鲁菲德·阿普·卢埃林（Gruflydd ap Llywelyn）保持警觉。他先是格温内斯郡和波依斯郡（Powys）的统治者，自 1055 年后也是南部各郡的主人。爱德华频繁巡视格洛斯特郡,并将赫里福德郡赐予南特的拉尔夫(Ralph of Nantes),命令他多建堡垒来巩固防务,这也证明了他对威尔士问题的焦虑。对爱德华来说,尤其危险的是格鲁菲德和麦西亚的埃尔夫加形成的联盟。和父亲利奥弗里克伯爵一样,埃尔夫加确实与戈德温森家族不睦,但他比父亲反抗得更加激烈。1055 年,埃尔夫加被流放的主要原因是他对任命托斯蒂格为诺森布里亚伯爵表示不满。作为回应,埃尔夫加与格鲁菲德结盟(还娶了他的女儿)。他们一起洗劫了赫里福德,迫使拉尔夫伯爵的军队狼狈撤退。双方和解之后,埃尔夫加的流放也被取消,但是在 1058 年他再次被流放。现在埃尔夫加又回来了,这次他不仅有格鲁菲德的支持,挪威国王马格努斯(Magnus)也前来帮忙。[27] 拉尔夫伯爵这时已经去世,哈罗德继承了他的爵位;而东盎格利亚在埃尔夫加接替麦西亚的利奥弗里克之前曾归他所有,现在又被哈罗德的兄弟格思夺去。日益强大的戈德温森家族难道势不可当了吗?

1064 年早期一定是这样的情景:那一年,哈罗德和托斯蒂格执意要置国王格鲁菲德于死地。暗杀阴谋失败后,他们海陆夹击发起攻势。格鲁菲德被迫要求和解。这时候,格鲁菲德的一位来自都柏林的宿敌乘机谋杀了他,但哈罗德却将这一功劳据为己有。[28] 如今哈罗德伯爵如日中天,对自己的胜利大肆庆祝了一番。他计划在威尔士东南部的波特斯凯维特建造一座狩猎行宫,准备在新的狩猎季招待国王,一场豪华的宴会也正在紧锣密鼓地准备之中。但后来,据《盎格鲁-撒克逊编年史》所述:

> 一切准备就绪后,格里菲思(Griffith)的儿子卡拉多克(Caradoc)带着所有他能带的人来到这儿,杀了几乎所有正在建造狩猎行宫的人,拿走了那里已经备好的东西。我们并不知道是谁先提出了这个阴谋。这件事发生在圣巴多罗买日。[29]

圣巴多罗买日(St Bartholomew's day)是 8 月 24 日。大约 5 个星期后,

北部地区发生暴乱，反对哈罗德兄弟的统治。《盎格鲁－撒克逊编年史》中又写道：[30]

> （波特斯凯维特袭击）不久后，约克郡和诺森伯兰郡所有的大领主聚集在一起，宣布驱逐托斯蒂格伯爵，杀死他的卫士以及所有能够杀掉的人（不管是英格兰人还是丹麦人），并夺走了他在约克的所有武器以及所有能够找到的金银财宝。他们把这些东西送给了埃尔夫加伯爵的儿子莫卡，并推举他为伯爵。莫卡率领郡上（也包括诺丁汉郡、德比郡和林肯郡）的所有人一路南下，来到北安普顿。他的哥哥埃德温带着自己郡的人来迎接他，同行的还有许多威尔士人。之后哈罗德伯爵来迎接他们，他们委托哈罗德将一封信交给爱德华国王，还派出使者随他一同前往，询问是否可以让莫卡做他们的伯爵。国王应允了他们的请求，在圣西门和犹大日前夕命哈罗德又回到北安普顿。他向这些人宣布了国王的旨意，并保证了国王旨意的真实性，还允许这里重新推行克努特时期的法律。

圣西门和犹大日是10月28日。哈罗德在波特斯凯维特受辱和托斯蒂格在北方被驱逐之间仅间隔了两个月时间。两个事件都表明戈德温兄弟早已不得人心，或许更令人痛心的是，他们之间也早已形同路人。当领主们起兵反叛他的消息传来时，托斯蒂格实际上并不在北方，他正陪同国王打猎（他拥有众多猎场）。据《忏悔者爱德华传》所述，国王尽其所能帮助托斯蒂格收复诺森布里亚的失地，但最终都无济于事。1051～1052年人们无心打仗，哪怕是国王有开战之意。但我们要知道，这是伊迪丝王后想要记录的版本，书中指控哈罗德暗中支持人们反抗托斯蒂格，当然现在并无法证明这个指控的真伪。我们所知道的只是年末托斯蒂格坐船逃往佛兰德，利奥夫温家族的莫卡取而代之，成为诺森布里亚伯爵。托斯蒂格的地产被哈罗德、莫卡和莫卡的兄弟埃德温所分。

图 8-1 《埃玛王后颂词》

无论爱德华如何对 1065 年的危机忧心忡忡，担心这些危机对自己王位的威胁，但毋庸置疑，他对宏伟庄严的威斯敏斯特修道院颇为欣慰——这是他极为看重的工程。尽管他身体虚弱，已经无法参加 1065 年 12 月举行的献堂仪式，因为这个日期离他 1066 年 1 月去世的时间仅有几周（他好像多次中风），他应该知道这座修道院现在已完全建成，足以安放他的灵魂和躯体。修建威斯敏斯特修道院占去了其统治的大部分时间，工程于 11 世纪 40 年代就已经开工，很可能与任命瑞米耶日的罗伯特为伦敦主教的时间一致（瑞米耶日修道院新建的圣母教堂于大约 1040 年落成，与威斯敏斯特修道院在设计上有相似之处）。当然，威斯敏斯特早就有一座修道院（或者更确切地说是一个大教堂），可追溯到 7 世纪。虽然坎特伯雷的大主教邓斯坦在大约 959 年将它重建为一个贝尼迪克特教堂，但爱德华的重建却特别突出了两个方面：全新的建筑风格和伦敦作为主要国际港口城市的显赫地位。[31] 作为阿尔弗雷德王朝的故土，温切斯特现已退居二位，埃玛和克努特会在那里安息——伊迪丝王后也重建了威尔顿附近的修道院——这可能更促使爱德华选择在别处修建自己的陵墓。因此，他在伦敦的威斯敏斯特重建了这处气势恢宏的修道院。另外，人们所知道的他 3 次正式头戴王冠的场合均发生在伦敦。[32]

图 8-2 《埃德温诗篇》

图 8-3 巴约挂毯：哈罗德的加冕礼

佩戴王冠是中世纪时期欧洲大陆君主一直热衷的仪式，但人们直到不久以前还认为这是一种"非英格兰"传统（人们认为英格兰人是治国理政的能手，根本无须华丽的仪式）。但现在似乎可以肯定的是，至少从10世纪以来，英格兰国王已经有正式"头戴王冠"的记录。[33] 人们也越来越清楚爱德华同样是一个喜欢锦衣华盖的君主。在法国的几年中，他被视为"流亡之君"，认为他由于具有国王的高功厚德而能医治病人。他没有一个子嗣，这使他的画像成为一个修道院的苦行僧形象，但并没有证据能够证明这一点。相反，更多证据指向了另一面：大概在1050年左右，他为自己定制了一顶镶嵌有"大量黄金和精挑细选的宝石"的新王冠。尽管有许多异议，但我们很容易联想到他的喜好和伊迪丝王后有很大的相似之处，据说王后负责他"华丽的皇家服饰"。[34] 毫无疑问，英格兰的面料在国内外都备受追捧。[35] 年轻的贵族戈斯帕特里克（Gospatric）由于衣着太过奢华，在他去罗马的路上被强盗误以为他是个伯爵。[36] 1066年之后，威廉和玛蒂尔达均刻意雇用了利奥甫吉丝（Leofgyth），据说她为爱德华和伊迪丝制作的金丝刺绣非常有名。[37]

据说11世纪的英格兰盛产黄金，事实可能也是这样。在爱德华继位时，戈德温伯爵送给国王一艘船，船尾饰有一头金色的狮子，船头有一条金色的龙。虽然该描述出现在诗歌中，但也非常可能属实。[38] 威尔士的国王格鲁菲德遇害后，他的头颅和他战船上镶有金饰的船头和船尾一同被送给了爱德华。慷慨和炫耀是贵族的标志，比如，伯爵哈罗德和利奥弗里克都给自己支持的教堂送去巨大的耶稣和圣母马利亚肖像。这样的捐赠之后成了诺曼征服者的战利品——"镶有绚丽夺目的珠宝的巨大黄金十字架"被运过海峡当作掠夺品被瓜分。[39] 但享受英格兰财富的不仅是伯爵和国王，令人震惊的是举国一片繁荣景象。即使是小贵族也有财力为自己建造房屋和教堂，这些教堂则成为英格兰村庄的标志性特征。同时，不要以为这些人只是当地乡绅而已。即使是最不起眼的乡绅也可能在靠近自己庄园的城里购置房产，而实力更雄厚的乡绅则可以将他们的财富和影响力扩大到更多的城镇，甚至扩大到他们管辖范围之外的地方。[40]

图 8-4　巴约挂毯：哈罗德的死亡

当然，正是英格兰的财富使得诺曼底公爵威廉的征服势不可当。威廉是怎样或何时认为英格兰王权是他的囊中之物的，我们很难确定——诺曼人声称，在 1051 年戈德温家族的危机期间，威廉曾访问过英格兰，并被指定为爱德华的继承人，这只是众多传闻中的一个。也有传闻说（如巴约挂毯所记载）哈罗德于 1064 年宣布效忠于威廉。此外，还有人认为哈罗德的加冕典礼不仅是一个背信弃义的行为，也是一个无效的仪式，因为它是由声望有染的两面派斯蒂甘德（坎特伯雷大主教和温切斯特主教）主持的。1066 年黑斯廷斯战役的胜利显然表明上帝站在威廉这边，难道还有人会对此产生怀疑吗？那个被称之为叛徒的哈罗德甚至不配体面的埋葬，他在诺曼人的历史中也从没有被冠以"国王"的称号。[41]

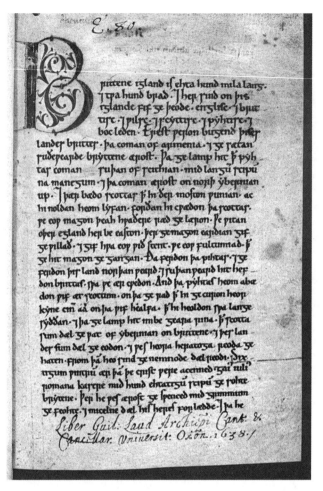

图 8-5 《彼得伯勒编年史》(*Peterborough Chronicle*) 首页

  黑斯廷斯战役并非意料之外的事情。爱德华死后几天之内哈罗德就加冕继承了王位——这表明他预料到自己的头衔会受到挑战。到仲夏期间，他在怀特岛组建了一支舰队，以防范威廉入侵。哈罗德的悲剧是因为他误算了时间：9月8日，他解散了军队，（可能）认为威廉不会进攻英格兰了，这可能是一个错误的判断，但接下来发生的事件确实无法预知。在哈罗德的流放兄弟托斯蒂格的鼓动下，挪威国王无情者哈拉尔德（Harald Hardrada）从北方入侵英格兰。哈拉尔德和托斯蒂格9月初登陆泰恩河（Tyne）河口，一起沿着亨伯河和乌斯河（Ouse）直指内陆。9月20日，他们在约克城外遇到并击败了诺森布里亚伯爵埃德温和莫卡的军队。哈罗德对此反应神速：5天后他就赶到约克，在斯坦福桥战役（Battle of Stamford Bridge）中大败哈拉尔德和托斯蒂格，两人全都被杀。

到目前为止，哈罗德一切顺利，但是消息传来，称威廉抓住了挪威从北方入侵英格兰的机会试图渡海登陆。9月28日，诺曼战船载着威廉的人马一起在佩文西（Pevensey）着陆。我们无法知道哈罗德是否被斯坦福桥战役中的胜利冲昏了头脑，因为他并没有对军队进行休整或重新补给，也没有犒赏军队在斯坦福桥战役中的奋勇杀敌，而是再次向南部诺曼营地进军。虽然随后的黑斯廷斯战役对威廉来说并非易事，但在10月14日黄昏，威廉最终取得了胜利。英格兰人不仅失去了他们的国王，也失去了他们绝大多数的贵族："英格兰贵族和年轻人血溅疆场，凋零在广袤无垠的大地上。"[42]

黑斯廷斯之战长期以来一直居于世界决定性战役之列，不仅是因为带有战争场面的巴约挂毯得以幸存——诺曼骑士骑着高头大马向盎格鲁－撒克逊的步兵发起冲击。[43] 尽管此次胜利为威廉在1066年圣诞节的加冕铺平了道路，但他的王位却从未得以安宁。他声称自己是爱德华的继承人，这充其量是虚伪的表现。还有其他人可以——也有充分的理由——挑战这些所谓的权利。[44] 威廉对此的回应是建造城堡并且推行更加严酷的统治。如果盎格鲁－撒克逊最大的领主都惨遭不幸，那么最贫穷农民的苦难也就到来了。在《盎格鲁－撒克逊编年史》中，威廉的讣告里没有任何夸大的成分："他确实跌进了贪婪的深渊，他的贪婪胜于一切。"[45]

诺曼人的统治无疑是屈辱和残酷的。他们最伟大的历史学家们——马姆斯伯里的威廉和奥尔德利库斯·维塔利斯（Ordericus Vitalis）本身就来自混血家庭——他们意识到英格兰人十分珍视他们的过去，比德用拉丁文写成编年史以及用方言记载《盎格鲁－撒克逊编年史》，将他们的历史追溯到5世纪甚至更早。与这种书写传统相比，诺曼人和异教徒"维京人"直到912年才皈依基督教，两者根本无法相提并论："愚蠢的人！罪恶的人！"奥尔德利库斯·维塔利斯问道：

> 为什么他们（诺曼人）不在心中默默懊悔？他们靠的是万能的上帝的旨意，并不是靠自己的力量来征服比他们更伟大、更富有、历史更悠久的人。[46]

英格兰和诺曼的文化最终究竟是如何、为何以及何时融为一体，这个过程非常复杂，我们从一些令人印象深刻的故事中可窥一斑。[47]

例如，在圣奥尔本斯——英格兰第一个殉教士的故乡，一位盎格鲁-斯堪的纳维亚后代的修女获得了第一本关于圣亚历克西斯（St Alexis）的古老法国传说，这个故事在这以前只是口头流传。[48]这本书看起来是来自修道院院长杰弗里（Geoffrey）的礼物，他起初是勒芒（Le Mans）的一位教师，可能打算将这个故事作为盎格鲁-诺曼语初级读本送给他最敬重的一位女士。这位名叫克里斯蒂娜（Christina）的女士第一次参观圣奥尔本斯是在她父母的陪同下，她喜欢参观诺曼修道院院长正在建造的新建筑（诺曼征服后，每个盎格鲁-撒克逊教堂都要显得更大更有气势）。这趟旅行给克里斯蒂娜留下了深刻的印象，但是后来一位诺曼主教（威廉一世和威廉二世的得力助手）不断袭扰她，使她不得不逃到一位诺曼隐士罗杰（Roger）那里寻求庇护。后来克里斯蒂娜成了罗杰的养女。[49]罗杰还将自己在马克亚特（Markyate）的隐居处留给了她。罗杰去世之后，克里斯蒂娜也没有被人遗忘。亨利二世的母亲也是英格兰人，她对克里斯蒂娜予以同情，并确保她有足够的柴火可烧。

尾 声

A SHORT
HISTORY OF THE
ANGLO-SAXONS

新的统治阶级向许多盎格鲁-撒克逊的教士寻求过精神支持和建议，马克亚特的克里斯蒂娜只是其中一员。统治阶级明白自己的手上沾有鲜血，只是他们并不承认。尽管威廉在黑斯廷斯骄傲地展示了教皇旗帜，以便为他的行为增添合法性，但这场战役仍然被广泛认作是非正当的，因为一位神圣的国王在战场上就此倒下了。尽管他们被勒令忏悔，但并非每个人都认为诺曼人的行为可以轻而易举地得到赦免——尤其是考虑到他们随后几年的残暴行为。也许反叛报复是意料之中的事情，比如"北伐"（在1071年反抗威廉一世的起义之后进行的）。但是征服者威廉和他的儿子们无法为自己专制武断、彰显权力的行为找到任何借口进行辩解。例如，按照盎格鲁-撒克逊时期的修士爱德玛（Eadmer）的说法，威廉二世以杀掉并吃了国王的鹿的罪名逮捕了爱德玛的50名同胞，但这个罪名却是伪造的。

大约在黑斯廷斯战役结束的75年后，奥尔德利库斯·维塔利斯记载了诺曼修士古德曼（Guitmund，征服者威廉为他提供了差事）的口述，其带有明显的否定口吻：

在仔细审视过此事后，我不知道自己有何权力去管理这样一群人，他们有着我陌生的习惯、讲着我陌生的语言，他们挚爱的祖先和朋友要么死在了刀刃之下，要么被迫流亡，要么被不公正地囚禁和奴役……考虑到这一切，我认为英格兰是抢劫得来的，我在英格兰以及它的珍宝面前连连后退，就像遇到了熊熊的烈火一样。

英格兰在诺曼人的统治下出现了一个新的统治阶级。到1086年，由于威廉一世钦定的《土地调查清册》（Domesday Book），政权的更迭情况清晰可见。只有两名出身盎格鲁-撒克逊的男子占有了大量的土地，但其他许多方面一如往常：没有试图废除盎格鲁-撒克逊的货币制度，也没有尝试废除当地政府中的郡与百户体系。当然这些方面也很难被撼动。在英格兰定居的诺曼人相对较少，他们作为入侵者没有意愿或能力对他们新征服的国家进行彻底的变革。他们的权力在教堂的重建和城堡的修建中得以展现。但在许多情况下，与盎格鲁-撒克逊女人结婚的诺曼人更愿意去接管他们新获得的土地，而不是去改变对它的管理。

直到约翰国王（1199～1216）统治时期，英格兰国王才将自己视为"英格兰人和法国人的国王"。[1]在1204年失去诺曼底之后，约翰认为自己只是英格兰人的国王——不论为何种族，现在所有居住在英格兰的人都正式被视为英格兰人，[2]可能这在一定程度上解释了约翰对伍斯特主教伍尔夫斯坦的尊崇：伍尔夫斯坦是唯一一位在威廉统治时期一直任职的盎格鲁-撒克逊主教。约翰去世后被安葬在了伍斯特，而在12世纪之交，诗人莱亚门（Layamon）在伍斯特开始用英文写作，开启了英格兰历史的新篇章。莱亚门参考了英文、法文和拉丁文的原始资料，三种文化共同塑造了英格兰。

插图说明

A SHORT HISTORY OF THE ANGLO-SAXONS

第1章 罗马人撤离之后

图 1-1 斯邦山人：陶土罐盖子

一个陶土罐盖子，可能用于火化瓮，发现于斯邦山［位于诺福克郡（Norfolk）北埃尔姆汉姆（North Elmham）］早期盎格鲁-撒克逊人的墓地中。

斯邦山墓地非常大，在5世纪时相当普遍。里面约有2500个火葬墓，有成年男女，也有孩子。罐子中放有许多随葬品：鹿角梳子、镊子、象牙戒指、珠子和胸针（取决于死者的年龄和性别）。它和北海地区的墓地有许多相似之处，这表明移居者仍和其原始生活的地方保持联系。但是这个时期的像斯邦山人这样完整的人类遗骨比较罕见。他或者她是这个时期在英格兰发现的唯一实例。

Catherine Hills, Kenneth Penn and Robert Rickett, 'The Anglo-Saxon Cemetery at Spong Hill, North Elmham, Part Ⅳ: Catalogue of Cremations', *East Anglian Archaeology* (1987), p. 34.

图 1-2 玛汀腰带配件

一种铜合金制成的罗马风格的军用腰带，发现于埃塞克斯郡玛汀地区的一个5世纪早期的坟墓中。

这个玛汀皮带扣可能属于一名日耳曼雇佣兵——由罗马人雇用以保护南部海岸免受侵犯。玛汀位于泰晤士河口附近，7世纪时被遗弃，但是由于地处沿海，玛汀几千年来一直是个重要地方。

Sue Hirst and Dido Clark, *Excavations at Mucking：The Anglo-Saxon Cemeteries*（London, 2009）.

图1-3 《贝奥武甫》第一对开本

《贝奥武甫》诗歌的手抄本可能追溯到10世纪后期，也可能到11世纪早期。尽管存在这样的争议，大多数历史学家和文学研究者都认为这首史诗实际创作时间要更早一些，可能在8世纪后期或9世纪。

J. R. R. 托尔金（J. R. R. Tolkien,《指环王》的作者）在1936年的演讲中曾提议，应当重视这首诗中的怪兽及其含义。之后人们对这部作品的看法也出现了转折。就在最近（2014年），由托尔金自己翻译的诗歌版本终于出版了。因为它兼具原文和翻译，所以本章引用的版本就是选自其中。

J. R. R. Tolkien,' Beowulf, the Monsters and the Critics ', *Proceedings of the British Academy*（1936）, vol. 22.

J. D. Niles, *Beowulf：The Poem and its Tradition*（Cambridge, MA, 1983）. BL, Cotton Vitellius A. xv, f. 13.

图1-4 头盔复制品

萨顿胡的土墩墓在1939年首次被挖掘出来，最重大的发现之一就是这种头盔的残余物（如图所示）。这顶头盔被包裹着放在了尸体左侧，它已经严重生锈，所以当墓室屋顶塌陷时，它被压成了数百个碎片。

出土时，这顶头盔因十分罕见而格外引人注目，但斯塔福德郡宝藏中的头盔为我们提供了一个不同视角。人们不可能失去对萨顿胡头盔的兴趣，因为它是第一个能够印证《贝奥武甫》对武器无比崇尚的考古发现。

当然，萨顿胡头盔的保护力并不单单来自其铸铁结构。还可以想想它上面的图像：险恶的龙、尖牙的鸟，它们都有一双石榴石眼睛；银丝眉毛；战士凯旋的场景。这顶头盔既有实用价值又富有象征意义。

大英博物馆，M & LA 1939, 10-10, I.

图 1-5　皮带扣

这个硕大的金带扣是在萨顿胡船棺葬（1号土墩墓）中发现的，因其精美的装饰图案、复杂的编织方式和巧妙隐藏的固定扣钩而令人叹为观止。腰带看起来很坚固，但实际上内部是空的，不过一直没有证据证明里面有什么东西。

大英博物馆

Martin Carver，*Sutton Hoo*：*A Seventh-Century Princely Burial Ground and its Context*（London，2005）.

图 1-6　鲁斯韦尔十字碑南壁上的详图

鲁斯韦尔位于靠近哈德良长城的诺森布里亚西北角。这个十字碑之所以如此出名，不仅仅因为它的大小（5米长的红砂岩），也因为上面刻着福音场景和一些源自盎格鲁-撒克逊诗歌《十字架之梦》（*The Dream of the Rood*）的诗句。诗歌的讲述者是一棵树，后来被砍下制成了钉死基督的十字架。

曼彻斯特的艺术博物馆里有一个鲁斯韦尔十字碑的彩绘复制品，展示出了十字碑最初的样子，令人感到震惊。

17世纪时，十字碑（参看桑德巴奇石碑）饱受反对崇拜圣像者的摧残。

Eamonn O. Carragain，*Ritual and the Rood*：*Liturgical Images and the Old English Poems of the Dream of the Rood Tradition*（Toronto，1995）.

第 2 章　基督教的到来

图 2-1　坎特伯雷的圣马丁大教堂

肯特的埃塞尔伯特国王娶了法兰克公主伯莎后需要为她的礼拜活动提供条件。她在自己的牧师路德哈德的陪同下来到英格兰，现在所需的正是一座教堂。埃塞尔伯特似乎是将城墙外罗马时代的圣马丁教堂赐予路德哈德，7

世纪圣马丁教堂的遗迹在今天仍然依稀可见。

Nicholas Brooks, *The Early History of the Church at Canterbury* (Leicester, 1984).

图 2-2　圣奥古斯丁福音书中的圣路加

圣路加的画像来自一本 6 世纪的意大利福音书。597 年，教皇格列高利派圣奥古斯丁率领传教士到英格兰传教，该书被认为是格列高利为传教士提供的书籍之一。该书的手稿曾包含所有 4 位福音传道者的画像以及大量传教场景——总共可能有 72 幅——都出自福音书。鉴于书页的大小（250 毫米 × 195 毫米），这样的数量确实令人惊讶。许多插图的标题都是后来被英格兰人加上的，这说明这本书在整个盎格鲁 – 撒克逊时代都被使用。

Richard Marsden, The Gospels of St Augustine, in ed. R. Gameson, *St Augustine and the Conversion of England* (Stroud, 1999).

图 2-3、图 2-4、图 2-5　斯塔福德郡宝藏

2009 年，斯塔福德郡宝藏被发现。之前在英国和海外都没有发现过像这样规模之大的珍宝，对于这数千件工艺品仍有大量工作要做。而马上引起人们注意的是，该宝藏几乎全部由武器装备组成：无数的（剑）护手；至少 92 把长剑和短剑；1000 多块甚至更多的碎片（显然是一顶华丽的头盔）；还有许多石榴石镶嵌的金底座（可能是马鞍的一部分）。宝藏中还有一个破损的供游行用的金十字架，关于它的来龙去脉至今仍有争议，但很明显这与宗教有关。在一条黄金绶带上刻有拉丁文的圣经铭文，翻译过来是："站起来吧，我的上帝，你的仇敌将被驱散，恨你的人将从你面前消失。"（可能出自《民数记》10. 35 或《诗篇》68：1）插图是一个金色的石榴石刀鞘；一片饰有扭曲动物的金色头盔颊片；一个用途不明的金色物体，上面有两只老鹰，爪子里有一条鱼。

Kevin Leahy and Roger Bland, *The Staffordshire Hoard* (London, 2009).

图 2-6　阿伯莱姆诺的皮克特石

在苏格兰安格斯（Angus）的阿伯莱姆诺村发现了 5 块直立的石头。2 号石头位于教堂墓地，背面是一幅激烈的战争场面。但这是某场特殊的战役吗？如果是这样的话，可能是邓尼城战役，那是 685 年诺森布里亚人的致命一战，国王埃格弗里思在此战役中身亡。有些人有头盔，这些是诺森布里亚人吗？有些没有，这些是皮克特人吗？具体情况还有待调查。

James E. Fraser, *From Caledonia to Pictland：Scotland to 795*（Edinburgh，2009）.

第 3 章　教士与传教

图 3-1　贾罗修道院的献堂颂词

献堂石目前存放于贾罗修道院圣保罗教堂的圣坛。上面写着"圣保罗教堂献堂日，五月初一（罗马古历的朔日），埃格弗里斯国王执政满 15 年。在上帝的指引下，9 天前，第 4 任修道院长切奥尔弗里德（Ceolfrid）在该教堂任职。"看起来，此项活动在国王远征苏格兰（国王在战争中被杀）前就计划好了，希望国王能乘着战船凯旋，回到他刚建好的教堂。圣保罗教堂因此特地建在了贾罗港附近。

Ian Wood, *The Origins of Jarrow：The Monastery, the Slake and Ecgfrith's Minster*（Jarrow，2008）.

图 3-2　《阿密亚提努斯手卷》中的以斯拉

《阿密亚提努斯手卷》是一本重量级《圣经》副本，是维尔茅斯-贾罗修道院长切奥尔弗里思委托完成的三大手卷本之一。

715 年，切奥尔弗里思本打算在前往罗马朝圣时将这一副本呈给教皇。但切奥尔弗里思于 716 年死于朗格勒，计划因此落空，但《圣经》最终还是被带到了意大利，几个世纪以来都收藏在位于蒙特·阿米亚塔（Monte

Amiata）的圣萨尔瓦多修道院（San Salvatore）。如此精装的一本书，充满意大利风格，没人能认出来它是诺森布里亚人的伟大成就，是模仿意大利手稿的成功典范。

插图上方的配字：《圣经》已经被敌人所摧毁，以斯拉在上帝的帮助下将其恢复。意大利学者卡西奥道路斯（Cassiodorus，大约在 580 年去世）将《圣经》分为 9 卷，都藏于维尔茅斯 – 贾罗修道院的经柜中。有人认为图中的人物是卡西奥道路斯，但一般认为更可能是以斯拉。标题中所提到的被毁坏掉的《圣经》故事没有出现在中世纪（以及其后）普遍使用的《圣经》版本中。

图 3-3　里彭主教座堂的圣威尔弗里德地宫

里彭主教座堂地宫，在威尔弗里德成为主教之前就归他管理。里彭主教座堂（连同赫克瑟姆修道院）是他的代表作：威尔弗里德在英格兰建立了一座绝无仅有的宏伟修道院。这两处修道院具有向前来的朝圣者炫耀的意味。每个地宫位于主祭坛下方的东端，建造它们的目的是供奉圣物。为了见到圣物箱，朝圣者在黑暗的地宫中摸索前行，自然而然会产生一种非凡的神秘体验。斯蒂芬（威尔弗里德的传记作者）并没有具体描述里彭修道院的细节，但是从他对赫克瑟姆的描述中可略知一二：各种各样的蜿蜒曲折的通道，螺旋楼梯连接地上地下。我们可以体会到朝圣者现场的感受。

N. J. Higham（ed.），*Wilfrid, Abbot, Bishop, Saint*（Donington，2013）。

第 4 章　百年麦西亚

图 4-1　奥法金币

这枚金币充分表现了奥法的抱负和雄心。尽管铸币工匠颠倒了金币上的铭文，但还是忠实地表达出了奥法的用意。当然铸造金币是为了贸易而不仅仅是作为一个权威的象征。

Anna Gannon, *The Iconography of Early Anglo-Saxon Coinage, Sixth to Eighth Centuries*（Oxford，2003）.

图 4-2　桑德巴奇石碑

17世纪桑德巴奇石碑曾被视为涉嫌偶像崇拜的碍眼物件而被打成碎块，用来修石窟、水井壁和其他建筑石材。但是在1816年，人们决定重新修复十字架，把它放置在城市集贸市场的中心，这也是它原来矗立的地方，再之前的位置不得而知。石碑描述起来十分复杂，北碑包括耶稣的生平（他的出生、东方三博士的参拜、彼得接受通往天堂的钥匙、保罗接受新法以及耶稣踏上行刑之路）；南碑十分神秘；碑的东面所描绘图像是有故事要讲述，还是只是设计的一部分？碑的西面也是一个难题：一群人像是在等待末日审判吗？还是（正如简·霍克斯所提出的）耶稣在三个门徒前的变容？

Jane Hawkes, *The Sandbach Crosses: Sign and Significance in Anglo-Saxon Sculpture*（Dublin，2002）.

图 4-3　诸圣教堂

布里克沃斯的教堂初建于8世纪末或9世纪，那时还是一件新奇事物，其规模也很不寻常。但是布里克沃斯的教堂之所以能被称为是一座"大教堂"，不仅仅是因为规模大，还因为除了其他建筑特色之外，它还有与建筑主体同等长度的侧廊。它的东面是一个半圆形的后殿，后殿下面是环形地宫，据说是放置圣物的地方。这些圣物包括人的喉骨，在19世纪的修复工作中发现，可能是圣卜尼法斯的圣骨。布里克沃斯也可能是许多宗教会议的召开地。

Helen Gittos, *Liturgy, Architecture, and Sacred Places in Anglo-Saxon England*（Oxford，2013）.

图 4-4　圣母马利亚修道院教堂

迪尔赫斯特圣母马利亚修道院教堂在 9 世纪初期由郡长埃塞尔里克扩建。近期的研究表明它的设计非常新颖。长期以来迪尔赫斯特的教堂以彩饰动物而闻名，这些动物是教堂顶部檐口披水的装饰物。它还有许多与其他的盎格鲁－撒克逊教堂不同的特征：在塔楼拱门上方的墙上，圣母马利亚站在基督的身后，而基督独自站在盾牌上；在塔楼的 3 层是一个向外的木质阳台，环绕塔楼的其他 3 个侧面（大概是用于各种仪式的地方）；最后是一个在 19 世纪其他地方被保留下来的圣洗池，圣洗池数量遗存不多，但并不能表明它们在当时特别罕见。

Richard N. Bailey,'Anglo-Saxon Sculptures at Deerhurst', Deerhurst Lecture 2002.

第 5 章　阿尔弗雷德

图 5-1　银戒指

对盎格鲁－撒克逊人来说，"指环"可以指戒指、臂环或颈环。"戒指赠送者"（例如在《贝奥武甫》中发现的）是指知道如何奖励与留住追随者的领主。不过，佩戴戒指不仅是为了表示自己得到的恩宠与声望，也蕴含神灵保佑的力量。令人吃惊的是，在阿尔弗雷德国王的法律中，失去无名指（佩戴指环的手指）的补偿价值要远远高于失去食指、中指或小指上的补偿价值（尽管最糟糕的是失去拇指，因为这会使手特别无用）。这里的戒指是镀金银器，饰有动物图案。

Jay Gates and Nicola Marafioti, Captital and *Corporal Punishment in Anglo-Saxon England*（Woodbridge，2014）.

图 5-2　富勒胸针

富勒胸针，银制，刻有黑金镶嵌图案，起初用作斗篷的搭扣，戴在肩上。

胸针的外圈由16个圆组成，描绘了4组人、兽、鸟和植物的图案。内圈是4个透镜状面板。此处的人物代表味觉（左上）、嗅觉（右上）、触觉（右下）、听觉（左下）。中心是视觉。视觉的突出位置使胸针与阿尔弗雷德国王联系在一起，对阿尔弗雷德国王来说，视觉意味着用心灵的眼睛看到超越肉体的真理。

British Museum，MLA 1952，4-4，I.

Leslie Webster，*Anglo-Saxon Art*（London，2012）.

图5-3　阿尔弗雷德宝石饰物

阿尔弗雷德宝石于17世纪在阿塞尔内附近被发现。据说阿尔弗雷德曾在此安营扎寨，与维京人展开决战。水晶周围配以用古英语写的铭文，上面写着"阿尔弗雷德敕造"。

一般认为，饰物上这个动物的鼻腔正好形成了一个承口，承接着用于阅读手稿的指针。阿尔弗雷德国王在他翻译教皇格列高利的《教牧关怀》的序言中特别提到，与这篇文章一起，他还寄了一些相当有价值的东西，其中肯定包含"宝石"。宝石饰物的中央牌匾镶有金框，饰有珐琅，并覆有抛光水晶。但这个人是谁？考虑到他的大眼睛，他是否代表视觉？（参见富勒胸针，了解"视觉"对阿尔弗雷德的重要性）

Leslie Webster，*Anglo-Saxon Art*（London，2012）.

第6章　上帝的国度

图6-1　伊利的圣徒埃塞尔思里思

伊利的圣埃塞尔思里思是英格兰皈依基督教时期的一位圣徒，她在圣埃塞尔沃尔德于10世纪编写的《祈祷书》中出现了两次。埃塞尔沃尔德任温切斯特主教期间（963~984），受命撰写了《祈祷书》，其中附大量华丽的插图。

《祈祷书》只有主教才有权在圣餐前使用。该书的开头就出现了关于埃塞尔思里思的第一幅插图,在图中一个童贞女唱诗班紧紧环绕在她身边。第二幅插图是她的个人肖像。埃塞尔思里思在两段婚姻中都保持了纯洁之身,理应受到特别的尊敬,例如在圣餐仪式上得到祝福(可能出自埃塞尔沃尔德之笔):

> 愿万能的、永恒的上帝,圣父、圣子和圣灵永远保佑埃塞尔思里思,给予她不尽的赐福。她经历了两次婚姻,但都避免了与丈夫的接触,依然保持着完整之身,她永远是最纯洁的新娘,远离欲望,只留下对上帝的爱。阿门。

Robert Deshman,*The Benedictional of St Æthelwold*(Princeton,1995)。

图 6-2 国王埃德加坐在圣埃塞尔沃尔德和圣邓斯坦之间

《修道准则》在10世纪的修道院改革运动中明确地宣告了国王的作用。国王既是改革的支持者,也是改革的受益者。《修道准则》的序言宣称,像"好牧人"一样帮助、保护王国中的修士是国王的责任。选定男女修道院院长需征求"国王的意见和同意"。修士每天都为国王(及其他施恩者)祷告,同时也希望他不要"过度挥霍"。

Regularis Concordia Anglicae nationis monachorum sanctimonialiumque,ed. and trans. Thomas Symons(London,1953)。

图 6-3 《圣埃塞尔沃尔德祈祷书》中的温切斯特主教圣斯威森

852~863年,圣斯威森任温切斯特主教。

关于斯威森的生活,我们所知甚少。但是在971年(7月15日),埃塞尔沃尔德主教将他的遗体从温切斯特教堂西门外的一座坟墓转移到了教堂内华丽的圣祠中，在当时的英格兰可谓盛况空前，但在欧洲大陆上并不罕见。伍尔夫斯坦对此进行了完整记录。伍尔夫斯坦当时是温切斯特教区的普通信徒，后来又成为唱诗领唱人。根据他的记载，圣斯威森在968年发起了皈依基督教的改革。971年7月9日，埃塞尔沃尔德主教正式向他的会众宣布了即将皈依基督教的计划。他要求所有的修士从下星期三开始连续斋戒3天。随后在7月14日晚，他们在古墓周围竖起了帷帐，并有忠实的修士彻夜守灵。7月15日，埃塞尔沃尔德主教和新老教区的修道院院长前往帷帐内打开了棺盖，与此同时外面的修士继续诵经祷告。他们对斯威森的遗体立即进行了洗礼和包裹，随后移往了奥尔特敏斯特教堂的圣坛中，埃塞尔沃尔德在那里做了弥撒。按照埃德加国王的命令，人们为斯威森准备了精美豪华的新圣骨匣（由银、金和红宝石制成），随后立即举行了更加盛大的仪式。

Robert Deshman, *The Benedictional of St Æthelwold* (Princeton, 1995).

图 6-4 《圣埃塞尔沃尔德祈祷书》中描绘圣枝主日祈祷场景的扉页

传统意义上，在耶稣被钉上十字架的前一周，跟随耶稣前往耶路撒冷的人被认为是他的信徒。然而，在《埃塞尔沃尔德祈祷书》中，他们似乎是"忠诚"代表：他们没有穿"信徒"的衣服，也没有光环绕首。在书中的插图中，这队人拿着棕榈枝，而其他人则手持鲜花。从恩舍姆修道院院长阿尔弗里克的作品中可以很清楚地看到，手持棕榈枝或树枝（以及鲜花）进行游行成为庆祝圣枝主日的重要活动。

第7章 维京人卷土重来

图 7-1 19世纪对殉道者爱德华遇害前危险时刻的描绘

975年埃德加国王去世时，他的两个儿子（爱德华和他同父异母的弟弟埃塞尔雷德）之间因王位继承问题争执不休。谁是爱德华的母亲已经无人知晓，但埃塞尔雷德的母亲埃尔夫思里思则十分有野心。然而在 975 年，爱德华在坎特伯雷大主教邓斯坦的支持下加冕称王。3 年之后，在他前往科夫城堡探望继母时被谋杀，据称当时爱德华继母的一些骑兵曾出门迎接他。之后他被埋葬在韦勒姆，没有举行任何仪式。一年后在沙夫茨伯里他的遗体被重新埋葬，并于 1001 年被封为圣徒。虽然没有人为这起谋杀承担责任，但埃尔夫思里思王后似乎难辞其咎。然而埃尔夫思里思王后的家臣也有重大嫌疑，在书中的插画里面，他在王后为国王准备的迎宾酒中下了毒。

Christine Fell, *Edward King and Martyr*（Leeds，1971）.

图 7-2 伦堡宝藏

2014 年底，一名金属探测人员在白金汉郡伦堡村发现了 5000 多枚硬币。这些硬币均出自埃塞尔雷德国王和克努特国王的统治时期，但是，是谁将其藏了起来以及为何而藏到现在尚不清楚。但是，从萨顿胡船棺到斯塔福德郡宝藏，再到于白金汉郡的一个村庄里发现的巨量硬币窖藏，这些宝藏的发现已经完全改变了我们对盎格鲁–撒克逊时期英格兰财富和辉煌的认知。

图 7-3 科克斯塔德船

盎格鲁–撒克逊人对维京战船的航行速度瞠目结舌。斯堪的纳维亚的地理位置必然促进了造船技术的发展，到了 7 世纪，维京人又重新发现了帆的用途。这张照片中的科克斯塔德船大约建造于 900 年。它非常坚固，能够穿越大西洋（如同图中的仿制品所示）；也足够华丽，并作为船棺被放置在一个黏土墓穴中，于 1880 年出土。其龙骨（大约 58 英尺[①] 长）是由一块完整的橡木制成的。它需要 32 名桨手（每边 16 人），而且每侧都装饰着盾牌。在《忏悔者爱德华传》（第 14 页）中，戈德温伯爵（英格兰–丹麦血统）献给国王爱德华一艘华丽无比的战船作为其继位礼物：

---

① 1 英尺 ≈ 0.3 米。——编者注

船尾嵌有一头金色的狮子。

船首刻有一条带翅膀的金色巨龙驰骋于海面，

口中伸出三条龙舌喷着火焰。

高贵的紫色风帆高高挂起，

国王海战时的英姿也跃然帆上。

神圣海权必然也属于我们盎格鲁－撒克逊人。

Peter Sawyer (ed.), *The Oxford Illustrated History of the Vikings* (Oxford, 2001).

The Life of King Edward who Rests at Westminster, ed. and trans. Frank Barlow (London, 1962).

第 8 章　忏悔者爱德华

图 8-1 《埃玛王后颂词》

历史学家和文学评论家长期以来对《埃玛王后颂词》的写作目的非常感兴趣。埃玛王后很可能背负着愧疚感（毕竟她抛弃了与埃塞尔雷德国王生的儿子们转而支持她与克努特的儿子）。这本书竭力为埃玛开脱责任，认为其子阿尔弗雷德在1036年回到英格兰时被捕并被弄瞎了眼睛与她毫无干系。此书由一名佛兰德修士所写（克努特死后，埃玛曾在佛兰德流放了一小段时间），似乎是为了使埃玛王后和她的两个儿子能彼此和解。该书的卷首插画将埃玛作为核心人物，虽对哈德克努特和克努特显示出敬意，但两人却被绘在了边缘位置。

Pauline Stafford, *Queen Emma and Queen Edith: Queenship and Women's Power in Eleventh-Century England* (Aldershot, 2006.)

图 8-2 《埃德温诗篇》

《埃德温诗篇》于 12 世纪中叶在坎特伯雷创作，是一部三语诗篇，即拉丁文本的字里行间都加入了英语和盎格鲁－诺曼法语的注释。

《埃德温诗篇》是一部大部头著作，重约两英石[①]，至少需要 10 位抄写员来完成此项工作。它制作精美，插图运用了丰富的金箔和天青石。诗篇的背面有该书的设计者埃德温的肖像，之后还有坎特伯雷管辖区的两幅图，那里刚安装了一套新的供水系统。虽然人们可能会认为这里呈现的诗篇 136 或 137 可能对被征服者来说有特殊意义（"我们坐在巴比伦的水域边，我们在哭泣"），但最近有人表示这些绘图实际上是诗篇 I 的相关图解："他要像一棵树栽在溪水旁，按时开花结果。"换句话说，这部诗篇是一部欢庆之作，而不是挽歌。

Elaine Treharne，*Living Through Conquest*：*The Politics of Early English*，1020-1220（Oxford，2012）.

Martin Brett and David A. Woodman（eds），*The Long Twelfth-Century View of the Anglo-Saxon Past*（Abingdon，2015）.

图 8-3　巴约挂毯：哈罗德的加冕礼

巴约挂毯用刺绣记载了哈罗德·戈德温森的败亡以及诺曼底公爵威廉成功登上英格兰王位宝座的画面。

现在已经无法知道挂毯由谁制作、为谁制作。但从一开始它的个人倾向性就非常明确：这幅画的反面人物是哈罗德。因此，虽然这幅图中描绘的是哈罗德在忏悔者爱德华死后加冕为王，但它表现出的却是一个极为反常、匆忙进行的仪式（在爱德华的死亡画面之前就描绘了爱德华的葬礼），而且仪式也是非法的，因为执行加冕仪式的大主教是斯蒂甘德，他是一位被剥夺职位的高级教士。事实上，加冕仪式可能由约克大主教埃德雷德主持，但哈罗德和威廉争夺英格兰王位的许多细节已经不得而知。

David M. Wilson，*The Bayeux Tapestry*（London，2004）.

[①] 1 英石≈6.4 千克。——编者注

图 8-4 巴约挂毯：哈罗德的死亡

哈罗德的确是战死于黑斯廷斯战役中（尽管有传说称实际上他逃了出来，成了一名隐士，最终死于切斯特）。关于他是否死于射中眼睛的箭，这是一个更具争议的话题。在"眼中的箭"画面旁边，一个男人躺在地上，被一名诺曼士兵砍伤大腿致死，上面所配的描述是"国王死了"。当然，这两幅画面的人都可能代表哈罗德，而且有各种各样的原因去解释哈罗德的眼睛为什么受伤（尤其是哈罗德在爱德华的兄弟阿尔弗雷德 1036 年来到英格兰时眼睛被弄瞎一事中所扮演的角色）。然而，最引人注目、令人回味的是这段铭文：国王哈罗德被杀（铭文中称哈罗德为"国王"），但许多诺曼文献却拒绝承认哈罗德作为国王的合法性（因为加冕礼是由声望不佳的斯蒂甘德主持的）。

图 8-5 《彼得伯勒编年史》首页

12 世纪早期，彼得伯勒的僧侣们得到了《盎格鲁–撒克逊编年史》的文本，这些文本很可能来自坎特伯雷。1121 年后一直到国王斯蒂芬 1154 年去世，这个被称为"E"版本或《彼得伯勒编年史》的著作就主要侧重彼得伯勒本地发生的事件（可能是采用回忆而不是逐年记录的方式编纂）。

当时有许多修道院和"国家"历史都用拉丁文书写，所以虽然盎格鲁–撒克逊方言有时被继续使用，但读者不要觉得这位编年史作者对逝去年代充满了怀旧之情。一些篇章浓墨重彩地叙述了赫里沃德（Hereward）领导的反对诺曼人的叛乱，但没有任何证据表明赫里沃德值得支持。修道院最想要的是和平。因此作品最后的主人公是修道院院长马丁——"一名好僧侣，也是一个好人"，他"种了一个葡萄园，建了很多房屋，使这个村庄比以往任何时候都更好"。

English Historical Documents, vol. 2：1042-1189, ed. and trans. David Douglas and George Greenaway（London，1981）.

Malasree Home, *The Peterborough Version of the Anglo-Saxon Chronicle* (Woodbridge，2015).

注释

引言

1. Michael Wood, *In Search of England* (Harmondsworth, 1999), p. 8.
2. James Campbell et al., *The Anglo-Saxon*s (London: Phaidon, 1982). p. 20.

第 1 章 罗马人撤离之后

1. Gildas, *The Ruin of Britain and Other Works*, ed. and trans. Michael Winterbottom (London, 1978), p. 23-26.
2. *Anglo-Saxon Chronicle*, in *English Historical Documents* vol. i. ed. and trans. Dorothy Whitelock (2nd edn, London, 1979), p. 152 (for both 410 and 418)。为了便于参考, *Chronicle* as found in Whitelock (vol. i) and Douglas and Greenaway (vol. ii) of *English Historical Document* (henceforth *EHD*) 已被广泛使用。关于第一卷，涵盖的时间（不是修订本）不多；第二卷在区分 C, D 和 E 版本方面更加重要，因此将被引用。关于 *Chronicle* 复杂性的介绍，参阅 Whitelock vol. i. pp. 109-29；也可参考 Simon Keynes in Michael Lapidge et al. (eds), *The Blackwell Encyclopaedia of Anglo-Saxon England* (Oxford, 1999), pp. 35-6。
3. Gildas, *The Ruin of Brita*, p. 27.
4. 同上, p. 26-27。
5. Michael Lapidge, 'Gildas's education and the Latin culture of sub-Roman Britain', in Michael Lapidge and David Dumville (eds), *Gildas: New Approaches*

(Woodbridge and Dover, NH, 1984), pp. 27-50.

6　参阅 David Dumville, 'Gildas and Maelgwn: Problems of dating', in ibid., pp. 51-84。

7　南卡德伯里, 20世纪60年代末被 Leslie Alcock 发掘出来, 长期以来一直被认为是亚瑟王的遗址; 关于对此类说法的怀疑可参阅 Guy Halsall, *Worlds of Arthur: Facts and Fictions of the DarkAges* (Oxford, 2013)。

8　*The Goddodin : The Oldest Scottish Poem*, ed. and trans. Kenneth H. Jackson (Edinburgh, 1969)。

9　同上, p. 125。

10　同上, p. 112。

11　*English Historical Documents* (*EHD*), i, p. 157.

12　James Campbell et al., *The Anglo-Saxons* (Oxford, 1982), p. 19.

13　J. N. L. Myres, British Academy Lecture, 1970, pp. 9-10.

14　Bede, *Bede' Ecclesiastical History of the English People*, ed. Bertram Colgrave and R. A. B. Mynors (Oxford, 1969), i, 14.

15　同上, i, p. 14。

16　有关争辩的精彩介绍, 参阅 Robin Fleming, *Britain after Rome : The Fall and Rise, 400-1070* (London, 2010), Ch. 3, pp. 61-88。

17　Martin O. H. Carver, 'Intellectual territories in Anglo-Saxon England' in H. Hamerow, D. A. Hinton and S. Crawford (eds) *The Oxford Handbook of Anglo-Saxon Archaeology* (Oxford, 2011), p. 917.

18　Tom Williamson, *Shaping Medieval Landscapes : Settlement, Society, Environment* (Macclesfield, 2003), p. 29.

19　关于这些事件的复杂情况, 请参阅 Howard Williams, 'Material culture as memory: Combs and cremation in early medieval Britain', *EM*, xii. (2003)。

20　关于玛汀的挖掘情况, 请参阅 Helena Hamerow, 'The Anglo-Saxon settlement', in A. Clark (ed.), *Excavations at Mucking* (3vols, London, 1993), vol. 2。

21　为了全面研究, 请参阅 Jess Tipper, *The Grubenhaus in Anglo-Saxon England : An Analysis and Interpretation of the Evidence from a Most Distinctive Building Type* (Yedingham, 2004)。H. Hamerow, D. A. Hinton and S. Crawford (eds), *The Oxford Handbook of Anglo-Saxon Archaeology* (Oxford, 2011), Ch. 9, pp. 146-55。

22　参阅 Bryan Ward-Perkins, *The Fall of Rome and the End of Civilisation* (Oxford, 2005)。

23 关于伦敦，请参阅 Brian Hobley, 'Saxon London: Ludenwic and Ludenburh: Two cities rediscovered', in B. Hobley and R. Hodges (eds), *The Rebirth of Towns in the West AD* 700-1050 (London, 1988), p. 69: "过去的 12 年里，尽管挖掘成果很大，但还没有找到后罗马时期永久占领的证据。"参阅 Alison Telfer, 'New evidencefor the transition from the Late Roman to the Saxon Period at St Martinin-the-Fields', in M. Henig et al. (eds), *Intersections: The Archaeology and History of Christianity in England, 400-1200: Papers in Honour of Martin Biddle and Birthe Kjølbye-Biddle* (Oxford, 2010), pp. 49-58, 显示了 6 世纪对特拉法加广场附近的占领。关于坎特伯雷地区，参阅 Nicholas Brooks, *The Early History of the Church of Canterbury: Christ Church from 597 to 1066* (Leicester, 1984), p. 21。

24 关于 Wroxeter，参阅 Roger H. White and Philip Barker, *Wroxeter: The Life and Death of a Roman City* (Stroud, 1998)。

25 关于昆斯福特，参阅 Tania M.Dickinson, 'Overview: Mortuary ritual', in Hamerow, Hinton and Crawford (eds), *The Oxford Handbook of Anglo-Saxon Archaeology*, p.230。也需要注意的是，该处引用于 Dickinson, C. M. Hills and T. C. O'Connell, 'New light on the Anglo-Saxon succession: Two cemeteries and their dates', *Antiquity*, lxxxiii (2009), pp. 1096-108。

26 关于斯佩耳特小麦，参阅 L. Moffett, 'Food plants on archeological sites', in Hamerow, Hinton and Crawford, *The Oxford Handbook of Anglo-Saxon Archaeology*, pp. 348-9；关于绵羊，参阅 Penelope Walton Rogers, *Cloth and Clothing in Early Anglo-Saxon England, AD 450-700* (York, 2007), pp. 13-14。

27 Ian Wood, 'The end of Roman Britain: Continental evidence and parallels', in Michael Lapidge and D. N. Dumville (eds), *Gildas: New Approaches* (Woodbridge and Dover, NH, 1984), pp. 1-25；关于维鲁拉米恩，参阅 Rosalind Niblett, *Verulamium: The Roman City of St Albans* (Stroud, 2001)。

28 关于不列颠人的消失，参阅 Richard Coates, 'Invisible Britons: The view from linguistics'. Available online at: http://www.sussex.ac.uk/gateway/file/php?name=rc-britons.pdf (accessed May 2016)。

29 关于萨顿胡，参阅 Martin Carver (ed.), *The Age of Sutton Hoo* (Woodbridge, 1992)。

30 关于普里特维尔市，参阅 Sue Hirst, *The Prittlewell Prince: The Discovery of a Rich Anglo-Saxon Burial in Essex* (Museum of London Archaeology, 2004)。

31 关于科顿汉姆，参阅 J. Newman,'Exceptional finds, exceptional sites？ Barham and Coddenham, Suffolk', in Tim Pestell and Katharina Ulmschneider (eds), *Markets in Early Medieval Europe: Trading and Productive Sites*, 650-850 (Macclesfield, 2003), pp. 97-109。

32 S. J. Sherlock and Steve Allen, *A Royal Anglo-Saxon Cemetery at Street House, Loftus, North-East Yorkshire* (Hartlepool, 2012).

33 Cambridge Archaeological Unit website: 16 March 2012.

34 *Beowulf*, ed. and trans. Michael Swanton, (Manchester and New York, 1978), p. 185。现存大量的《贝奥武甫》的译文；Swanton 的版本较受欢迎是因为它兼有盎格鲁－撒克逊文本和译文。

35 关于斯塔福德郡宝藏的初步陈述，参阅 Kevin Leahy and Roger Bland, *The Staffordshire Hoard* (London, 2009)。

36 参阅 Steven Bassett (ed.), *The Origins of Anglo-Saxon Kingdoms* (London, 1989)，特别是在 Bassett's chapter 1,'In search of the origins of Anglo-Saxon Kingdoms', pp. 3-27。

37 Bede, *Ecclesiastical History*, i, 15.

第 2 章 基督教的到来

1 Bede, *Ecclesiastical History*, ii, 1.

2 同上, i, 23。

3 这样的银币可参阅 Kenneth Painter,'A Roman silver jug with Biblical scenes from the treasure found at Traprain Law', in M. Henig et al. (eds), *Intersections: The Archaeology and History of Christianity in England, 400-1200: Papers in Honour of Martin Biddle and Birthe Kjølbye-Biddle* (Oxford, 2010), pp. 1-2.

4 近几年来，人们关于究竟怎样区分"异教徒"和"基督徒"的争论愈发复杂。有关这一问题的深入分析请参阅 John Blair 'Overview: The archaeology of religion', H. Hamerow, D. A. Hinton and S. Crawford (eds), *The Oxford Handbook of Anglo-Saxon Archaeology* (Oxford, 2011), pp. 727-41。

5 请参阅 Leo the Great's sermon preached in 441 and the analysis - to which this paragraph is much indebted - by Thomas M. Charles-Edwards, *Early Christian Ireland* (Cambridge, 2000), pp. 202-14。

6 请参阅 John Blair,'Anglo-Saxon pagan shrines and their prototypes', *ASSAH*,

viii（1995），pp. 1-28；for Goodmanham, see in particular pp. 22-3。

7 Bede, *Ecclesiastical History*, i, 30. 有关格列高利遵循《旧约全书》中的习俗，请参阅 Flora Spiegel,'The tabernacula of Gregory the Great and the conversion of Anglo-Saxon England', *ASE*, xxxvi（2007），pp. 1-14。所以，如 Deuteronomy 中 16.13-16 和 31.10 所述，那些实际上很可能已被建立的小屋可与犹太节日住棚节中建立的小屋比较。

8 请参阅 J. Blair,'Anglo-Saxon pagan shrines and their prototypes', *ASSAH*, viii（1995），pp. 1-28。

9 Bede, *Ecclesiastical History*, ii, 13.

10 同上。

11 同上。

12 同上。

13 Richard North, *Heathen Gods in Old English Literature*（Cambridge, 1997），pp. 330-40.

14 Bede, *Ecclesiastical History*, ii, 14.

15 同上，ii, 16。

16 同上，ii, 17。

17 请参阅 Thomas M. Charles-Edwards, *Wales and the Britons, 350-1064*（Oxford, 2014），pp. 354-55。

18 Bede, *Ecclesiastical History*, ii, 14.

19 Bede, Preface to the *Ecclesiastical History*.

20 Bede, *Ecclesiastical History*, iv, 26.

21 同上，iv, 26。

22 比德给埃格伯特的信的原稿和译稿现在可查阅 *Abbots of Wearmouth and Jarrow*, ed. and trans. C. W. Grocock and Ian Wood（Oxford, 2013），pp. 124-61。

23 Bede, *Ecclesiastical History*, iii, 14.

24 同上，iii, 14. Richard M. Wilson, *The Lost Literature of Medieval England*（London, 1952），pp.105-06：奥斯瓦尔德的死可能和奥斯温的死一样被重新用本地方言叙述。

25 *Beowulf*, ed. and trans. Michael Swanton（Manchester and New York, 1978），p. 155.

26 Bede, *Ecclesiastical History*, iii, 22.

27 同上，iii, 24。

28 同上。

29　Kevin Leahy, Portable Antiquities scheme: www. finds. org. uk.
30　Bede, *Ecclesiastical History*, iii, 21.
31　同上, ii, 4. 有关术语"bretwalda"（不列颠之王）的问题本质, 请参阅 Simon Keynes,'Bretwalda of Brytenwalda', in Michael Lapidge et al. (eds), *The Blackwell Encyclopaedia of Anglo-Saxon England* (Oxford, 1999)。
32　*The Life of Bishop Wilfrid by Eddius Stephanus*, ed. and trans. Bertram Colgrave (Cambridge, 1927), c. xiii, pp. 27-9 for the first encounter; c. xli, pp. 81-3 for the second.
33　Bede, *Ecclesiastical History*, iv, 13.
34　同上, iv, 16。
35　同上, v, 7。
36　请参阅 Catherine Cubitt, *Anglo-Saxon Church Councils c.650-c.850* (London, 1995), pp. 8-14。
37　Bede, *Ecclesiastical History*, iii, 18.
38　奥尔德赫姆给奥尔德弗里思的信件, 请参阅 Aldhelm, *Aldhelm: The Prose Works*, ed. and trans. Michael Lapidge and Michael W. Herren (Cambridge, 1979), pp. 34-47, in particular pp. 45-6。
39　William of Malmesbury, *The History of the English Bishops*, ed. And trans. Michael Winterbottom (Oxford, 2007), vol. 1, bk. 5, p. 507.
40　Bede, *Ecclesiastical History*, iv, 22.
41　*Letter to Bishop Egbert*, in Bede, The Ecclesiastical History of the English People, trans. Judith McClure and Roger Collins (Oxford, 1999), p. 345.
42　卡斯伯特的信被附加到 Colgrave and Mynor's edition; 请参阅 Bede, *Ecclesiastical History*, pp. 581-87。
43　同上, ii, 20。
44　同上, iv, 2。
45　Aethelwulf, *De abbatibus*, ed. Alistair Campbell (Oxford, 1967), pp. 20-2.
46　对于魔鬼阴谋的图解描述, 请参阅 Peter Dendle, *Satan Unbound: The Devil in Old English Narrative Literature* (Toronto, 2001)。但还要注意那些褒贬不一的"精灵", 虽然英格兰皈依了基督教, 但是他们仍然存在, 继续给盎格鲁－撒克逊时期英格兰的超自然概念增添了复杂性。对于范围更广的研究, 请参阅 Alaric Hall, *Elves in Anglo-Saxon England: Matters of Belief, Health, Gender and Identity* (Woodbridge, 2007)。

第 3 章　教士与传教

1　Bede，*Ecclesiastical History*，i，27.

2　*Beowulf*，ed. and trans. Michael Swanton，p. 85.

3　后续内容请详见 Henrietta Leyser，*Medieval Women：A Social History of Women in England，450-1500*（London，1995），Ch. 2，pp. 19-39。

4　Bede，*Ecclesiastical History*，iii，24.

5　同上，iv，8。事实上，比德在 7 岁时就去到了新建的维尔茅斯修道院，他有可能是一个孤儿，Sarah Foot 后来在写比德的传记时，将这一可能性考虑在内。

6　我在牛津中世纪教会和文化研讨会上发表的一篇论文，对 Conor O'Brien 提出了一个建议。

7　Bede，*Ecclesiastical History*，iii，25.

8　*The Life of Ceolfrith*，ed. and trans. C. W. Grocock and I. N. Wood（Oxford，2013），xxvi-xxvii，pp. 105-07.

9　*Beowulf*，ed. and trans. Michael Swanton，p. 37.

10　*Life of Ceolfrith*，xxxviii，p. 119.

11　Nicholas Howe，*Writing the Map of Anglo-Saxon England：Essays in Cultural Geography*（New Haven and London，2008），pp. 101-02.

12　了解更多旅行知识也可详见 I. N. Wood，'The continental journeys of Wilfrid and Biscop'，in N. J. Higham（ed.），*Wilfrid：Abbot，Bishop，Saint：Papers from the 1300 Anniversary Conferences*（Donnington，2013），pp. 200-11。

13　Christopher Page，*The Christian West and its Singers：The First Thousand Years*（New Haven and London，2010），pp. 269-74.

14　关于贾罗修道院和维尔茅斯修道院，以及它们没有合并之前的内容，请详见 *Abbots of Wearmouth and Jarrow*，ed. and trans. C. W. Grocock and I. N. Wood（Oxford，2013），pp. xxix-xxxii。

15　关于威尔弗里德更权威的资料，请参阅 Catherine Cubitt of Wilfrid's career，*Wilfrid：Abbot，Bishop*，Saint，ed. N. J. Higham（Donnington，2013），pp. 342-47。

16　关于威尔弗里德的这幢建筑，详见上书 Chapters 9-12。

17　Eddius Stephanus，*The Life of Bishop Wilfrid*，ed. and trans. Bertram Colgrave（Cambridge，1927），xvi，p. 35.

18　同上，xvii，p. 37；for Hexham，ibid.，xxii，p. 47。

19 同上，xvii, p. 35。

20 同上，xxi, p. 43。

21 同上，xxiv, p. 49。

22 *Abbots of Wearmouth and Jarrow*, p. 49.

23 Stephanus, *The Life of Bishop Wilfrid*, lxiii, p. 137.

24 同上，lxv, p. 141。

25 同上。

26 对威尔弗里德的一生记述最详尽的是 Henry Mayr-Harting, *Saint Wilfrid* (London, 1986)。

27 Walter A. Goffart, *The Narrators of Barbarian history* (A. D. 550-800): *Jordanes, Gregory of Tours, Bede, and Paul the Deacon* (Princeton and Guildford, 1988), 此书率先提出了不同意见。详见'Bede and the Ghost of Bishop Wilfrid', 同上, pp. 235-325。

28 Bede, *Ecclesiastical History*, v, 19.

29 同上，iii, 27。

30 James Campbell, in James Campbell et al., The Anglo-Saxons (London, 1982), p. 78.

31 Bede, *Ecclesiastical History*, iii, 28.

32 同上，iv, 26。

33 Stephanus, *The Life of Bishop Wilfrid*, cxi, p. 115.

34 Bede, *Ecclesiastical History*, v, 9.

35 同上。

36 对于卜尼法斯和他的圈子，请参阅 Wilhelm Levison, *England and the Continent in the Eighth Century*: *The Ford Lectures Delivered in the University of Oxford in the Hilary Term, 1943* (Oxford, 1946), 也可参阅 James T. Palmer, *Anglo-Saxons in a FrankishWorld, 690-900* (Turnhout, 2009)。

37 *The Anglo-Saxon Missionaries in Germany*: *Being the Lives of SS. Willibrord, Boniface, Sturm, Leoba, and Lebuin, the Hodoeporicon of St. Willibald and Selection from the Correspondence* of St. Boniface, ed. C. H. Talbot. (London, 1954).

38 Ep. 21 in ibid.

39 有关这时候写信的重要性，详见 Patrick Sims-Williams, *Religion and Literature in Western England, 600-800* (Cambridge, 1990), Ch. 8, 'Letter-writing'。

40　Bede, *Ecclesiastical History*, v, 24.

41　关于这些图书馆的藏书，详见 Michael Lapidge, The *Anglo-Saxon Library*（Oxford, 2006）。

42　详见 Roberta Gilchrist and Cheryl Green, *Glastonbury Abbey：Archaeological Investigations 1904-79*（London, 2015）, pp. 234-37。

43　Eric John, *Reassessing Anglo-Saxon England*（Manchester, 1996），在第 6 章指出伊内是第一个韦塞克斯国王，他的名字不是以 C 开头的，这意味着此后韦塞克斯不再拥护凯尔特名字的统治者，由此成了"英格兰"。尽管如此，Eric John 从来没有讨论过伊内的统治本身。但请参阅 Barbara Yorke, *Wessex in the Early Middle Ages*（London, 1995）,' The creation of Wessex, *c.* 600-802', pp. 52-93。

44　他的谜题，详见 *Aldhelm：The Poetic Works*, and trans. Michael Lapidge, James L. Rosier（Cambridge and Dover, NH, 1985）pp. 70-93。

45　*Aldhelm：The Prose Works*, ed. and trans. Michael Lapidge, Michael W. Herren（Cambridge, 1979）, pp. 45-6.

46　关于伊内颁布的律法，详见 *EHD*, i, pp. 398-407。

第 4 章　百年麦西亚

1　*EHD*, i, p 848.

2　关于发展中的商业世界的概述，可参见 John Robert Maddicott,' Prosperity and Power in the Age of Bede and Beowulf', *Proceedings of the British Academy*（2002）, vol. 117, pp. 49-71. Robin Fleming, *Britain after Rome：The Fall and Rise, 400-1070*（London, 2010）, Cha7,' The rebirth of trading communities：The seventh to the mid-ninth century', pp. 183-212, 连同推荐的参考书目，同上，pp. 293-401。

3　Bishop Daniel, *EHD*, i, p 795.

4　John Blair,' The minsters of the Thames ', in John Blair, Brian Golding and Barbara F. Harvey（eds）, *The Cloister and the World：Essays in Medieval History in Honour of Barbara Harvey*（Oxford, 1996）, pp. 5-28；David Petts,' Coastal landscapes and early Christianity in Anglo-Saxon Northumbria', *Estonian Journal of Archaeology*, xiii（2009）, pp. 79-95.

5　如果想要了解弗利克斯堡，请参阅 Christopher Loveluck et al., 2007-09, 特别

是 vol. 4, Christopher Loveluck, *Rural Settlement, Lifestyles and Social Change in the Later First Millennium AD*: *Anglo-Saxon Flixborough in its Wider Context* (Oxford, 2007). 如果想要了解对修道院地位的大力辩护, 请参阅 John Blair, 'Flixborough re-visited', *Anglo-Saxon Studies in Archaeology and History*, xvii (2011), pp. 101-106。

6 *The Life of Ceolfrith*, ed. and trans. C. W. Grocock and I. N. Wood (Oxford, 2013), xxviii, p. 107.

7 同上, xxxiv, p 115。

8 Anna Gannon, *The Iconography of Early Anglo-Saxon Coinage*: *Sixth to Eighth Centuries* (Oxford, 2003), p. 132。 如果想要了解大教堂遗址中发现的硬币肖像研究, 请参阅同上作品 pp. 186-193。尤其是 p. 190 注释: "宗教意义上的肖像使用可以使自己对令人侧目的巨额财富感到心安理得。"

9 麦西亚"霸权"的概念, 很早之前就由 F. M. Stenton 所铭记, 'The supremacy of Mercian kings', *EHR*, xxxiii (1918), pp. 433-39. Stenton 的文章大大加深了我们对麦西亚雄起的理解, 考古学家也做出了很大贡献。 John Blair 在最近的福特演讲 (即将出版) 中引用了他们的作品, 这也是非常重要的。在欧洲大陆语境下看麦西亚也是非常重要的, 请参阅 Joanna Story, *Carolingian Connections*: *Anglo-Saxon England and Carolingian Francia, c. 750-870* (Aldershot, 2003). 也可参阅 David Hill and Margaret Worthington (eds), *Æthelbald 及 Offa*: *Two Eighth-Century Kings of Mercia*: *Papers from a Conference Held in Manchester in* 2000, *Manchester Centre for Anglo-Saxon Studies* (Oxford, 2005)。

10 简要的总结内容, 请参阅 John Blair, 'The Tribal Hidage', in Michael Lapidge et al. (eds), *Blackwell Encyclopaedia of Anglo-Saxon England* (Oxford, 1999), pp. 455-56。

11 Felix, *Felix's Life of Saint Guthlac*, ed. Bertram Colgrave (Cambridge, 1956), pp. 149-151。

12 有关政治对古思拉克的生活产生的"黑暗影响", 请参阅 George Henderson, *Vision and Image in Early Christian England* (Cambridge, 1999), p 216。

13 西奥多在和解中的角色, 请参阅 Bede, iv, 21。

14 同上, iii, 11。

15 同上, v, 24。

16 同上, iv, 21。

17 同上，v, 23。

18 卜尼法斯的信是 32 号文件，请参见 *The Anglo-Saxon Missionaries in Germany：Being the Lives of SS. Willibrord, Boniface, Sturm, Leoba, and Lebuin* 和 *the Hodoeporicon of St. Willibald and a Selection from the Correspondence of St. Boniface*, ed. and trans. C. H. Talbot（London，1954），pp. 120-126。

19 关于克洛费肖，请参阅 Catherine Cubitt,' Pastoral care and conciliar canons：The provisions of the 747 Council of Clofesho', in John Blair and Richard Sharpe（eds）, *Pastoral Care before the Parish*（Leicester，1992），pp. 193-211。

20 *EHD*，i, p 502.

21 *EHD*，i, p 515.

22 如果想了解对故事的一个深刻分析，请参阅 Stephen D. White,' Kinship and Lordship in Early Medieval England：The story of Sigeberht, Cynewulf, and Cyneheard', in R. M. Liuzza（ed.）, *Old English Literature：Critical Essays*（New Haven and London，2002），pp. 157-181。

23 *EHD*，i, p 176.

24 如果想了解这个建议，请参阅 Alex Woolf,' Onuist Son of Uuguist：Tyrannus Carnifex or a David for the Picts', in Hill, David and Worthington, Margaret（eds）, *Aethelbald and Offa：Two Eighth-Century Kings of Mercia：Papers from a Conference Held in Manchester in 2000*, Manchester Centre for Anglo-Saxon Studies（Oxford，2005），pp. 35-42。

25 请参阅 797 年阿尔昆写给 Mercian Ealdorman Osbert 的信："你很清楚他父亲为了把王国传给儿子而流了多少血。" *EHD*，i, p 855。

26 关于奥法金币，参阅 Rory Naismith, *Money and Power in Anglo-Saxon England：The Southern English Kingdoms 757-865*（Cambridge，2012）；Gannon, *Iconography of Early Anglo-Saxon Coinage*。

27 关于"黑石"，请参阅 Story, *Carolingian Connections*, Ch. 4, pp. 106-109。

28 如果想了解下面的内容，请参阅同上，Ch. 3, pp. 55-92。

29 *EHD*，i, p 862.

30 同上，p 849。

31 同上，p 855。

32 关于奥法堤坝，请参阅 Hill, David and Worthington, Margaret（eds）, pp. 91-95。

33 John Blair, Ford Lectures（即将出版）。

34 如关于在圣诞节从塔姆沃思发出的令状，请参阅 Cyril Hart, in Ann Dornier（ed.）, *Mercian Studies*（Leicester, 1977）, p. 60, n. 2；关于水磨坊的重建，请参阅 Helena Hamerow, David Alban Hinton and Sally Crawford（eds）, *The Oxford Handbook of Anglo-Saxon Archaeology*（Oxford, 2011）, p 442。也可参阅 Margaret Gelling, *The West Midlands in the Early Middle Ages*（Leicester, 1992）, pp. 146-53，既描写了水磨坊，也大体上说明了塔姆沃思的重要性。

35 请参阅 David Hill,'The eighth-century urban landscape', in Hill, David and Worthington, Margaret（eds）, Aethelbald and Offa：Two EighthCentury Kings of Mercia：Papers from a Conference Held in Manchester in 2000, Manchester Centre for Anglo-Saxon Studies（Oxford, 2005）, pp. 97-101。

36 请参阅 Gelling, *The West Midlands*, pp. 122-24。如果想要了解"burton"的特殊意义和相关名称，同上，pp. 119-122。

37 请参阅 Alan Hardy, Bethan Mair Charles and Robert J. Williams（eds）, *Death and Taxes：The Archaeology of a Middle Saxon Estate Centre at Higham Ferrers, Northamptonshire*（Oxford, 2007）。

38 关于利奇菲尔德天使，请参阅 Warwick Rodwell et al.,'The Lichfield angel：A spectacular Anglo-Saxon painted sculpture', *The Antiquaries Journal*, lxxxviii（2008）。

39 请参阅 Bede, *Ecclesiastical History*, iv, 3。

40 关于阿尔昆的信，请参阅 *EHD*, i, p 846。

41 请参阅 Michelle Brown, *The Book of Cerne：Prayer, Patronage and Power in Ninth-Century England*（London and Toronto, 1996）。

42 关于布里登，请参阅 Rosemary Cramp,'Schools of Mercian sculpture', in Ann Dornier（ed.）, *Mercian Studies*（Leicester, 1977）, Ch. 11, pp. 191-233。

43 Richard Jewell,'Classicism of Southumbrian sculpture', in Michelle Brown and Carol Ann Farr（eds）, *Mercia：An Anglo-Saxon Kingdom in Europe*（London, 2001）, pp. 256-257.

44 Jane Hawkes, *The Sandbach Crosses：Sign and Significance in Anglo-Saxon Sculpture*（Dublin and Portland, OR, 2002）, pp. 146-147.

45 如果想了解后面发生的情况，请参阅 Richard Gem, *Deerhurst and Rome：Æthelric's pilgrimage c. 804 and the Oratory of St Mary Mediana*（Deerhurst, 2008）。也可参阅 Richard N. Bailey, *Anglo-Saxon Sculptures at Deerhurst*（Deerhurst, 2005）。

第 5 章 阿尔弗雷德

1 *The Annals of St-Bertin*, ed. and trans. Janet L. Nelson (Manchester, 1991), p. 43.
2 *EHD*, i, p. 845.
3 P. H. Sawyer, *Anglo-Saxon Charters: An Annotated List and Bibliography* (London, 1968), no. 133, p. 105. EHD, i, p. 845.
4 Martin O. H. Carver, *Portmahomack: Monastery of the Picts* (Edinburgh, 2008).
5 *EHD*, i, p. 186.
6 Joanna Story, *Carolingian Connections: Anglo-Saxon England and Carolingian Francia, c. 750-870* (Aldershot, 2003), pp. 144-45.
7 Nicholas Brooks, *The Early History of the Church of Canterbury: Christ Church from 597 to 1066* (Leicester, 1984), p. 146.
8 关于接下来的内容，请参阅 Story, *Carolingian Connections*, pp. 232-43。
9 请参阅著名的 Malcolm Godden, 'Did King Alfred write anything?', *Medium Aevum*, lxxvi (2007), pp. 1-23。
10 请参阅 James Campbell, 'Asser's *Life of King Alfred*', reprinted in James Campbell, *The Anglo-Saxon State* (London, 2000), pp. 129-55。
11 关于接下来的内容请参阅 *EHD*, i, pp. 191-5。
12 请参阅 Ryan Lavelle, 'Geographies of power in the *Anglo-Saxon Chronicle*: The royal estate of Wessex', in Alice Jorgensen (ed.), *Reading the Anglo-Saxon Chronicle: Language, Literature, History* (Turnhout, 2010), pp. 204-10。
13 *EHD*, i, p. 195.
14 Asser, *Life of King Alfred*, Ch. 55, p. 84。请参阅 the *Chronicle* for 876, *EHD*, i, pp. 194-95.
15 Asser, *Life of King Alfred*, Ch. 49, pp. 82-3.
16 *EHD*, i, p. 196.
17 Cf. Story, *Carolingian Connections*, pp. 237-38，阿尔弗雷德之所以被选中，"不是因为某种预先注定的命运"，而是仅仅因为他当时是"家庭中最值得牺牲的一员"。
18 Asser, *Life of Alfred*, Ch. 23, p. 75.
19 引自 Gregory's *Pastoral Care* 译本，同上，p. 125。

20 同上，p. 126。

21 这里的书目是浩瀚的，因为它既涉及评估阿尔弗雷德作为翻译的个人角色，也涉及国王对"英格兰"或"英格兰国民性"的认知程度。请参阅 Malcolm Godden（above）and George Molyneaux,'The Old English Bede：English ideology or Christian instruction？', EHR, cxxiv（2009）, pp. 1289-323。请参阅 Mark Atherton, *The Making of England*（forthcoming）。

22 引自 Gregory's *Pastoral Care* 译本，in Asser, *Life of Alfred*, p. 125。

23 同上，p. 126。

24 同上，p. 110。

25 同上，p. 133。

26 关于康威战役的重要性，请参阅 Thomas M. Charles-Edwards, *Wales and the Britons, 350-1064*（Oxford, 2013）, pp. 490-96。

27 Asser, *Life of Alfred*, p. 98. Cf. also Derek Keene,'Alfred and London', in Timothy Reuter（ed.）, *Alfred the Great：Papers from the Eleventh-Centenary Conferences*（Aldershot, 2003）, pp. 235-50.

28 阿尔弗雷德的军队组织，无论是在战场上还是在防守的职责上都引起了很大的争议。为了仔细计算27000人是如何部署的，请参阅 Ryan Lavelle, *Alfred's Wars：Sources and Interpretations of Anglo-Saxon Warfare in the Viking Age*（Woodbridge, 2010）, Ch. 3, pp. 47-140. 关于 Asser on Alfred's system for organizing his 'fighting men' 参阅 Asser, *Life of Alfred*, Ch. 100, p. 106。

29 *EHD*, i, p. 205.

30 Asser, *Life of Alfred*, p. 102.

31 同上，xci, pp. 101-02。

32 关于《盎格鲁－撒克逊编年史》的介绍，同上，请参阅 pp. 275-81。

33 关于富尔科的信，同上，请参阅 pp. 182-6；for the 'visible wolves', p. 184.

34 剑柄及其意义，请参阅 James Campbell et al., *The Anglo-Saxons*（London, 1982）, p. 156, n. 144。

35 *EHD*, i, p. 184.

36 同上，p. 205："今年夏天，丹麦部队分道扬镳，一支部队进入东盎格利亚，一支进入诺森布里亚；而那些无钱的人则乘船南下，向南驶向塞纳河。"

37 同上。

38 请参阅 James Campbell,'What is not known about the reign of Edward the Elder', in N. J. Higham and David Hill（eds）, *Edward the Elder*, 899-924（London,

2001), p. 21: "如果不提到战争,埃塞尔沃德很可能被认为是我们岛国历史中最伟大的人物之一。"

39 *EHD*, i, p. 208.

40 同上,p. 208。

41 对战争的描述来源于 *The Chronicle of Aethelweard*, ed. A. Campbell (London, 1962), p. 53。因为有人认为这对维京人来说意义非同寻常,请参阅 p. 198。

42 *EHD*, i, p. 197.

43 有关埃塞尔弗莱德女儿埃尔夫温的在此消失,请参阅 Maggie Bailey, 'Aelfwynn, second Lady of the Mercians', in N. J. Higham and David Hill (eds), *Edward the Elder, 899-924* (London, 2001), pp. 112-27.

44 *EHD*, i, p. 217.

45 请参阅 Michael R. Davidson, 'The (non) submission of the northern kings in 920', in N. J. Higham and David Hill (eds), *Edward the Elder, 899-924* (London, 2001), pp. 200-11。

46 请参阅 David N. Dumville, *Wessex and England from Alfred to Edgar: Six Essays on Political, Cultural, and Ecclesiastical Revival* (Woodbridge, 1992), in his chapter 'Aethelstan, first king of England', p. 146.

47 *EHD*, i, p. 217.

48 For the reign of Athelstan see now Sarah Foot, *Æthelstan: The First King of England* (New Haven, 2011).

49 *EHD*, i, p. 218.

50 关于 Eamont meeting as the opening scene of 'a contest in seven rounds' see Thomas Charles-Edwards, *Wales and the Britons, 350-1064*, pp. 521-23.

51 Levi Roach, *Kingship and Consent in Anglo-Saxon England, 871-978: Assemblies and the State in the Early Middle Ages* (Cambridge, 2013), pp. 8-9.

52 请参阅 Alex Woolf, *From Pictland to Alba: 789-1070* (Edinburgh, 2007), p. 161。

53 EHD, i, p. 201。关于此诗的研究,请查阅 the essays in *The Battle of Brunanburh: A Casebook*, ed. Michael Livingston (Exeter, 2011)。

第 6 章 上帝的国度

1 Michael Lapidge (ed.), *The Cult of St Swithun* (Oxford, 2003), p. 607.

2 F. M. Stenton, *Anglo-Saxon England* (3rd edn, Oxford, 1989), p. 368.

3 *EHD*, i, p. 225.

4 关于后来发生的事情请参阅 Levi Roach, *Kingship and Consent in Anglo-Saxon England 871-978: Assemblies and the State in the Early Middle Ages* (Cambridge, 2013)。

5 关于这个词的再次使用，请参阅同上介绍，pp. 3-6。

6 关于这位抄写员，请参阅同上介绍，pp. 32-43。

7 John Maddicott, *The Origins of the English Parliament, 924-1327* (Oxford, 2010), pp. 20-1.

8 Patrick Wormald, *The Making of English Law: King Alfred to the Twelfth Century, vol. 1: Legislation and its Limits* (Oxford, 1999), pp. 290-308.

9 同上，p. 298。

10 George Molyneaux, *The Formation of the English Kingdom in the Tenth Century* (Oxford, 2015), pp. 114-15.

11 Quoted Wormald, *The Making of English Law*, pp. 302-03.

12 埃塞尔斯坦国王的法律用于 Grately, *EHD*, i, p. 422。请参阅 John Blair, *The Church in Anglo-Saxon Society* (Oxford and New York, 2005), p. 464, 本书敏锐地观察到"这是欧洲第一份有关在宗教地点举行葬礼的文献"。

13 *EHD*, i, p. 225, n. 3.

14 这是詹姆斯·坎贝尔的作品。请参阅他的文集，James Campbell, *The Anglo-Saxon State* (London, 2000)。

15 请参阅 Molyneaux, *The Formation of the English Kingdom*, *passim*。

16 Wormald, *The Making of English Law*, p. 319.

17 关于这方面的联系请参阅 D. Rollason et al, *England and the Continent in the Tenth Century: Studies in Honour of Wilhelm Levison (1876-1947)* (Turnhout, 2010)。

18 关于对这个传记的精彩评论，请参阅 Catherine Cubitt, *The Tenth-Century Benedictine Reform in England'*, *Early Medieval Europe*, vi (1997), pp. 77-94。

19 请参阅 Edgar's privilege for the New Minster at Winchester in *Councils and Synods, with Other Documents Relating to the English Church, vol. 1: A. D. 871-1204*, ed. and trans. Dorothy Whitelock et al. (Oxford, 1981), p. 125。

20 请参阅 Wulfstan, *The Life of St. Æthelwold*, ed. and trans. Michael Lapidge and Michael Winterbottom (Oxford, 1991), p. 31。

21 请参阅 David Knowles, *The Monastic Order in England*: *A History of its Development from the Times of St. Dunstan to the Fourth Lateran Council, 943-1216* (Cambridge, 1949), pp. 697-701。

22 *Regularis concordia Anglicae nationis monachorum sanctimonialiumque*, ed. Thomas Symons (London, 1953), p. 3.

23 请参阅 Patrick Wormald, 'Aethelwold and his continental counterparts', in Barbara Yorke (ed.), *Bishop Aethelwold*: *His Career and Influence* (Woodbridge, 1988), pp. 30-2。

24 But cf. the discussion in Katherine O'Brien O'Keeffe, *Stealing Obedience*: *Narratives of Agency and Identity in Later Anglo-Saxon England* (Toronto and Buffalo, 2012), pp. 3-54.

25 关于后来发生的事情请参阅 Lapidge, *The Cult of St Swithun*。

26 Wulfstan, *The Metrical Life of St Swithun*, in ibid., pp. 494-5. Cited by Helen Gittos, *Liturgy, Architecture, and Sacred Places in Anglo-Saxon England* (Oxford, 2013), p. 103 in her chapter 'Going between God's houses: Open-air processions in Anglo-Saxon England', pp. 103-45.

27 Lantfred, *Translatio et Miracula S. Swithuni*, in Lapidge, *The Cult of St Swithun*, p. 297.

28 对《祈祷书》中肖像画的主要研究仍然是 Robert Deshman, *The Benedictional of Æthelwold* (Princeton, 1995)。

29 关于埃德加的货币改革, 请参阅 Rory Naismith, 'Prelude to reform: Tenth-century English coinage in perspective', in Rory Naismith et al. (eds), *Early Medieval Monetary History*: *Studies in Memory of Mark Blackburn* (Farnham, 2014), Ch. 3, pp. 39-83。

30 Julia Barrow, 'Chester's earliest regatta? Edgar's Dee-rowing revisited', *EME*, x (2011), pp. 81-93.

31 请参阅 Lantfred, *Translatio et Miracula S. Swithuni*, in Lapidge, *The Cult of St Swithun*, p. 277。

32 关于阿尔弗里克, 请参阅 in particular Hugh Magennis and Mary Swan (eds), *A Companion to Ælfric* (Boston, 2009)。

33 请参阅 Jonathan Wilcox, 'The use of Aelfric's homilies: MSS Oxford, Bodleian Library, Junius 85 and 86 in the field', in Magennis and Swan, *A Companion to Aelfric*, pp. 345-68。

34 请参阅 Mechthild Gretsch, *Aelfric and the Cult of Saints in Late AngloSaxon England* (Cambridge, 2005)。

35 请参阅 Luisella Simpson,' The King Alfred/St Cuthbert episode in the *Historia de sancto Cuthberto*: Its significance for mid-tenth-century English history', in Gerald Bonner, D. W. Rollason and Clare Stancliffie (eds), *St. Cuthbert, his Cult and his Community to AD 1200* (Woodbridge, 1989), pp. 397-411。

36 引自 Francesca Tinti,' The "costs" of pastoral care', in Francesca Tinti (ed.), *Pastoral Care in Late Anglo-Saxon England* (Woodbridge, 2005), p. 34。也请参阅 Helen Foxhall Forbes, *Heaven and Earth in Anglo-Saxon England: Theology and Society in an Age of Faith* (Farnham, 2013), p. 286。

37 关于阿尔弗里克所认为死后灵魂命运的复杂性和悖论,请参阅 Ananya Jahanara Kabir, *Paradise, Death and Doomsday in Anglo-Saxon Literature* (Cambridge, 2001), Ch. 2, pp. 14-48。

38 请参阅 M. Bradford Bedingfield, *The Dramatic Liturgy of Anglo-Saxon England* (Woodbridge, 2002), p. 57。

39 Sarah Larratt Keefer, *Old English Liturgical Verse: A Student Edition* (Peterborough, ON, 2010), p. 27。

40 *Old English Shorter Poems*, ed.and trans.Christopher A.Jones and Robert E.Bjork (2 vols, Cambridge, MA and London, 2012), pp. 231, 199.

41 同上, p. 249。

42 *Old English Poems of Christ and His Saints*, ed. and trans. Mary Clayton (Cam bridge, MA, 2013), p. 63. 请参阅 Clayton 对这段文章的注释, p. 370:"这首诗的拉丁语来源并没有涉及忏悔问题,诗人可能是从本地来源获得的灵感。"

43 埃德加法典中的这些摘录都取自 Blair 的 *The Church in Anglo-Saxon Society*, p. 442。

44 请参阅 Gittos, *Liturgy*, Ch. 4, pp. 103-45。

45 Text and translation in Bedingfield, *The Dramatic Liturgy*, p. 55.

46 同上, p. 60。

47 同上, p. 81。

48 Deshman, *The Benedictional of Aethelwold*, p. 83.

49 *Regularis concordia*, pp. 44-5;49-50.

50 Bedingfield, *The Dramatic Liturgy*, p. 313.

第 7 章　维京人卷土重来

1　*EHD*，i，p. 932.

2　关于这种崇拜的迅速发展请参阅 Christine E. Fell，*Edward*，*King and Martyr* (Leeds，1971)，pp. xx-xxv。

3　Wulfstan，*The Life of St Aethelwold*，ed. and trans. Michael Lapidge and Michael Winterbottom (Oxford，1991)，xl，p. 61.

4　*EHD*，i，p. 235.

5　*Historia ecclesie Abbendonensis*：*The History of the Church of Abingdon*，ed. and trans. John Hudson (2 vols, Oxford，2002)，i，p. 143.

6　请参阅 D. G. Scragg 编译的散文集，*The Battle of Maldon*，*AD 991* (Oxford，1991)。

7　*EHD*，i，p. 235.

8　关于阿尔弗雷德统治的经典研究，请参阅 Simon Keynes，'A tale of two kings：Alfred the Great and Æthelred the Unready'，*TRHS*，xxxvi (1986)，pp. 195-217；也可详见 Simon Keynes，*The Diplomas of King Æthelred 'The Unready' (978-1016)：A Study in their Use as Historical Evidence* (Cambridge，1980)。

9　注：关于实际支付的价格，相关研究针锋相对，请参阅 M. K. Lawson，'The collection of Danegeld and heregeld in the reigns of Aethelred II and Cnut'，*TEHR*，xcix (1984)，pp. 721-38，还可参阅 John Gillingham，'"The most precious jewel in the English crown"：Levels of Danegeld and heregeld in the early eleventh century'，*EHR*，civ (1989)，pp. 385-406。

10　请参阅 Malcolm R. Godden，'Money，power and morality in late AngloSaxon England'，*ASE*，xix (1990)，pp. 41-66.

11　*History of the Church of Abingdon*，p. 145.

12　Catherine Cubitt，'The politics of remorse：Penance and royal piety in the reign of Æthelred the Unready'，*Historical Research*，lxxxv (2012)，179-92.

13　关于他统治的下一个阶段，详见 Keynes，*The Diplomas*，'The years of maturity，c. 993-1006'，pp. 186-208。

14　这些年埃塞尔沃尔德并不是唯一一个遗骨被迁移的圣人，还有威尔顿的伊迪丝（埃德加国王的女儿）以及后来的一些人，其中包括爱德华（被谋杀的埃塞尔雷德同父异母的兄弟）。Keynes 认为，伴随着圣骨迁移，11 世纪最后 10 年里出现了"空前的繁荣"，无论是在美术还是拉丁文及方言作品中都有体现。"在维京人的攻击下，这个国家还能如此文化繁荣，这似乎很矛盾，或许这正是阿尔弗雷德的统治希望达到的。"（p. 415）。

15　*EHD*，i，p. 236.
16　同上，i，pp. 238-39。
17　正如埃塞尔雷德写给圣弗丽德丝维德修道院的特许状中所记载的那样，"埃塞尔雷德和他的领主们决定要彻底消灭在这个岛上蜂拥而至的丹麦人，以此显示自己统治的权威"。*EHD* no. 127，pp. 590-93。
18　接下来内容请参阅 Ann Williams，'"Cockles amongst the Wheat"：Danes and English in the Western Midlands in the first half of the eleventh century'，*Midland History*，xi（1986），pp. 1-22。
19　*EHD*，i，p. 238.
20　同上，p. 239。
21　同上，p. 239。
22　接下来的发展请参阅 'An abbot, an archbishop, and the Viking raids of 1006-07 and 1009-12'，*ASE*，xxxvi（2007），pp. 151-220。
23　Simon Keynes 的术语：也可见 entry in *ODNB* sub Eadric Streona。
24　*Eynsham Cartulary*，ed. and trans. H. E. Salter（2 vols，Oxford，1907），i，19.
25　详见 Jonathan Wilcox，'The dissemination of Wulfstan's homilies：The Wulfstan tradition in eleventh-century vernacular preaching'，由 CarolaHicks 主编（Carola Hicks），*England in the Eleventh* Century：*Proceedings of the* 1990 *Harlaxton Symposium*（Stamford，1992），p. 202，n. 21。
26　Joyce Tally Lionarons，The Homiletic Writings of Archbishop Wulfstan：A Critical Study（Cambridge，2010），p. 52.
27　*EHD*，i，p. 241.
28　同上，p. 445。
29　同上，p. 241。
30　同上，p. 241。
31　同上，p. 442。
32　同上，p. 242。
33　同上，pp. 447-48。
34　请参阅 Simon Keynes and Rory Naismith，'The Agnus Dei pennies of King Æthelred the Unready'，*ASE*，xl（2011），pp. 175-223.。Cf. David Woods，'The Agnus Dei pennies of King Aethelred II：A call to hope in the Lord（Isaiah XL）？'，同上，

xlii（2013），pp. 299-309，因为他认为硬币的反面描绘的是鹰，而非鸽子。

35 *EHD*, i, p. 243.
36 同上，p. 244。
37 同上 Ibid., p. 245。
38 关于这个赔偿金和漫天要价的丹麦金之前的区别请参阅 Simon Keynes' entry under Heregeld in Lapidge et al., *The Blackwell Encyclopaedia of Anglo-Saxon England*, p. 235。
39 *EHD*, i, p. 246.
40 同上，i, p. 931。
41 同上，p. 934。
42 同上，p. 247。
43 同上，p. 449。
44 Henry of Huntingdon, *Historia Anglorum*: *The History of the English People*, ed. and trans. Diana E. Greenway (Oxford, 1996), ii, 17, pp. 17-18.
45 如果想了解接下来的内容，请参阅 M. K. Lawson, *Cnut*: *England's Viking King* (Stroud, 2004)；如想了解关于克努特和王权的内容，请参阅 pp. 124-28。
46 *EHD*, i, p. 476.
47 同上，p. 250。
48 请参阅 Lawson 的 *Cnut*, p. 84, n. 6。
49 请参阅 Jan Gerchow, *England in the Eleventh Century*: *Proceedings of the 1990 Harlaxton Symposium* (Stamford, 1992), pp. 226-232。
50 *EHD*, i, p. 452.
51 请参阅 Patrick Wormald, 'Archbishop Wuflstan and the holiness of society', in David Pelteret (ed.), *Anglo-Saxon History*: *Basic Readings* (New York and London, 2000), pp. 191-244, 以及 Patrick Wormald, 'Archbishop Wulfstan: Eleventh-century state builder', in Matthew Townend (ed.), *Wulfstan, Archbishop of York*: *The Proceedings of the Second Alcuin Conference* (Turnhout, 2004), pp. 9-27。
52 引自 Roberta Frank, 'King Cnut in the verse of his skalds', in Alexander R. Rumble (ed.), *The Reign of Cnut*: *King of England, Denmark and Norway* (London and Rutherford, NJ, 1994), p. 119。
53 参见 Barbara Yorke, *Wessex in the Early Middle Ages* (London, 1995), pp. 143-44。
54 Elaine M. Treharne, *Living through Conquest*: *The Politics of Early English*,

1020-1220（Oxford, 2012）, p. 45.

55 请参阅 Treharne, op. cit., p. 44, n. 45。

56 请参阅 Pamela Nightingale,'The origin of the court of husting and Danish influence on London's development into a capital city', EHR, cii（1987）, pp. 559-78。

57 Barbara. E. Crawford, *The Churches Dedicated to St. Clement in Medieval England: A Hagio-Geography of the Seafarer's Saint in 11 th Century North Europe*（St. Petersburg, 2008）.

58 Debby Banham, N. J. Higham and Martin J. Ryan (eds), *The Landscape Archaeology of Anglo-Saxon England*（Woodbridge, 2010）, p. 188.

59 请参阅 Robin Fleming,'Rural elites and urban communities in late-Saxon England', Past & Present, cxli（1993）, pp. 3-37.

60 如果要了解埃玛和接下来的内容，请参阅 Pauline Stafford, *Queen Emma and Queen Edith: Queenship and Women's Power in Eleventh-Century England*（Oxford, 1997）。

61 *EHD*, i, p. 258.

62 同上., p. 259。

63 同上。

64 同上., p. 260.

第8章　忏悔者爱德华

1 *EHD*, i, p. 260.

2 请参阅 Richard Sharpe's translation of'Argumentum'to *Quadripartitus*, Ch. 9, cited by John Maddicott,'Edward the Confessor's return to England in 1041', HER, cxix（2004）, p. 650。

3 同上, pp. 650-66。

4 关于爱德华的众位伯爵，请参阅 Peter A. Clarke, *The English Nobility under Edward the Confessor*（Oxford, 1994）。

5 关于谁是领主、谁不是领主的问题，请参阅 John Gillingham,'Thegns and knights in eleventh-century England: Who was then the gentleman?', TRHS, v（1995）, pp. 129-153。

6 *EHD*, i, p. 247.

7 *EHD*, ii, ii, p. 105。自《编年史》在 890 年代第一次编译后，不同版本之间的变化变得越来越明显。因此，越来越有必要区分版本之间的区别。关于介绍校订的复杂性，请参阅 Dorothy Whitelock's introduction to *EHD*, i, pp. 109-25。

8 关于以下内容，请查阅 the respective entries in the *ODNB*；请查阅 Simon Keynes, 'Cnut's earls', in Alexander R. Rumble (ed.), *The Reign of Cnut: King of England, Denmark and Norway* (London and Rutherford, 1994), pp. 43-88。

9 *The Life of King Edward who Rests at Westminster*, ed. Frank Barlow (London, 1962) pp. 21, 52.

10 Henry of Huntingdon, *Historia Anglorum: The History of the English People*, ed. and trans. Diana E. Greenway (Oxford, 1996), p. 381.

11 关于莫卡的家族和他每次职位的更换，请参阅 Stephen Baxter, *The Earls of Mercia: Lordship and Power in Late Anglo-Saxon England* (Oxford, 2007)。

12 请参阅 Frank Barlow, *The Godwins: The Rise and Fall of a Noble Dynasty* (Harlow, 2001), Ch. 1。

13 请参阅 Stephen David Baxter, 'Edward the Confessor and the succession question', in Richard Mortimer (ed.), *Edward the Confessor: The Man and the Legend* (Woodbridge, 2009), p. 85, n. 36。

14 *EHD*, ii [D], p. 119.

15 *The Life of King Edward*, p. 24.

16 *EHD*, ii [D], p. 121.

17 同上 [C; D], p. 125。

18 同上 [C; D], p. 126。

19 *The Life of King Edward*, p. 28.

20 关于贵族间的土地占有问题，请参阅 Clarke, *The English Nobility under Edward the Confessor* (Oxford, 1994)。

21 *EHD*, ii [D], p. 137.

22 *The Life of King Edward*, p. 30.

23 同上。

24 同上，pp. 32-3。

25 同上，p. 40。

26 请参阅 Robin Fleming, *Britain after Rome: The Fall and Rise, 400-1070* (London, 2010), pp. 295-307。

27　关于埃尔夫加，请参阅 Baxter，*The Earls of Mercia*，pp. 42, 45-7。

28　根据 Thomas M. Charles-Edwards，*Wales and the Britons，350-1064*（Oxford, 2013），p. 567，凶手几乎可以肯定是 Cynan ab Iago。

29　*EHD*，ii [D]，p. 141.

30　*EHD*，ii [D and E]，pp. 143-44.

31　关于新式的修道院建筑，请参阅 Eric Fernie,' Edward the Confessor's Westminster Abbey', in Richard Mortimer（ed.），*Edward the Confessor：The Man and the Legend*（Woodbridge, 2009），pp. 139-50。

32　关于爱德华与威斯敏斯特修道院，请参阅 Nicole Marafioti，*The King's Body：Burial and Succession in Late Anglo-Saxon England*（Toronto, But also and London, 2014），pp. 40-52。

33　John Maddicott，*The Origins of the English Parliament，924-1327*（Oxford, 2010），pp. 18-19。值得注意的是，有关东方三博士来到伯利恒的最早描述出现在《圣埃塞尔沃尔德祈祷书》里。请参阅 Robert Deshman，*The Benedictional of Aethelwold*（Princeton, 1995），p. 194。

34　*The Life of King Edward*，p. 41；也可参阅 Pauline Stanford,' Edith, Edward's wife and queen', in Richard Mortimer（ed.），*Edward the Confessor*，p. 127。

35　请参阅 Elizabeth M. Tyler,' When wings incarnadine with gold are spread：The *Vita Aedwardi regis* and display of treasure at the court of Edward the Confessor', in Elizabeth M. Tyler（ed.）。

36　*The Life of King Edward*，p. 36.

37　C. R. Dodwell，*Anglo-Saxon Art：A New Perspective*（Manchester, 1982），p. 75.

38　请参阅 Tyler,' When wings incarnadine'，pp. 90-1。

39　类似的掠夺品请参阅 Dodwell，*Anglo-Saxon Art*，Ch. 8,' Anglo-Saxon art and the Norman Conquest'; for the quotation by William of Poitiers，同上，p. 217。

40　请参阅 Robin Fleming,' Rural elites and urban communities in late-Saxon England', *Past & Present*，cxli（1993），pp. 3-37。

41　哈罗德的遗体后来被安置在沃尔瑟姆修道院，有关质疑此位置的文献，请参阅 Marafioti，*The King's Body*，pp. 230-39。

42　William of Poitiers，*The Deeds of William*，ed. and trans. R. H. C. Davis and Marjorie Chibnall（Oxford, 1998），pp. 139-41.

43　Edward Creasy 在 1909 年出版的 *Fifteen Decisive Battles* 一书中，将它排在第 5 位，放在了在查理·马特1732年图尔战役中取得的胜利之后，圣女贞德1429

年奥尔良战役中取得的胜利之前。

44 请参阅 Sally Harvey, *Domesday*: *Book of Judgement*（Oxford, 2014），《土地调查清册》是威廉为了应对丹麦的斯韦恩入侵的威胁。

45 *EHD*, ii［E］, p. 164. Stephen Baxter 引用的人物,'Lordship and labour', in Julia C. Crick and Elisabeth M. C. Van Houts（eds）, *A Social History of England, 900-1200*（Cambridge, 2011）, p. 104，给这一结论提供了实质性内容。

46 *The Ecclesiastical History of Orderic Vitalis*, ed. and trans. Marjorie Chibnall（Oxford, 1969）, iv, p. 269.

47 请参阅 M. Brett and D. A. Woodman, *The Long Twelfth-Century View of the Anglo-Saxon Past*（Farnham and Burlington, VT, 2015）。

48 请参阅 Tony Hunt,'The Life of St Alexis', in Samuel Fanous and Henrietta Leyser（eds）, *Christina of Markyate*: *A Twelfth-Century Holy Woman*（London, 2005）, pp. 217-38。

49 *The Life of Christina of Markyate*, trans. Samuel Fanous and Henrietta Leyser（Oxford, 2008）, p. 42.

尾声

1 Marjorie Chibnall（ed）, *The Ecclesiastical History of Orderic Vitalis*, vol. Ⅱ, Bk Ⅳ（Oxford, 1969）, p. 273.

2 David Carpenter, *The Struggle for Mastery*: *Britain 1066-1284*（London, 2003）, p. 8.

缩略词

ASE	*Anglo-Saxon England*
ASSAH	*Anglo-Saxon Studies in Archaeology and History*
EHR	*English Historical Review*
EME	*Early Medieval Europe*
TRHS	*Transactions of the Royal Historical Society*
ODNB	*Oxford Dictionary of National Biography*
EHD	*English Historical* Documents (vols i and ii)

主要文献

Abbots of Wearmouth and Jarrow, ed. and trans. C. W. Grocock and Ian Wood (Oxford, 2013).

Aethelwulf, *De abbatibus*, ed. and trans. Alistair Campbell (Oxford, 1967).

Aldhelm, *Aldhelm: The Prose Works*, ed. and trans. Michael Lapidge and Michael W. Herren (Cambridge, 1979).

—*Aldhelm: The Poetic Works*, ed. Michael Lapidge and James L. Rosier (Cambridge and Dover, NH, 1985).

Alfred the Great: Asser's Life of King Alfred and Other Contemporary Sources, trans. Simon Keynes and Michael Lapidge (Harmondsworth, 1983).

The Anglo-Saxon Missionaries in Germany: *Being the Lives of SS. Willibrord, Boniface, Sturm, Leoba, and Lebuin, Together with the Hodoeporicon of St. Willibald and a Selection from the Correspondence of St. Boniface*, trans. C. H. Talbot (London, 1954).

The Annals of St-Bertin, trans. Janet L. Nelson (Manchester, 1991).

Bede, *Bede's Ecclesiastical History of the English People*, ed. and trans. Bertram Colgrave and R. A. B. Mynors (Oxford, 1969).

—*The Ecclesiastical History of the English People*, trans. Judith McClure and Roger Collins (Oxford, 1999).

Beowulf: *Edited with an Introduction, Notes and New Prose Translation*, ed. and trans. Michael Swanton (Manchester and New York, 1978).

The Chronicle of Æthelweard, ed. and trans. A. Campbell (London, 1962).

Councils and Synods, with Other Documents Relating to the English Church, vol. 1: *A. D. 871-1204*, ed. and trans. Dorothy Whitelock et al. (Oxford, 1981).

Eddius Stephanus, *The Life of Bishop Wilfrid*, ed. and trans. Bertram Colgrave (Cambridge, 1927).

English Historical Documents, vol. 1: *c. 500-1042*, ed. and trans. Dorothy Whitelock (London, 1979).

English Historical Documents, vol. 2: *1042-1189*, ed. and trans. David Douglas and George Greenaway (London, 1981).

Eynsham Cartulary, ed. H. E. Salter (2 vols, Oxford, 1907).

Felix, *Felix's Life of Saint Guthlac*, ed. and trans. Bertram Colgrave (Cambridge, 1956).

Gildas, *The Ruin of Britain, and Other Works*, ed. and trans. Michael Winterbottom (London, 1978).

The Gododdin: *The Oldest Scottish Poem*, ed. and trans. Kenneth H. Jackson (Edinburgh, 1969).

Henry of Huntingdon, *Historia Anglorum*: *The History of the English People*, ed. and trans. Diana E. Greenway (Oxford, 1996).

Historia ecclesie Abbendonensis: *The History of the Church of Abingdon*, ed. and trans. John Hudson (2 vols, Oxford, 2002).

The Life of Christina of Markyate, trans. Samuel Fanous and Henrietta Leyser (Oxford, 2008).

The Life of King Edward who Rests at Westminster, ed. and trans. Frank Barlow（London，1962）.

Old English Liturgical Verse: A Student Edition, ed. Sarah Larratt Keefer（Peterborough，ON，2010）.

Old English Poems of Christ and His Saints, ed. and trans. Mary Clayton（Cambridge，MA，2013）.

Old English Shorter Poems, ed. and trans. Christopher A. Jones and Robert E. Bjork（2 vols, Cambridge, MA, and London, 2012）.

Ordericus Vitalis, *The Ecclesiastical History of Orderic Vitalis*, ed. and trans. Marjorie Chibnall（6 vols, Oxford, 1969-80）.

Regularis concordia Anglicae nationis monachorum sanctimonialiumque, ed. and trans. Thomas Symons（London, 1953）.

William of Malmesbury, *The History of the English Bishops*, ed. and trans. M. Winterbottom（Oxford, 2007）.

William of Poitiers, *The Deeds of William*, ed. and trans. R. H. C. Davis and Marjorie Chibnall（Oxford, 1998）.

Wulfstan, *The Life of St. Æthelwold*, ed. and trans. Michael Lapidge and Michael Winterbottom（Oxford, 1991）.

二次文献

Abels, R., *Lordship and Military Obligations in Anglo-Saxon England*（Berkeley, 1988）.

Atherton, Mark, *The Making of England*（forthcoming I. B. Tauris, 2017）.

Bailey, Maggie, 'Aelfwynn, second Lady of the Mercians', in N. J. Higham and David Hill（eds）, *Edward the Elder*, 899-924（London, 2001）.

Bailey, Richard N., *Anglo-Saxon Sculptures at Deerhurst*（Deerhurst, 2005）.

Banham, Debby, '"In the Sweat of thy Brow Shalt Thou Eat Bread": Cereals and cereal production in the Anglo-Saxon landscape', in N. J. Higham and Martin J. Ryan（eds）, *The Landscape Archaeology of Anglo-Saxon England*（Woodbridge, 2010）.

Barlow, Frank, *The Godwins: The Rise and Fall of a Noble Dynasty*（Harlow, 2001）.

Barrow, Julia, 'Chester's earliest regatta? Edgar's Dee-rowing revisited', *EME*, x

(2011), pp. 81-93.

Bassett, Steven (ed.), *The Origins of Anglo-Saxon Kingdoms* (London, 1989).

Baxter, Stephen, *The Earls of Mercia: Lordship and Power in Late Anglo-Saxon England* (Oxford, 2007).

— 'Edward the Confessor and the succession question', in Richard Mortimer (ed.), *Edward the Confessor: The Man and the Legend* (Woodbridge, 2009).

— 'Lordship and labour', in Julia C. Crick and Elisabeth M. C. Van Houts (eds), *A Social History of England, 900-1200* (Cambridge, 2011).

Bedingfield, M. Bradford, *The Dramatic Liturgy of Anglo-Saxon England* (Woodbridge, 2002).

Blair, John, 'Anglo-Saxon pagan shrines and their prototypes', *ASSAH*, viii (1995), pp. 1-28.

— 'The minsters of the Thames', in John Blair, Brian Golding and Barbara F. Harvey (eds), *The Cloister and the World: Essays in Medieval History in Honour of Barbara Harvey* (Oxford, 1996).

— 'The Tribal Hidage', in Michael Lapidge (ed.), *The Blackwell Encyclopaedia of Anglo-Saxon England* (Oxford, 1999).

— *The Church in Anglo-Saxon Society* (Oxford and New York, 2005).

— 'Flixborough re-visisted', *ASSAH*, xvii (2011), pp. 101-07.

— 'Overview: The archaeology of religion', in H. Hamerow, D. A. Hinton and S. Crawford (eds), *The Oxford Handbook of Anglo-Saxon Archaeology* (Oxford, 2011).

Brett, M. and Woodman, D. A., *The Long Twelfth-Century View of the Anglo-Saxon Past* (Farnham and Burlington, VT, 2015).

Brooks, Nicholas, *The Early History of the Church of Canterbury: Christ Church from 597 to 1066* (Leicester, 1984).

Brown, Michelle, *The Book of Cerne: Prayer, Patronage and Power in Ninth Century England* (London and Toronto, 1996).

Brown, Michelle and Carol Ann Farr (eds), *Mercia: An Anglo-Saxon Kingdom in Europe* (London, 2001).

Campbell, James, *The Anglo-Saxon State* (London, 2000).

— 'What is not known about the reign of Edward the Elder', in N. J. Higham and David Hill (eds), *Edward the Elder, 899-924* (London, 2001).

Campbell, James, John, Eric and Wormald, Patrick, *The Anglo-Saxons* (London, 1982).

Carver, Martin O. H., *The Age of Sutton Hoo* (Woodbridge, 1992).

—*Portmahomack: Monastery of the Picts* (Edinburgh, 2008).

—'Intellectual territories in Anglo-Saxon England', in H. Hamerow, D. A. Hinton and S. Crawford (eds), *The Oxford Handbook of Anglo-Saxon Archaeology* (Oxford, 2011).

Charles-Edwards, Thomas M., *Early Christian Ireland* (Cambridge, 2000).

—*Wales and the Britons*, 350-1064 (Oxford, 2013).

Clarke, Peter A., *The English Nobility under Edward the Confessor* (Oxford, 1994).

Coates, Richard, 'Invisible Britons: The view from linguistics'. Available online: http://www.sussex.ac.uk/gateway/file.php?name=rc-britons.pdf (accessed May 2016).

Crawford, Barbara E., *The Churches Dedicated to St. Clement in Medieval England: A Hagio-Geography of the Seafarer's Saint in 11th Century North Europe* (St. Petersburg, 2008).

Cubitt, Catherine, 'Pastoral care and conciliar canons: The provisions of the 747 council of Clofesho', in John Blair and Richard Sharpe (eds), *Pastoral Care before the Parish* (Leicester, 1992).

—*Anglo-Saxon Church Councils c. 650-c. 850* (London, 1995).

—'Review: The Tenth-Century Benedictine Reform in England', *EME*, vi (1997), pp. 77-94.

—'The politics of remorse: Penance and royal piety in the reign of Æthelred the Unready', *Historical Research*, lxxxv (2012), pp. 179-92.

Davidson, Michael R., 'The (non) submission of the northern kings in 920', in N. J. Higham and David Hill (eds), *Edward the Elder*, 899-924 (London, 2001).

Dendle, Peter, *Satan Unbound: The Devil in Old English Narrative Literature* (Toronto, 2001).

Deshman, Robert, *The Benedictional of Æthelwold* (Princeton, 1995).

Dickinson, Tania M., 'Overview: Mortuary ritual', in H. Hamerow, D. A. Hinton and S. Crawford (eds), *The Oxford Handbook of Anglo-Saxon Archaeology* (Oxford, 2011).

Dodwell, C. R., *Anglo-Saxon Art: A New Perspective* (Manchester, 1982).

Dornier, Ann (ed.), *Mercian Studies* (Leicester, 1977).

Dumville, David N., 'Gildas and Maelgwn: Problems of dating', in M. Lapidge and D. N. Dumville (eds), *Gildas: New Approaches* (Woodbridge and Dover, NH, 1984).

—*Wessex and England from Alfred to Edgar: Six Essays on Political, Cultural, and Ecclesiastical Revival* (Woodbridge, 1992).

Fell, Christine E., *Edward, King and Martyr* (Leeds, 1971).

Fernie, Eric, 'Edward the Confessor's Westminster Abbey', in Richard Mortimer (ed.), *Edward the Confessor: The Man and the Legend* (Woodbridge, 2009).

Fleming, Robin, 'Rural elites and urban communities in late-Saxon England', *Past & Present*, cxli (1993), pp. 3-37.

—*Britain after Rome: The Fall and Rise*, 400-1070 (London, 2010).

Foot, Sarah, *Æthelstan: The First King of England* (New Haven, 2011).

Foxhall Forbes, Helen, *Heaven and Earth in Anglo-Saxon England: Theology and Society in an Age of Faith* (Farnham, 2013).

Frank, Roberta, 'King Cnut in the verse of his skalds', in Alexander R. Rumble (ed.), *The Reign of Cnut: King of England, Denmark and Norway* (London and Rutherford, NJ, 1994).

Gannon, Anna, *The Iconography of Early Anglo-Saxon Coinage: Sixth to Eighth Centuries* (Oxford, 2003).

Gelling, Margaret, *The West Midlands in the Early Middle Ages* (Leicester, 1992).

Gem, Richard, *Deerhurst and Rome: Æthelric's Pilgrimage c. 804 and the Oratory of St Mary Mediana* (Deerhurst, 2008).

Gerchow, Jan, in Carola Hicks (ed.), *England in the Eleventh Century: Proceedings of the 1990 Harlaxton Symposium* (Stamford, 1992).

Gilchrist, Roberta and Green, Cheryl, *Glastonbury Abbey: Archaeological Investigations* 1904-79 (London, 2015).

Gillingham, John, '"The most precious jewel in the English Crown": Levels of Danegeld and hereigeld in the early eleventh century', *EHR*, civ (1989), pp. 385-406.

— 'Thegns and knights in eleventh-century England: Who was then the gentleman?', *TRHS*, v (1995), pp. 129-53.

Gittos, Helen, *Liturgy, Architecture, and Sacred Places in Anglo-Saxon England*

(Oxford, 2013).

Godden, Malcolm R., 'Money, power and morality in late Anglo-Saxon England', *ASE*, xix (1990), pp. 41-65.

— 'Did King Alfred write anything?', *Medium Aevum*, lxxvi (2007), pp. 1-23.

Goffart, Walter A., *The Narrators of Barbarian History* (A. D. 550-800): *Jordanes, Gregory of Tours, Bede, and Paul the Deacon* (Princeton and Guildford, 1988).

Gretsch, Mechthild, *Aelfric and the Cult of Saints in Late Anglo-Saxon England* (Cambridge, 2005).

Hall, Alaric, *Elves in Anglo-Saxon England: Matters of Belief, Health, Gender and Identity* (Woodbridge, 2007).

Halsall, Guy, *Worlds of Arthur: Facts and Fictions of the Dark Ages* (Oxford, 2013).

Hamerow, Helena, 'The Anglo-Saxon Settlement', in A. Clark (ed.), *Excavations at Mucking* (3 vols, London, 1993), vol. 2.

— 'Anglo-Saxon timber buildings and their social context', in H. Hamerow, D. A. Hinton and S. Crawford (eds), *The Oxford Handbook of Anglo-Saxon Archaeology* (Oxford, 2011).

Hamerow, Helena, Hinton, David A. and Crawford, Sally (eds), *The Oxford Handbook of Anglo-Saxon Archaeology* (Oxford, 2011).

Harvey, Sally, *Domesday: Book of Judgement* (Oxford, 2014).

Hawkes, Jane, *The Sandbach Crosses: Sign and Significance in Anglo-Saxon Sculpture* (Dublin and Portland, OR, 2002).

Henderson, George, *Vision and Image in Early Christian England* (Cambridge, 1999).

Henig, M. and Ramsay, N. (eds), *Intersections: The Archaeology and History of Christianity in England, 400-1200: Papers in Honour of Martin Biddle and Birthe Kjølbye-Biddle* (Oxford, 2010).

Higham, N. J. (ed.), *Wilfrid: Abbot, Bishop, Saint: Papers from the 1300th Anniversary Conferences* (Donnington, 2013).

Higham, N. J. and Ryan, Martin, *The Anglo-Saxon World* (Yale, 2013).

Hill, David, '*Ethelred the Unready*': *Papers from the Millenary Conference* (Oxford, 1978).

Hill, David and Worthington, Margaret (eds), *AEthelbald and Offa: Two Eighth-Century Kings of Mercia* (Oxford, 2005).

Hills, C. M. and O'Connell, T. C., 'New light on the Anglo-Saxon succession: Two cemeteries and their dates', *Antiquity*, lxxxiii (2009), pp. 1096-108.

Hobley, Brian, 'Saxon London: Ludenwic and Ludenburh: Two cities rediscovered', in B. Hobley and R. Hodges (eds), *The Rebirth of Towns in the West AD* 700-1050 (London, 1988).

Howe, Nicholas, *Writing the Map of Anglo-Saxon England: Essays in Cultural Geography* (New Haven and London, 2008).

John, Eric, *Reassessing Anglo-Saxon England* (Manchester, 1996).

Kabir, Ananya Jahanara, *Paradise, Death and Doomsday in Anglo-Saxon Literature* (Cambridge, 2001).

Keynes, Simon, *The Diplomas of King Æthelred 'The Unready'* (978-1016): *A Study in their Use as Historical Evidence* (Cambridge, 1980).

— 'A tale of two kings: Alfred the Great and Aethelred the Unready', *TRHS*, xxxvi (1986), pp. 195-217.

— 'Cnut's earls', in Alexander R. Rumble (ed.), *The Reign of Cnut: King of England, Denmark and Norway* (London and Rutherford, 1994).

— 'An abbot, an archbishop, and the Viking raids of 1006-7 and 1009-12', *ASE*, xxxvi (2007), pp. 151-220.

Keynes, Simon and Naismith, Rory, 'The *Agnus Dei* pennies of King Aethelred the Unready', *ASE*, xl (2011), pp. 175-223.

Knowles, David, *The Monastic Order in England: A History of its Development from the Times of St. Dunstan to the Fourth Lateran Council*, 943-1216 (Cambridge, 1949).

Lapidge, Michael (ed.), *The Cult of St Swithun* (Oxford, 2003).

Lapidge, Michael, *The Anglo-Saxon Library* (Oxford, 2006).

Lapidge, Michael and Dunmville, David (eds), *Gildas: New Approaches* (Woodbridge and Dover, NH, 1984).

Lapidge, M., Blair, J., Keynes, S. and Scragg, D. (eds), *The Blackwell Encyclopaedia of Anglo-Saxon England* (Oxford, 1999).

Lavelle, Ryan, *Alfred's Wars: Sources and Interpretations of Anglo-Saxon Warfare in the Viking Age* (Woodbridge, 2010).

— 'Geographies of power in the *Anglo-Saxon Chronicle*: The Royal Estate of Wessex', in Alice Jorgensen (ed.), *Reading the Anglo-Saxon Chronicle: Language, Literature,*

History (Turnhout, 2010).

Lawson, M. K., 'The collection of Danegeld and heregeld in the reigns of Aethelred II and Cnut', *EHR*, xcix (1984), pp. 721-38.

—*Cnut: England's Viking King* (Stroud, 2004).

Leahy, Kevin and Bland, Roger, *The Staffordshire Hoard* (London, 2009).

Levison, Wilhelm, *England and the Continent in the Eighth Century: The Ford Lectures Delivered in the University of Oxford in the Hilary Term*, 1943 (Oxford, 1946).

Lionarons, Joyce Tally, *The Homiletic Writings of Archbishop Wulfstan: A Critical Study* (Cambridge, 2010).

Loveluck, Christopher, *Rural Settlement, Lifestyles and Social Change in the Later First Millennium AD: Anglo-Saxon Flixborough in its Wider Context* (Oxford, 2007).

Maddicott, John R., 'Prosperity and Power in the Age of Bede and Beowulf', *Proceedings of the British Academy* (2002), vol. 117, pp. 49-71.

— 'Edward the Confessor's return to England in 1041', *EHR*, cxix (2004), pp. 650-66.

—*The Origins of the English Parliament*, 924-1327 (Oxford, 2010).

Magennis, Hugh and Swan, Mary (eds), *A Companion to AElfric* (Boston, 2009).

Marafioti, Nicole, *The King's Body: Burial and Succession in Late Anglo-Saxon England* (Toronto, Buffalo and London, 2014).

Mayr-Harting, Henry, *Saint Wilfrid* (London, 1986).

Mitchell, Bruce, *An Invitation to Old English and Anglo-Saxon England* (Oxford, 1995).

Moffett, L., 'Food plants on archeological sites', in H. Hamerow, D. A. Hinton and S. Crawford (eds), *The Oxford Handbook of Anglo-Saxon Archaeology* (Oxford, 2011).

Molyneaux, George, 'The Old English Bede: English ideology or Christian instruction?', *EHR*, cxxiv (2009), pp. 1289-323.

—*The Formation of the English Kingdom in the Tenth Century* (Oxford, 2015).

Mortimer, Richard (ed.), *Edward the Confessor: The Man and the Legend* (Woodbridge, 2009).

Naismith, Rory, *Money and Power in Anglo-Saxon England: The Southern English*

Kingdoms 757-865（Cambridge，2012）.

— 'Prelude to reform：Tenth-century English coinage in perspective'，in Rory Naismith, Martin Allen and Elina Screen（eds）, *Early Medieval Monetary History*：*Studies in Memory of Mark Blackburn*（Farnham，2014）.

Newman, J.,'Exceptional finds, exceptional sites? Barham and Coddenham, Suffolk', in Tim Pestell and Katharina Ulmschneider（eds）, *Markets in Early Medieval Europe*：*Trading and Productive Sites*, 650-850（Macclesfield，2003）.

Niblett, Rosalind, *Verulamium*：*The Roman City of St Albans*（Stroud，2001）.

Nightingale, Pamela, 'The origin of the court of husting and Danish influence on London's development into a capital city', *EHR*, cii（1987）, pp. 559-78.

North, Richard, *Heathen Gods in Old English Literature*（Cambridge，1997）.

O'Brien O'Keeffe, Katherine, *Stealing Obedience*：*Narratives of Agency and Identity in Later Anglo-Saxon England*（Toronto and Buffalo，2012）.

Page, Christopher, *The Christian West and its Singers*：*The First Thousand Years*（New Haven and London，2010）.

Palmer, James T., *Anglo-Saxons in a Frankish World*, 690-900（Turnhout，2009）.

Pestell, T. and Ulmschneider, K.（eds）, *Markets in Early Medieval Europe*：*Trading and Productive Sites*, 650-850（Macclesfield，2003）.

Petts, David, 'Coastal landscapes and early Christianity in Anglo-Saxon Northumbria', *Estonian Journal of Archaeology*, xiii（2009）, pp. 79-95.

Reuter, Timothy（ed.）, *Alfred the Great*（Aldershot，2003）.

Roach, Levi, *Kingship and Consent in Anglo-Saxon England*, 871-978：*Assemblies and the State in the Early Middle Ages*（Cambridge，2013）.

Rodwell, W., Hawkes, J., Howe, E. and Cramp, R., 'The Lichfield angel：A spectacular Anglo-Saxon sainted sculpture', *The Antiquaries Journal*, lxxxviii（2008）, pp. 48-108.

Rollason, D., Leyser, C. and Williams, H., *England and the Continent in the Tenth Century*：*Studies in Honour of Wilhelm Levison*（1876-1947）(Turnhout，2010）.

Sawyer, P. H., *Anglo-Saxon Charters*：*An Annotated List and Bibliography*（London，1968）.

Scragg, D. G.（ed.）, *The Battle of Maldon*, *AD 991*（Oxford，1991）.

Sherlock, S. J. and Allen, S., *A Royal Anglo-Saxon Cemetery at Street House*, *Loftus*, *North-East Yorkshire*（Hartlepool，2012）.

Simpson, Luisella, 'The King Alfred/St Cuthbert episode in the *Historia de sancto Cuthberto*', in G. Bonner, D. W. Rollason and C. Stancliffe (eds), *St. Cuthbert, his Cult and his Community to AD* 1200 (Woodbridge, 1989).

Sims-Williams, Patrick, *Religion and Literature in Western England*, 600-800 (Cambridge, 1990).

Spiegel, Flora, 'The tabernacula of Gregory the Great and the conversion of Anglo-Saxon England', *ASE*, xxxvi (2007), pp. 1-13.

Stafford, Pauline, *Queen Emma and Queen Edith : Queenship and Women's Power in Eleventh-Century England* (Oxford, 1997).

Stenton, F. M., 'The supremacy of Mercian kings', *EHR*, xxxiii (1918), pp. 433-52.

Story, Joanna, *Carolingian Connections : Anglo-Saxon England and Carolingian Francia, c.* 750-870 (Aldershot, 2003).

Tinti, Francesca (ed.), *Pastoral Care in Late Anglo-Saxon England* (Woodbridge, 2005).

Tipper, Jess, *The Grubenhaus in Anglo-Saxon England : An Analysis and Interpretation of the Evidence from a Most Distinctive Building Type* (Yedingham, 2004).

Townend, M. (ed.), *Wulfstan: Archbishop of York* (Turnhout, 2004).

Treharne, Elaine M., *Living through Conquest : The Politics of Early English*, 1020-1220 (Oxford, 2012).

Tyler, Elizabeth M., *Treasure in the Medieval West* (York, 2000).

Walton Rogers, Penelope, *Cloth and Clothing in Early Anglo-Saxon England*, AD 450-700 (York, 2007).

Ward-Perkins, Bryan, *The Fall of Rome and the End of Civilisation* (Oxford, 2005).

Webster, L., *Anglo-Saxon Art* (London, 2012).

White, Roger H. and Barker, Philip, *Wroxeter : The Life and Death of a Roman City* (Stroud, 1998).

White, Stephen D., 'Kinship and lordship in Early Medieval England : The story of Sigeberht, Cynewulf, and Cyneheard', in R. M. Liuzza (ed.), *Old English Literature: Critical Essays* (New Haven and London, 2002).

Wilcox, Jonathan, 'The dissemination of Wulfstan's homilies : The Wulfstan tradition in eleventh-century vernacular preaching', in Carola Hicks (ed.), *England in the Eleventh Century : Proceedings of the* 1990 *Harlaxton Symposium* (Stamford,

1992).

Williams, Ann, '"Cockles amongst the wheat": Danes and English in the Western Midlands in the first half of the eleventh century', *Midland History*, xi (1986), pp. 1-22.

Williams, Howard, 'Material culture as memory: Combs and cremation in early medieval Britain', *EME*, xii (2003), pp. 89-128.

Williamson, Tom, *Shaping Medieval Landscapes: Settlement, Society, Environment* (Macclesfield, 2003).

Wilson, David, *The Bayeux Tapestry* (London, 2004).

Wilson, Richard M., *The Lost Literature of Medieval England* (London, 1952).

Wood, Ian, 'The end of Roman Britain: Continental evidence and parallels', in Michael Lapidge and D. N. Dumville (eds), *Gildas: New Approaches* (Woodbridge and Dover, NH, 1984).

Woods, David, 'The *Agnus Dei* pennies of King Aethelred II: A call to hope in the Lord (Isaiah XL)?', *ASE*, xlii (2013), pp. 209-309.

Woolf, Alex, 'Onuist son of Uuguist: Tyrannus Carnifex or a David for the Picts?', in David Hill and Margaret Worthington (eds), *Æthelbald and Offa: Two Eighth-Century Kings of Mercia: Papers from a Conference Held in Manchester in 2000*, Manchester Centre for Anglo-Saxon Studies (Oxford, 2005).

—*From Pictland to Alba: 789-1070* (Edinburgh, 2007).

Wormald, Patrick, 'Aethelwold and his continental counterparts', in Barbara Yorke (ed.), *Bishop AEthelwold: His Career and Influence* (Woodbridge, 1988).

—*The Making of English Law: King Alfred to the Twelfth Century*, vol. 1: *Legislation and its Limits* (Oxford, 1999).

—'Archbishop Wuflstan and the holiness of society', in D. A. E. Pelteret (ed.), *Anglo-Saxon History: Basic Readings* (New York and London, 2000).

—'Archbishop Wulfstan: Eleventh-century state builder', in Matthew Townend (ed.), *Wulfstan, Archbishop of York: The Proceedings of the Second Alcuin Conference* (Turnhout, 2004).

Worthington, Margaret (ed.), *Aethelbald and Offa: Two Eighth-Century Kings of Mercia: Papers from a Conference Held in Manchester in 2000*, Manchester Centre for Anglo-Saxon Studies (Oxford, 2005).

Yorke, Barbara, *Wessex in the Early Middle Ages* (London, 1995).